하나님이 보내주신 예수님과 성령님

황중연 지음

하나님이 보내주신 예수님과 성령님 | 개정복간호
ⓒ 황중연 Printed in Seoul
2023년 11월 03일 1쇄 발행
지은이 | 황중연
발행인 | 박찬우
편집인 | 우 현
펴낸곳 | 파랑새미디어

등록번호 | 제313-2006-000085호
서울특별시 마포구 서교동 357-1 서교프라자 318
전화 | 02-333-8311
팩스 | 02-333-8326
메일 | adam3838@naver.com

가격 15,000원
ISBN 979-11-5721-184-5 02230

이 출판물은 저작권법으로 보호받는 저작물이므로
무단전제나 무단복제를 할 수 없습니다.

머리말

하나님 아버지 감사합니다.

죄인인 저에게도 하나님의 은혜로 예수님을 믿고 구원받을 수 있도록 인도하여 주셔서 영혼의 평안과 천국을 소망하며 예수님 재림을 소망하며 살아갈 수 있도록 인도하여 주셔서 감사합니다.

성경말씀이 진리 그대로 믿어지고 성경말씀이 진리인 것을 확신하며 예수님을 증거하며 살아갈 수 있도록 인도하여 주심에 감사합니다.

아무런 능력도 없는 저에게도 성경말씀을 진리 그대로 이해되고 성경말씀을 바르게 전파할 수 있는 지혜를 허락하여 주신 성령님께도 감사합니다.

저는 이 모든 것이 성령님의 능력과 인도하심이 없었더라면 불가능한 일이라 믿고 있으며 지금도 성령님께서 활동하셔서 이렇게 책을 출판할 수 있게 해 주신 것이라 굳게 믿고 있습니다.

그 옛날 예수님을 배척하며 예수님에 대해서 알지도 못했을 뿐더러 성령님은 아예 생각조차 못했으며 하나님과 예수님과 성령님이 한 분의 하나님이신 것을 더더욱 알지 못했던 저에게 하나님과 예수님과 성령님은 한 분의 하나님이신 것을 믿고 시대별로 역사하시는 하나님께서 저를 비롯해서 택함 받은 하나님의 백성들을 언젠가는 천국으로 인도하시기 위해서 아낌없는 하나님의 사랑을 나타내 주시고 있으신 것을 깨닫고 믿게 하여 주신 것에 대해서 감사합니다.

하나님께서는 이렇게 아낌없는 사랑을 부어 주시는 반면 저는 하나님 아버지께 무엇으로 기쁘게 해드리고 있을까 생각할 때 아쉬움만 가득합니다.

몇 년에 걸쳐서 하나님 말씀을 읽으면서 정리한 핵심교리 22가지와 에베소서 1장~6장, 예수님의 산상설교 I II III, 요한복음 1장~21장을 이렇게 글로써 정리될 수 있었던 것은 전적인 하나님아버지의 은혜로 이루어질 수 있었다고 확신합니다.

또한 이렇게 책으로 출판할 수 있도록 모든 여건과 형편을 허락하여 주셔서 오늘 머리글을 쓰면서 하나님 아버지의 은혜를 한없이 느끼며 글을 써 나아갈 수 있어서 감사합니다.

아무쪼록 부족한 저를 통해서 하나님의 진리를 글로 옮겨 표현한 것들이 다른 택함 받은 하나님의 자녀들에게 같은 은혜의 말씀으로 전달되어 하나님 아버지께 영광 돌리며 살아가는 자녀들이 될 수 있기를 희망하는 바람입니다.

또한 부족한 제가 하나님 말씀을 표현하는데 진리의 말씀에 벗어난 부분이 있다면 하나님아버지 용서하여 주시옵소서.

진리의 말씀이 곧 하나님이시고 예수님이 하나님이시고 성령님이 하나님으로 예수님 믿고 구원받은 자녀들에게 영적으로 보호하여 주시기 위해서 성령님을 통해서 역사하고 계시고 예수님 재림의 날까지, 하나님 말씀을 바르게 깨닫게 해주시고 그 옛날 예수님께서 가르쳐 주신 내용을 온전하고 바르게 기억나게 해주셔서 이렇게 온전히 예수님을 증거할 수 있도록 인도하심에 무한한 감사와 영광을 하나님 아버지께 돌립니다. 아멘.

그리고 이 책이 출판되기까지 교정과 편집, 출판 등으로 애써 주신 도서출판 로고스 관계자와 재출간에 애써주신 파랑새미디어 분들께도 감사드립니다.

2017년 9월 6일
황 중 연 집사

차 례

머리말

핵심교리

1. 하나님과 예수님과 성령님은 한 분 하나님 | 11
2. 예수님 | 17
3. 성령님 | 29
4. 은혜 | 39
5. 죄 | 42
6. 회개 | 48
7. 구원 | 57
8. 믿음 | 65
9. 복음 | 69
10. 진리 | 75
11. 예수님 재림 | 82
12. 지혜 | 90
13. 부활 | 99
14. 하나님의 뜻 | 116
15. 하나님의 의 | 119

16. 하나님의 사랑 | 124

17. 기 도 | 131

18. 성령님의 열매 | 135

19. 십일조 | 138

20. 천국과 지옥 | 141

21. 겸 손 | 143

22. 침 례 | 147

산상설교

1. 예수님의 산상설교 Ⅰ | 152

2. 예수님의 산상설교 Ⅱ | 156

3. 예수님의 산상설교 Ⅲ | 159

에베소서

1. 에베소서 1장 | 164

2. 에베소서 2장 | 168

3. 에베소서 3장 | 174

4. 에베소서 4장 | 178

5. 에베소서 5장 | 182

6. 에베소서 6장 | 186

요한복음

1. 요한복음 1장 | 190
2. 요한복음 2장 | 193
3. 요한복음 3장 | 198
4. 요한복음 4장 | 201
5. 요한복음 5장 | 204
6. 요한복음 6장 | 209
7. 요한복음 7장 | 214
8. 요한복음 8장 | 218
9. 요한복음 9장 | 222
10. 요한복음 10장 | 225
11. 요한복음 11장 | 228
12. 요한복음 12장 | 234
13. 요한복음 13장 | 240
14. 요한복음 14장 | 244
15. 요한복음 15장 | 248
16. 요한복음 16장 | 252
17. 요한복음 17장 | 257
18. 요한복음 18장 | 263
19. 요한복음 19장 | 267
20. 요한복음 20장 | 271
21. 요한복음 21장 | 276

- 핵심교리 -

1. 하나님(성부 하나님)과
   예수님(성자 하나님)과
   성령님(성령 하나님)은 한 분 하나님

 인간은 누구나 다 때가 되면 죽음을 맞이하게 되는데 이러한 인간의 공허감을 채워 줄 수 있는 것은 돈과 명예와 권력과 기타 등등으로 해결될 수 없으며 오직 그리스도 예수님을 믿고 영혼 구원을 받은 자만이 인생의 공허함을 이겨낼 수 있으며 영혼의 평안함 속에서 진정한 행복을 찾고 인생에서 승리자가 되는 것입니다.
 우리들의 영혼을 책임지시고 구원하시고자 십자가에 단번에 피 흘려 돌아가신 영원하신 대제사장이신 예수님은 사흘 만에 부활 승천하시고 언젠가는 천군천사들을 대동하시고 재림하신다고 성경말씀에서 증거하고 계신 것을 믿습니다.
 이 예수님을 성경말씀을 잘 읽어 보시면 예수님께서는 예수님 안에 아버지가 계시고 예수님을 믿으면 아버지를 믿는다고 하셨습니다.

 하나님(성부 하나님)과 예수님(성자 하나님)과 성령님(성령 하나님)을 한 분 하나님으로 그리스도 예수님을 구세주로 믿는 믿음의 자녀들에게 영원토록 함께 하시고 역사하신다는 것을 굳게 믿고 이를 증거하는 삶을 살아야 합니다.

하나님께서는 죄인 된 인간을 구원시켜 주시기 위해서 거룩하신 독생자 예수님을 이 땅에 보내 주시고 그 구원받은 자들을 끝까지 지켜 보호하여 주시기 위해서 성령님을 보내 주셔서 역사하고 계신 것을 말씀을 통해서 깨달을 수 있었으며 이것을 굳게 믿고 이를 증거하는 삶을 살아야 합니다.

하나님 아버지께서는 구약을 통해서 예수님을 이 땅에 보내주신다고 약속하셨고 예수님께서는 신약을 통해서 성령님을 아버지께서 예수님의 이름으로 성령님을 보내주실 것을 약속하셨습니다. 그래서 이 시대를 살아가는 믿음의 자녀들과 앞으로 올 미래의 세대들의 믿음의 자녀들에게 성령님을 통해서 위로를 받으며 예수님께서 가르쳐 주신 모든 것을 생각나게 하며 또한 모든 것을 가르치고 실천하며 살아갈 수 있도록 인도하고 계십니다.

요한복음 14장 1절부터 31절 말씀을 통해서 한 분 하나님이신 것을 알 수 있습니다.

10절
나는 아버지 안에 있고 아버지는 내 안에 계신 것을 네가 믿지 아니하느냐 내가 너희에게 이르는 말이 스스로 하는 것이 아니라 아버지께서 내 안에 계셔 그의 일을 하시는 것이라
11절
내가 아버지 안에 있고 아버지께서 내 안에 계심을 믿으라 그렇지 못하겠거든 행하는 그 일을 인하여 나를 믿으라

10절~11절 말씀을 통해서 예수님은 하나님아버지 안에 있고 하나님 아버지는 예수님 안에 계신다고 예수님께서 직접 말씀하고 계신 것을 믿어 하나님과 예수님은 한 분 하나님인 것을 믿을 수 있습니다.
 그리고 성령님이 어떤 분이신가에 대해서는

16절
내가 아버지께 구하겠으니 그가 또 다른 보혜사를 너희에게 주사 영원토록 너희와 함께 있게 하시리니
17절
이는 진리의 영이라 세상은 능히 저를 받지 못하나니 이는 저를 보지도 못하고 알지도 못함이라 그러나 너희는 저를 아나니 저는 너희와 함께 거하심이요 또 너희 속에 계시겠음이라
18절
내가 너희를 고아와 같이 버려두지 아니하고 너희에게로 오리라
26절
보혜사 곧 아버지께서 내 이름으로 보내실 성령님 그가 너희에게 모든 것을 가르치시고 내가 너희에게 말한 모든 것을 생각나게 하시리라

 성령님은 예수님의 이름으로 하나님아버지께서 보내 주신 것이고 구원받은 자녀들에게 영원토록 함께 하신다고 말씀하고 계십니다.
 16절에서 예수님께서는 하나님 아버지께 구한 것은 또 다른 보혜사를 구원받은 믿음의 자녀들에게 보내주셔서 영원토록 함께 있게 하신다고 하셨습니다. 하나님 아버지께서는 예수님을 이 땅에 보내주셔서 죄인 된 인간들 중에서 구원받을 자들에게 예수님을 하나님의

아드님으로 믿고 죄로부터 구원받을 수 있도록 해 주셨고 또 구원받은 자들을 영적으로 고아와 같이 내버려 두지 않고 영원토록 함께 계실 수 있도록 또 다른 보혜사 성령님을 구원받은 믿음의 자녀들에게 예수님의 이름으로 보내 주신 것입니다.

16절에 또 다른 보혜사를 26절에서 보혜사를 하나님아버지께서 예수님의 이름으로 보내실 성령님이라고 설명하고 계십니다. 즉 성령님은 하나님아버지로부터 나오신 것입니다. 구원받은 자들에게 하나님아버지와 함께 영원토록 함께 하시는 것입니다.

그 성령님께서 예수님의 재림의 날까지 하나님의 자녀들에게 모든 것을 가르치시고 예수님께서 제자들에게 말한 모든 것을 생각나게 하시고 평안을 하나님의 자녀들에게 끼치고 예수님의 평안을 하나님의 자녀들에게 주시는데 이 평안은 세상이 주는 평안이 아니라 근심도 말고 두려워하지도 말라고 하셨습니다.

세상이 주는 평안은 잠시 잠깐 동안은 평안할지 모르지만 영원토록 평안할 수 없다는 것을 잘 알고 있습니다. 돈이 많다고 해서 권력이 많다고 해서 영원토록 평안할 수 있습니까? 그럴 수 없다는 것을 믿음의 자녀들은 잘 알고 있습니다. 예수님이 주시는 평안은 세상이 주는 평안이 아니고 영적으로 평안을 주시는 영원토록 평안을 끼쳐 주시는 것입니다.

하나님아버지께서는 예수님을 보내 주신 뜻이 있고 성령님을 보내 주신 뜻이 있다는 것을 요한복음 14장 말씀을 통해서 확신할 수 있었고 하나님과 예수님과 성령님은 한 분 하나님으로 앞으로도 계속 활동하고 계실 것으로 확신할 수 있었습니다.

이처럼 하나님 예수님 성령님은 한 분 하나님으로써 이 셋 중에서 어느 것 하나라도 빼거나 믿지 아니하면 구원받은 자라 할 수 없습니다.

마태복음 28장 18절부터 20절 말씀에서도 보면 예수님께서 제자들에게 명령하신 말씀 중에 "예수님께서 나아와 일러 가라사대 하늘과 땅의 모든 권세를 내게 주셨으니 그러므로 너희는 가서 모든 족속으로 제자를 삼아 아버지와 아들과 성령의 이름으로 침례를 주고 내가 너희에게 분부한 모든 것을 가르쳐 지키게 하라 볼지어다 내가 세상 끝날까지 너희와 항상 함께 있으리라 하시니라"도 하나님 예수님 성령님의 이름으로 침례를 주라고 명령하셨으며 또한 예수님 자신도 침례 요한한테 침례를 받으실 때에도 동시에 하나님과 성령님이 나타난 사건이 마태복음 3장 13절~17절에 있습니다. "이때에 예수께서 갈릴리로서 요단강에 이르러 요한에게 침례를 받으려 하신대 요한이 말려 가로되 내가 당신에게 침례를 받아야 할 터인데 당신이 내게로 오시나이까 예수님께서 대답하여 가라사대 이제 허락하라 우리가 이와 같이하여 모든 의를 이루는 것이 합당하니라 하신대 이에 요한이 허락하는지라 예수님께서 침례를 받으시고 곧 물에서 올라오실새 하늘이 열리고 하나님의 성령님이 비둘기같이 내려 자기 위에 임하심을 보시더니 하늘로서 소리가 있어 말씀하시되 이는 내 사랑하는 아들이요 내 기뻐하는 자라 하시니라"

고린도후서 13장 13절
주 예수 그리스도의 은혜와 하나님의 사랑과 성령님의 교통하심이 너희 무리와 함께 있을지어다.
요한복음 10장 30절
나와 아버지는 하나이니라 하신대

요한복음 1장 18절

본래 하나님을 본 사람이 없으되 아버지 품속에 있는 독생하신 하나님이 나타내셨느니라

요한복음 17장 21절

아버지께서 내 안에 내가 아버지 안에 있는 것같이 저희도 다 하나가 되어 우리 안에 있게 하사 세상으로 아버지께서 나를 보내신 것을 믿게 하옵소서

요한복음 15장 26절

내가 아버지께로서 너희에게 보낼 보혜사 곧 아버지께로서 나오시는 진리의 성령님이 오실 때에 그가 나를 증거하실 것이요

요한일서 5장 20절

또 아는 것은 하나님의 아들이 이르러 우리에게 지각을 주사 우리로 참된 자를 알게 하신 것과 또한 우리가 참된 자 곧 그의 아들 예수 그리스도 안에 있는 것이니 그는 참 하나님이시오 영생이시라

하나님아버지, 예수님, 성령님이 같은 분으로 동시에 표현됨

사도행전 16장 6절 10절

성령님이 아시아에서 말씀을 전하지 못하게 하시거늘 브루기아와 갈라디아 땅으로 다녀가 무시아 앞에 이르러 비두니아로 가고자 애쓰되 예수님의 영이 허락지 아니하시는지라 무시아를 지나 드로아로 내려갔는데 밤에 환상이 바울에게 보이니 마게도냐 사람 하나가 서서 그에게 청하여 가로되 마게도냐로 건너와서 우리를 도우라 하거늘 바울이 이 환상을 본 후에 우리가 곧 마게도냐로 떠나기를 힘쓰니 이는 하나님이 저 사람들에게 복음을 전하라고 우리를 부르신 줄로 인정함이러라

2. 예수님

하나님과 예수님과 성령님은 한 분의 하나님으로 앞에서 예수님은 하나님이신 것을 명백히 확신할 수 있습니다. 하나님이 예수님을 이 땅에 보내신 것은 택함 받은 백성들을 구원시키기 위함임을 구원받은 믿음의 자녀들은 성경말씀을 통해서 하나님의 은혜로 확실히 믿고 담대히 의지할 수 있습니다.

예수님은 천국복음을 전파하면서 제자들을 가르치셨으며 또 그들을 통해서 예수님의 사역들이 기록되게 하셨으며 영원한 대제사장의 역할을 담당하시기 위해서 십자가에 피 흘려 돌아가시고 사흘 만에 부활 승천하셨고 다시 재림하실 때까지 구원받을 영혼들에게 영원히 함께 할 성령님을 보내 주셔서 구약과 신약에 있는 말씀들을 가르쳐 주시고 기억나게 해 주시고 능력을 부어 주시는 예수님인 것에 감사드리며 성경말씀을 통해서 다시 한번 예수님이 영혼의 구세주 되시며 하나님이심을 확신합니다.

그리고 예수님이 믿음의 자녀들을 위해 영원한 대제사장의 역할을 하셨음으로 믿음의 자녀들은 더 이상 제사를 드리는 일을 할 필요가 없다고 히브리서 7장 27절에 확실히 말씀해 주시고 계십니다.

이러한 하나님의 말씀을 외면하고 제사를 지내거나 제사 지내는 일에 참여를 한다면 그것은 하나님 말씀을 믿지 않고 사탄마귀의 종노릇 하는 것이기 때문에 구원을 받을 수 없음을 말씀을 통해서 은혜를 받습니다.

〈구약에서 예언한 예수님〉

이사야 7장 14절

그러므로 주님께서 친히 징조로 너희에게 주실 것이라 보라 처녀가 잉태하여 아들을 낳을 것이요 그 이름을 임마누엘이라 하리라

이사야 9장 6절~7절

이는 한 아기가 우리에게 났고 한 아들을 우리에게 주신 바 되었는데 그 어깨에는 정사를 메었고 그 이름은 기묘자(奇妙者)라 모사(謀士)라 전능하신 하나님이라 영존하시는 아버지라 평강의 왕이라 할 것임이라 그 정사와 평강의 더함이 무궁하며 또 다윗의 위에 앉아서 그 나라를 굳게 세우고 지금 이후 영원토록 공평과 정의로 그것을 보존하실 것이라 만군의 여호와의 열심이 이를 이루시리라

미가 5장 2절

베들레헴 에브라다야 너는 유다 족속 중에 작을지라도 이스라엘을 다스릴 자가 네게서 내게로 나올 것이라 그의 근본은 상고(上古)에, 태초에니라 그러므로 임신한 여인이 해산하기까지 그들을 붙여 두시겠고 그 후에는 그 형제 남은 자가 이스라엘 자손에게로 돌아오리니

〈예수님의 탄생〉

마태복음 1장 18~25절

예수 그리스도의 나심은 이러하니라 그 모친 마리아가 요셉과 정혼하

고 동거하기 전에 성령님으로 잉태된 것이 나타났더니 그 남편 요셉은 의로운 사람이라 저를 드러내지 아니하고 가만히 끊고자 하여 이 일을 생각할 때에 주님의 사자가 현몽하여 가로되 다윗의 자손 요셉아 네 아내 마리아 데려오기를 무서워 말라 저에게 잉태(孕胎)된 자는 성령님으로 된 것이라 아들을 낳으리니 이름을 예수님이라 하라 이는 그가 자기 백성을 저희 죄에서 구원할 자이심이라 하니라 이 모든 일의 된 것은 주님께서 선지자로 하신 말씀을 이루려 하심이니 가라사대 보라 처녀가 잉태하여 아들을 낳을 것이요 그 이름은 임마누엘이라 하리라 하셨으니 이를 번역한즉 하나님이 우리와 함께 계시다 함이라 요셉이 잠을 깨어 일어나서 주님의 사자의 분부대로 행하여 그 아내를 데려왔으나 아들을 낳기까지 동침치 아니하더니 낳으매 이름을 예수님이라 하니라

〈예수님의 능력〉
마태복음 4장 23~25절
예수님께서 온 갈릴리에 두루 다니사 저희 회당에서 가르치시며 천국 복음을 전파하시며 백성 중에 모든 병과 모든 악한 것을 고치시니 그의 소문이 온 수리아에 퍼진지라 사람들이 모든 앓는 자 곧 각색 병과 고통에 걸린 자, 간질하는 자, 중풍병자들을 데려오니 저희를 고치시더라 갈릴리와 데가볼리와 예루살렘과 유대와 요단강 건너편에서 허다한 무리가 좇으니라
마태복음 9장 1절~8절
예수님께서 배에 오르사 건너가 본 동네에 이르시니 침상에 누운 중풍병자를 사람들이 데리고 오거늘 예수님께서 저희의 믿음을 보시고 중풍병자에게 이르시되 소자야 안심하라 네 죄 사함을 받았으니라 어떤

서기관들이 속으로 이르되 이 사람이 참람하도다 예수님께서 그 생각을 아시고 가라사대 너희가 어찌하여 마음에 악한 생각을 하느냐 네 죄 사함을 받았느니라 하는 말과 일어나 걸어가라 하는 말이 어느 것이 쉽겠느냐 그러나 인자(예수님) 가 세상에서 죄를 사하는 권세가 있는 줄을 너희로 알게 하려 하노라 하시고 중풍병자에게 말씀 하시되 일어나 네 침상을 가지고 집으로 가라 하시니 그가 일어나 집으로 돌아가거늘 무리가 보고 두려워하며 이런 권세를 사람에게 주신 하나님께 영광을 돌리니라

마태복음 9장 18~25절

예수께서 이 말씀을 하실 때에 한 직원이 와서 절하고 가로되 내 딸이 방장(方將) 죽었사오나 오셔서 그 몸에 손을 얹으소서 그러면 살겠나이다 하니 예수님께서 일어나 따라가시매 제자들도 가더니 열두 해를 혈루증(血漏症)으로 앓는 여자가 예수님의 뒤로 와서 그 겉옷 가를 만지니 이는 제 마음에 그 겉옷만 만져도 구원을 받겠다 함이라 예수님께서 돌이켜 그를 보시며 가라사대 딸아 안심하라 네 믿음이 너를 구원하였다 하시니 여자가 그 시로 구원을 받으니라 예수님께서 그 직원(職員)의 집에 가사 피리 부는 자들과 훤화하는 무리를 보시고 가라사대 물러가라 이 소녀가 죽은 것이 아니라 잔다 하시니 저들이 비웃더라 무리를 내어 보낸 후에 예수님께서 들어가사 소녀의 손을 잡으시매 일어나는지라

마태복음 9장 27~36절

예수님께서 거기서 떠나가실새 두 소경이 따라오며 소리질러 가로되 다윗의 자손이여 우리를 불쌍히 여기소서 하더니 예수님께서 집에 들어가시매 소경들이 나아오거늘 예수님께서 이르시되 내가 능히 이 일 할 줄을 믿느냐 대답하되 주님 그러하오이다 하니 이에 예수님께서 저

희 눈을 만지시며 가라사대 너희 믿음대로 되라 하신대 그 눈들이 밝아 지지라 예수님께서 엄히 경계하시되 삼가 아무에게도 알게 하지 말라 하셨으나 저희가 나가서 예수님의 소문을 그 온 땅에 전파하니라 저희 가 나갈 때에 귀신들려 벙어리 된 자를 예수님께 데려오니 귀신이 쫓겨 나고 벙어리가 말하거늘 무리가 기이히 여겨 가로되 이스라엘 가운데 서 이런 일을 본 때가 없다 하되 바리새인들은 가로되 저가 귀신의 왕 을 빙자하여 귀신을 쫓아낸다 하더라 예수님께서 모든 성과 촌에 두루 다니사 저희 회당에서 가르치시며 천국 복음을 전파하시며 모든 병과 모든 약한 것을 고치시니라 무리를 보시고 민망히 여기시니 이는 저희 가 목자 없는 양과 같이 고생하며 유리함이라

마태복음 8장 1절~17절

예수님께서 산에서 내려오시니 허다한 무리가 좇으니라 한 문둥병자 가 나아와 절하고 가로되 주님 원하시면 저를 깨끗게 하실 수 있나이 다 하거늘 예수님께서 손을 내밀어 저에게 대시며 가라사대 내가 원하 노니 깨끗함을 받으라 하신대 즉시 그의 문둥병이 깨끗하여진지라 예 수님께서 이르시되 삼가 아무에게도 이르지 말고 다만 가서 제사장에 게 네 몸을 보이고 모세의 명한 예물을 드려 저희에게 증거하라 하시니 라 예수님께서 가버나움에 들어가시니 한 백부장이 나아와 간구하여 가로되 주님 내 하인이 중풍병으로 집에 누워 몹시 괴로워하나이다 가 라사대 내가 가서 고쳐 주리라 백부장이 대답하여 가로되 주님 내 집에 들어오심을 나는 감당치 못하겠사오니 다만 말씀으로만 하옵소서 그 러면 내 하인이 낫겠삽나이다 나도 남의 수하에 있는 사람이요 내 아래 도 군사가 있으니 이더러 가라 하면 가고 저더러 오라 하면 오고 내 종 더러 이것을 하라 하면 하나이다 예수님께서 들으시고 기이히 여겨 좇 는 자들에게 이르시되 내가 진실로 너희에게 이르노니 이스라엘 중 아

무에게도 이만한 믿음을 만나보지 못하였노라 또 너희에게 이르노니 동서로부터 많은 사람이 이르러 아브라함과 이삭과 야곱과 함께 천국에 앉으려니와 나라의 본 자손들은 바깥 어두운 데 쫓겨나 거시서 울며 이를 갈이 있으리라 예수님께서 백부장에게 이르시되 가라 네 믿음 대로 될지어다 하시니 그 시로 하인이 나으니라 예수님께서 베드로의 집에 들어가사 그의 장모가 열병으로 앓아 누운 것을 보시고 그의 손을 만지시니 열병이 떠나가고 여인이 일어나서 예수님께 수종들더라 저물매 사람들이 귀신들 린 자를 많이 데리고 예수님께 오거늘 예수님께서 말씀으로 귀신들을 쫓아내시고 병든자를 다 고치시니 이는 선지자 이사야로 하신 말씀에 우리 연약한 것을 친히 담당하시고 병을 짊어지셨도다함을 이루려 하심이더라

마태복음 8장 28~34절

또 예수님께서 건너편 가다라 지방에 가시매 귀신들린 자 둘이 무덤 사이에서 나와 예수님를 만나니 저희는 심히 사나워 아무도 그 길로 지나갈 수 없을 만하더라 이에 저희가 소리질러 가로되 하나님의 아들이여 우리와 당신과 무슨 상관이 있나이까 때가 이르기 전에 우리를 괴롭게 하려고 여기 오셨나이까 하더니 마침 멀리서 많은 돼지 떼가 먹고 있는지라 귀신들이 예수님께 간구하여 가로되 만일 우리를 쫓아내실진대 돼지 떼에 들여보내소서 한대 저희더러 가라 하시니 귀신들이 나아와서 돼지에게로 들어가는지라 온 떼가 비탈로 내리달아 바다에 들어가서 물에서 몰사하거늘 치던 자들이 달아나 시내에 들어가 이 모든 일과 귀신들린 자의 일을 고하니 온 시내가 예수님을 만나려고 나가서 보고 그 지방에서 떠나시기를 간구하더라

마태복음 4장 1절~11절

그때에 예수님께서 성령에게 이끌리어 마귀에게 시험을 받으러 광야로

가사 사십 일을 밤낮으로 금식하신 후에 주리신지라 시험하는 자가 예수님께 나아와서 가로되 네가 만일 하나님의 아들이어든 명하여 이 돌들이 떡덩이가 되게 하라 예수님께서 대답하여 가라사대 기록되었으되 사람이 떡으로만 살 것이 아니요 하나님의 입으로 나오는 모든 말씀으로 살 것이라 하였느니라 하시니 이에 마귀가 예수님을 거룩한 성으로 데려다가 성전 꼭대기에 세우고 가로되 네가 만일 하나님의 아들이어든 뛰어내리라 기록하였으되 저가 너를 위하여 그 사자들을 명하시리니 저희가 손으로 너를 받들어 발이 돌에 부딪히지 않게 하리로다 하였느니라 예수님께서 이르시되 또 기록되었으되 주 너의 하나님을 시험치 말라 하였느니라 하신대 마귀가 또 그를 데리고 지극히 높은 산으로 가서 천하 만국과 그 영광을 보여 가로되 만일 내게 엎드려 경배하면 이 모든 것을 네게 주리라 이에 예수님께서 말씀하시되 사탄아 물러가라 기록되었으되 주 너희 하나님께 경배하고 다만 그를 섬기라 하였느니라 이에 마귀는 예수님을 떠나고 천사들이 나아와서 수종드니라

요한복음 4장 46절~54절

예수님께서 다시 갈릴리 가나에 이르시니 전에 물로 포도주를 만드신 곳이라 왕의 신하가 있어 그 아들이 가버나움에서 병들었더니 그가 예수님께 유대로부터 갈릴리에 오심을 듣고 가서 청하되 내려오셔서 내 아들의 병을 고쳐 주소서 하니 저가 거의 죽게 되었음이라 예수님께서 가라사대 너희는 표적과 기사(奇事)를 보지 못하면 도무지 믿지 아니하리라 신하가 가로되 주님 내 아이가 죽기 전에 내려오소서 예수님께서 가라사대 가라 네 아들이 살았다 하신대 그 사람이 예수님의 하신 말씀을 믿고 가더니 내려가는 길에서 그 종들이 오다가 만나서 아이가 살았다 하거늘 그 낫기 시작한 때를 물은즉 어제 제칠시에 열기가 떨어졌나이다 하는지라 아비가 예수님께서 네 아들이 살았다 말씀하신 그

때인 줄 알고 자기와 그 온 집이 다 믿으니라 이것은 예수님께서 유대에서 갈릴리로 오신 후 행하신 두 번째 표적이니라
요한복음 6장 8절-21절
제자 중 하나 곧 시몬 베드로의 형제 안드레가 예수님께 여짜오되 여기 한 아이가 있어 보리떡 다섯 개와 물고기 두 마리를 가졌나이다 그러나 그것이 이 많은 사람에게 얼마나 되겠삽나이까 예수님께서 가라사대 이 사람들로 앉게 하라 하신대 그곳에 잔디가 많은지라 사람들이 앉으니 수효가 오천쯤 되더라 예수님께서 떡을 가져 축사하신 후에 앉은 자들에게 나눠주시고

고기도 그렇게 저희의 원대로 주시다 저희가 배부른 후에 예수님께서 제자들에게 이르시되 남은 조각을 거두고 버리는 것이 없게 하라 하시므로 이에 거두니 보리떡 다섯 개로 먹고 남은 조각이 열두 바구니에 찼더라 그 사람들이 예수님의 행하신 이 표적을 보고 말하되 이는 참으로 세상에 오실 그 선지자라 하더라 그러므로 예수님께서 저희가 와서 자기를 억지로 잡아 임금 삼으려는 줄을 아시고 다시 혼자 산으로 떠나 가시니라 저물매 제자들이 바다에 내려가서 배를 타고 바다를 건너 가버나움으로 가는데 이미 어두웠고 예수님은 아직 저희에게 오시지 아니하셨더니 큰 바람이 불어 파도가 일어나더라 제자들이 노를 저어 십여 리쯤 가다가 예수님께서 바다 위로 걸어 배에 가까이 오심을 보고 두려워하거늘 가라사대 내니 두려워 말라 하신대 이에 기뻐서 배로 영접하니 배는 곧 저희의 가려던 땅에 이르렀더라

〈예수님을 다른 말로 표현한 구절〉
(살아 계신 하나님의 아들, 독생자, 빛, 진리)
요한복음 3장 16절~21절

하나님이 세상을 이처럼 사랑하사 독생자를 주셨으니 이는 저를 믿는 자마다 멸망치 않고 영생을 얻게 하려 하심이니라 하나님이 그 아들을 세상에 보내신 것은 세상을 심판하려 하심이 아니요 저로 말미암아 세상이 구원을 받게 하려 하심이라 저를 믿는 자는 심판을 받지 아니하는 것이요 믿지 아니하는 자는 하나님의 독생자의 이름을 믿지 아니하므로 벌써 심판을 받은 것이니라 그 정죄는 이것이니 곧 빛이 세상에 왔으되 사람들이 자기 행위가 악하므로 빛보다 어두움을 더 사랑한 것이니라 악을 행하는 자마다 빛을 미워하여 빛으로 오지 아니하나니 이는 그 행위가 드러날까 함이요 진리를 좇는 자는 빛으로 오나니 이는 그 행위가 하나님 안에서 행한 것임을 나타내려 함이라 하시니라

마태복음 16장 13절~16절
예수님께서 가이사랴 빌립보 지방에 이르러 제자들에게 물어 가라사대 사람들이 인자를 누구라 하느냐 가로되 더러는 침례 요한 더러는 엘리야 어떤 이는 예레미야나 선지자 중의 하나라 하나이다 가라사대 너희는 나를 누구라하느냐 시몬 베드로가 대답하여 가로되 주님은 그리스도시오 살아계신 하나님의 아들이시니이다

(하나님의 본체)
빌립보서 2장 6절
너희 안에 이 마음을 품으라 곧 그리스도 예수님의 마음이니 그는 근본 하나님의 본체시나 하나님과 동등됨을 취할 것으로 여기지 아니하시고 오히려 자기를 비어 종의 형체를 가져 사람들과 같이 되었고 사람의 모양으로 나타나셨으매 자기를 낮추시고 죽기까지 복종하셨으니 곧 십자가에 죽으심이라

(부활, 생명)
요한복음 11장 25절~26절
예수님께서 가라사대 나는 부활이요 생명이니 나를 믿는 자는 죽어도 살겠고 무릇 살아서 나를 믿는 자는 영원히 죽지 아니하리니 이것을 네가 믿느냐

(맏아들, 재림, 만유의 후사)
히브리서 1장 2절~6절
이 모든 날 마지막에 아들로 우리에게 말씀하셨으니 이 아들을 만유의 후사로 세우시고 또 저로 말미암아 모든 세계를 지으셨느니라 이는 하나님의 영광의 광채시오 그 본체의 형상이시라 그의 능력의 말씀으로 만물을 붙드시며 죄를 정결케 하는 일을 하시고 높은 곳에 계신 위엄의 우편에 앉으셨느니라 저가 천사보다 얼마큼 뛰어남은 저희보다 더욱 아름다운 이름을 기업으로 얻으심이니 하나님께서 어느 때에 천사 중 누구에게 네가 내 아들이라 오늘날 내가 너를 낳았다 하셨으며 또다시 나는 그에게 아버지가 되고 그는 내게 아들이 되리라 하셨느뇨 또 맏아들을 이끌어 세상에 다시 들어오게 하실 때에 하나님의 모든 천사가 저에게 경배할지어다 말씀하시며

(메시아(구세주, 구원자), 세상 죄를 지고 가는 하나님의 어린양, 하나님의 아들, 빛, 심판주)
요한복음 1장 29절~34절
이튿날 요한이 예수님께 자기에게 나아오심을 보고 가로되 보라 세상 죄를 지고 가는 하나님의 어린양이로다 내가 전에 말하기를 내 뒤에 오는 사람이 있는데 나보다 앞선 것은 그가 나보다 먼저 계심이라 한 것

이 이 사람을 가리킴이라 나도 그를 알지 못하였으나 내가 와서 물로 침례를 주는 것은 그를 이스라엘에게 나타내려 함이라 하니라 요한이 또 증거하여 가로되 내가 보매 성령이 비둘기같이 하늘로서 내려와서 그의 위에 머물렀더라 나도 그를 알지 못하였으나 나를 보내어 물러 침례를 주라 하신 그이가 나에게 말씀하시되 성령이 내려서 누구 위에든지 머무는 것을 보거든 그가 곧 성령으로 침례를 주는 이 인줄 알라 하셨기에 내가 보고 그가 하나님의 아들이심을 증거하였노라 하니라

요한복음 12장 44절~50절
예수님께서 외쳐 가라사대 나를 믿는 자는 나를 믿는 것이 아니요 나를 보내신 이를 믿는 것이며 나를 보는 자는 나를 보내신 이를 보는 것이니라 나는 빛으로 세상에 왔나니 무릇 나를 믿는 자로 어두움에 거하지 않게 하려 함이로라 사람이 내 말을 듣고 지키지 아니할지라도 내가 저를 심판하지 아니하노라 내가 온 것은 세상을 심판하려 함이 아니요 세상을 구원하려 함이로라 나를 저버리고 내 말을 받지 아니하는 자를 심판할 이가 있으니 곧 나의 한 그 말이 마지막 날에 저를 심판하리라 내가 내 자의 말한 것이 아니요 나를 보내신 아버지께서 나의 말할 것과 이를 것을 친히 명령하여 주셨으니 나는 그의 명령이 영생인 줄 아노라 그러므로 나의 이르는 것은 내 아버지께서 내게 말씀하신 그대로 이르노라 하시니라

(보혜사, 성령님, 진리의 영, 길이요 진리요 생명이신 예수님)
요한복음 14장

(선한 목자)
요한복음 10장 11절
나는 선한 목자라 선한 목자는 양들을 위하여 목숨을 버리거니와

(영원한 대제사장, 재림, 흠(죄)이 없으신 분)
히브리서 9장 7절, 12절~14절, 28절
오직 둘째 장막은 대제사장이 홀로 일 년 일차씩 들어가되 피 없이는 아니하나니 이 피는 자기와 백성의 허물을 위하여 드리는 것이라 염소와 송아지의 피로 아니하고 오직 자기 피로 영원한 속죄를 이루사 단번에 성소에 들어가셨느니라 염소와 황소의 피와 암송아지의 재로 부정한 자에게 뿌려 그 육체를 정결케하여 거룩게 하거든 하물며 영원하신 성령으로 말미암아 흠 없는 자기를 하나님께 드린 그리스도의 피가 어찌 너희 양심으로 죽은 행실에서 깨끗하게 하고 살아 계신 하나님을 섬기게 못 하겠느뇨 이와 같이 그리스도도 많은 사람의 죄를 담당하시려고 단번에 드리신바 되셨고 구원에 이르게 하기 위하여 죄와 상관없이 자기를 바라는 자들에게 두 번째 나타나시리라

히브리서 3장 1절, 4장 14절, 7장 27절
그러므로 함께 하늘의 부르심을 입은 거룩한 형제들아 우리의 믿는 도리의 사도시며 대제사장이신 예수님을 깊이 생각하라 그러므로 우리에게 큰 대제사장이 있으니 승천하신 자 곧 하나님 아들 예수님이시라 우리가 믿는 도리를 굳게 잡을지어다 저가 저 대제사장들이 먼저 자기 죄를 위하고 다음에 백성의 죄를 위하여 날마다 제사 드리는 것과 같이 할 필요가 없느니 이는 저가 단번에 자기를 드려 이루셨음이니라

3. 성령님

고린도전서 6장 19절~20절
너희 몸은 너희가 하나님께로부터 받은 바 너희 가운데 계신 성령님의 전인줄을 알지 못하느냐 너희는 너희 자신의 것이 아니라 값으로 산 것이 되었으니 그런 즉 너희 몸으로 하나님께 영광을 돌리라

에베소서 4장 30절
하나님의 성령님을 근심하게 하지 말라 그 안에서 너희가 구속의 날까지 인치심을 받았느니라

말씀을 통해서 하나님의 은혜를 받습니다. 그렇습니다. 예수님을 믿고 성령님을 믿는 믿음의 자녀들은 이 말씀을 소중히 여기며 이 말씀에 순종하는 자녀들이 되어야겠습니다.
성령님은 진리의 영, 말씀의 영, 예수님의 영으로 요한복음 14장 17절, 26절 말씀을 통해서 믿고 잘 알고 계시리라 믿습니다.
또 예수님께서는 우리 믿음의 자녀들을 고아와 같이 버려두지 아니

하겠다고 요한복음 14장 18절에 말씀하고 계십니다.
 그렇습니다. 우리 믿음의 자녀들은 영적으로 고아가 아닌 것입니다. 예수님께서 요한복음 16장 7절에 "그러하나 내가 너희에게 실상을 말하노니 내가 떠나가는 것이 너희에게 유익이라 내가 떠나가지 아니하면 보혜사(성령님)가 너희에게로 오시지 아니할 것이요 가면 내가 그를 너희에게로 보내리니"라고 하신 말씀에 감사합니다.
 예수님을 믿는 믿음의 자녀들에게는 예수님께서 예수님의 이름으로 보내신 성령님을 모시고 살아가는 것인 것입니다. 예수님께서 재림하실 때까지 성령님을 마음에 모시면 성령님께서 우리 믿음의 자녀들에게 가르치시고 예수님께서 말하신 모든 것을 다 생각나게 하시는 것입니다.(요한복음 14장 26절)
 그렇기 때문에 우리 믿음의 자녀들은 말과 행동을 조심하고 몸을 소중히 여겨야 하는 것입니다. 우리의 몸은 자신의 것이 아니라 하나님아버지 것이기 때문입니다. 예수님을 믿는 믿음의 자녀들은 성령님이 자신의 몸 안에 계셔서 활동하고 계신다는 것에 확신을 가지시고 다시금 말씀에 감사하시고 말씀을 사랑하고 말씀에 순종하시면서 살아가야 하는 것입니다.

 잠언 3장 13절 말씀에 "지혜를 얻는 자와 명철을 얻는 자는 복이 있나니"가 있습니다. 지혜는 하나님 말씀을 뜻하고 명철은 그 하나님 말씀을 깨달음을 말하는 것입니다. 예수님을 믿고 구원받은 우리가 하나님 말씀 즉 성경말씀을 통해서 지혜를 얻고 명철을 얻을 수 있는 것입니다.
 현재 우리가 살고 있는 시대는 성령하나님 시대입니다. 구약의 성부 하나님 시대, 신약의 성자 하나님 시대, 그리고 예수님께서 십자가에 돌아가시고 부활 승천하신 후부터 재림까지는 성령하나님 시대로 역사하고 계심을 잘 알고 있습니다. 그런즉 지금의 시대는 하나님께서 구약시대의 모세에게처럼 자녀들에게 직접 말씀하시고 명령하시는 것이 아니고 또한 신약시대의 예수님께서 인간의 몸을 빌어 행하신 많은 기적과 표적을 직접 눈으로 보고 귀로 들을 수는 없습니다만 성령하나님의 시대를 살아가고 있는 자녀들은 완벽한
 하나님말씀(성경)을 가지고 그 말씀을 믿고 그 말씀대로 살아가려고 노력하고, 애 쓰는 삶을 살아가는 모습 속에서 지혜를 얻고 명철을 얻을 수 있다는 사실에 감사합니다.

 자신을 죄인임을 예수님께 고하고 회개한 자로 예수님의 십자가의 보혈의 능력을 믿고 구원받은 자로서 성령하나님께서 각자의 마음에 계신 가운데 하나님과의 영적인 교통은 오직 말씀밖에 없음을 다시 한번 깨닫게 됩니다. 그래서 우리 믿음의 자녀들은 성경말씀을 많이 읽고 정독하여 하나님께서 각자에게 무엇을 바라고 원하시는지 하나님께서 기뻐하시는 것이 무엇인지를 말씀을 통해서 명철을 얻어야 하는 것입니다. 그리고 그 말씀에 순종해야 하는 것입니다.
 하나님과의 영적인 교통을 하기 위해서 또 하나님께서 기뻐하시는 삶을 살기 위해서 더욱더 성경말씀을 가까이하고 그 말씀을 사랑하고 그 말씀의 뜻을 깨달아 명철을 많이 많이 얻을 때까지 즉 예수님 만나 영생의 심판을 받는 날까지 열심히 말씀을 사랑하고 순종해야 하겠다는 다짐을 해 보게 되었습니다.
 형제님들 더욱더 말씀을 많이 사랑하고 그 말씀을 많이 많이 읽고

명철을 한없이 얻어 말씀에 순종함으로 예수님을 기쁘시게 해드리는 형제자매님들이 되시기를 예수님의 이름으로 기도 드립니다. 아멘.

　오늘도 예배를 드리면서 보혜사성령님에 대해서 깨달음을 주신 예수님께 감사드립니다. 오늘날 하나님의 자녀들은 성령님에 대해서 잘 알고 성령님이 예수님이고 하나님이라는 믿음에 확신을 가지고 살아갈 수 있었던 것은 진리의 성경 말씀을 통해서 역사하시는 예수님을 믿음으로 성령님께서 활동 하시는 줄 잘 알고 있습니다.
　그렇지만 예수님시대의 제자들은 예수님께서 십자가에 돌아가시기 전에 제자들에게 하신 말씀을 들을 때 성령님에 대해서 잘 이해하는 자녀들과 그렇지 못한 자녀들도 있었을 것으로 생각이 되어집니다.
　왜냐하면 죽은 자도 살리시고 병든 자도 살리시는 예수님의 사역들을 직접 눈으로 보고 주변으로부터 들었을 때 예수님은 자기들과 영원히 함께 하실 것으로 생각하고 믿었을 제자들이었기에 이제는 예수님께서 요한복음 16장 16절 "조금 있으면 너희가 나를 보지 못하겠고 또 조금 있으면 나를 보리라 하신대"와 요한복음 14장 1절~5절 말씀에서 도마가 이해하지 못해서 예수님께 질문한 내용을 보아서도 요한복음 14장 16절 "내가 아버지께 구하겠으니 그가 또 다른 보혜사를 너희에게 주사 영원토록 너희와 함께 있게 하시리니 저는 진리의 영(성령님)이라 세상은 능히 저를 보지도 못하고 알지도 못함이니라 그러나 너희는 저를(성령님) 아나니 저는(성령님) 너희와 함께 거하심이요 또 너희 속에 계시겠음이라" 말씀하시며 예수님께서는 제자들이 이해하기 쉽게 보혜사 헬라어로는 파라클레토스(다른 사람에게 도움을 베풀도록 곁에 부름 받은 자)로 '변호사, 조력자, 위로자,

상담자, 친구'를 뜻하는 말을 써가며 그 시대에 살아가는 하나님의 제자들에게 앞으로 올 성령님 시대를 설명하고 계신 것을 성경을 통해서 이해할 수 있습니다.

예수님께서는 보혜사를 제자들에게 설명을 하실 때 진리의 성령님, 하나님아버지께서 예수님의 이름으로 보내실 성령님, 예수님이 떠나가는 것이 믿음의 성도들에게 유익하다고 말씀하심으로 제자들에게 앞으로의 시대(즉 예수님 십자가에 돌아가시고 부활 승천하신 후 예수님 재림의 시기까지)는 성령님 시대로 성령님께서 활동하실 것을 믿을 수 있었던 것에 감사드리며 예수님께 영광 돌립니다.

아래 보혜사 성령님께서 하시는 일을 성경구절을 잘 찾아보시면 지금도 예수님께서 살아계셔서 하나님의 자녀들을 통해서 역사하시는 일을 깊이 깨달을 수 있을 것으로 믿어 의심치 않습니다. 그리고 요한복음과 사도행전을 보시면 성령님에 대한 사역을 잘 이해하실 수 있을 것입니다 예수님께서는 지금도 성도님들의 마음에 내주 항존하셔서 주님의 일을 하나님의 자녀들을 통해서 하시고 있으십니다. 예수님 재림의 날이 언제 올지 그 누구도 모릅니다만 우리 성도들은 하나님 말씀을 믿고 말씀대로 순종하며 예수님의 복음을 믿지 않는 영혼들에게 바르게 전하며 살아가는 충성된 종으로 하루하루를 살아가야 될 것입니다.

예수님 은혜 많이 받고 예수님께 영광 돌리며 살아가시는 성도님들 되시길 예수님의 이름으로 기도드립니다. 아멘.

사도행전 말씀을 통해서 성령님의 활동에 대해서 잘 알 수 있습니다.

사도행전 8장 14~24절
예루살렘에 있는 사도들이 사마리아도 하나님의 말씀을 받았다 함을 듣고 베드로와 요한을 보내매 그들이 내려가서 저희를 위하여 성령님 받기를 기도하니 이는 아직 한 사람에게도 성령님 내리신 일이 없고 오직 주 예수님의 이름으로 침례만 받을 뿐이러라 이에 두 사도가 저희에게 안수하매 성령님을 받는지라 시몬이 사도들의 안수함으로 성령님 받는 것을 보고 돈을 드려 가로되 이 권능을 내게도 주어 누구든지 내가 안수하는 사람은 성령님을 받게 하여 주소서 하니 베드로가 가로되 네가 하나님의 선물을 돈 주고 살 줄로 생각하였으니 네 은과 네가 함께 망할찌어다 하나님 앞에서 네 마음이 바르지 못하니 이 도에는 네가 관계도 없고 분깃 될 것도 없느니라 그러므로 너의 이 악함을 회개하고 주님께 기도하라 혹 마음에 품은 것을 사하여 주시리라 내가 보니 너는 악독이 가득하며 불의에 매인 바 되었도다 시몬이 대답하여 가로되 나를 위하여 주님께 기도하여 말한 것이 하나도 내게 임하지 말게 하소서 하니라

사도행전 2장 38절
베드로가 가로되 너희가 회개하여 각각 예수 그리스도의 이름으로 침례를 받고 죄사함을 얻으라 그리하면 성령님을 선물로 받으리니 사도행전 1장 8절
오직 성령님이 너희에게 임하시면 너희가 권능을 받고 예루살렘과 온 유대와 사마리아와 땅끝까지 이르러 내 증인이 되리라 하시니라

사도행전 4장 31절

빌기를 다하매 모인 곳이 진동하더니 무리가 다 성령님이 충만하여 담대히 하나님의 말씀을 전하니라

사도행전 6장 3, 5, 10절
형제들아 너희 가운데서 성령님과 지혜가 충만하여 칭찬 듣는 사람 일곱을 택하라 우리가 이 일을 저희에게 맡기고, 온 무리가 이 말을 기뻐하여 믿음과 성령님이 충만한 사람 스데반과 또 빌립과 브로고로와 니가노르와 디몬과 바메나와 유대교에 입교한 안디옥 사람 니골라를 택하여, 스데반이 지혜와 성령님으로 말함을 저희가 능히 당치 못하여

사도행전 7장 55절
스데반이 성령님이 충만하여 하늘을 우러러 주목하여 하나님의 영광과 및 예수님께서 하나님 우편에 서신 것을 보고

사도행전 5장 3, 9, 32절
베드로가 가로되 아나니아야 어찌하여 사탄이 네 마음에 가득하여 네가 성령님을 속이고 땅값 얼마를 감추었느냐, 베드로가 가로되 너희가 어찌 함께 꾀하여 주님의 영을 시험하려 하느냐 보라 네 남편을 장사하고 오는 사람들 의 발이 문 앞에 이르렀으니 또 너를 메어 내가리라 한 대

사도행전 9장 17, 18, 31절
아나니아가 떠나 그 집에 들어가서 그에게 안수하여 가로되 형제 사울아 주 곧 네가 오는 길에서 나타나시던 예수님께서 나를 보내어 너로 다시 보게 하시고 성령님으로 충만하게 하신다 하니 즉시 사울의 눈에

서 비늘 같은 것이 벗어져 다시 보게 된지라 일어나 침례를 받고, 그리하여 온 유대와 갈릴리와 사마리아 교회가 평안하여 든든히 서 가고 주님을 경외함과 성령님의 위로로 진행하여 수가 더 많아지니라

사도행전 10장 44, 45, 46, 47절
베드로가 이 말 할 때에 성령님이 말씀 듣는 모든 사람에게 내려오시니 베드로와 함께 온 할례받은 신자들이 이방인들에게도 성령님 부어 주심을 인하여 놀라니 이는 방언을 말하며 하나님 높임을 들음이러라, 이에 베드로가 가로되 이 사람들이 우리와 같이 성령님을 받았으니 누가 능히 물로 침례 줌을 금하리요 하고

사도행전 11장 15, 16, 24, 28절
내가 말을 시작할 때에 성령님이 저희에게 임하시기를 처음 우리에게 하신 것과 같이 하는지라 내가 주님의 말씀에 요한은 물로 침례 주었으나 너희는 성령님으로 침례 받으리라 하신 것이 생각났노라, 바나바는 착한 사람이요
성령님과 믿음이 충만한 자라 이에 큰 무리가 주님께 더하더라, 그 중에 아가보라 하는 한 사람이 일어나 성령님으로 말하되 천하가 크게 흉년 들리라 하더니 글라우디오 때에 그렇게 되니라

사도행전 13장 2, 4, 9, 52절
주님을 섬겨 금식할 때에 성령님이 말씀하시대 내가 불러 시키는 일을 위하여 바나바와 사울을 따로 세우라 하시니 두 사람이 성령님의 보내심을 받아 실루기아에 내려가 거기서 배 타고 구브로에 가서, 바울이

라고 하는 사울이 성령님이 충만하여 그를 주목하고, 제자들은 기쁨과 성령님이 충만하니라

사도행전 15장 8절
또 마음을 아시는 하나님이 우리에게와 같이 저희에게도 성령님을 주어 증거하시고

사도행전 16장 6, 7절
성령님 아시아에서 말씀을 전하지 못하게 하시거늘 브루기아와 갈라디아 땅으로 다녀가 무시아 앞에 이르러 비두니아로 가고자 애쓰되 예수님의 영이 허락지 아니하시는지라

요한복음 14장 26절
보혜사 곧 아버지께서 내 이름으로 보내실 성령님 그가 너희에게 모든 것을 가르치고 내가 너희에게 말한 모든 것을 생각나게 하리라

로마서 8장 26절
이와 같이 성령님도 우리의 연약함을 도우시나니 우리는 마땅히 기도할 바를 알지 못하나 오직 성령님이 말할 수 없는 탄식으로 우리를 위하여 친히 간구하시느니라

요한계시록 2장 7절
귀 있는 자는 성령님이 교회들에게 하시는 말씀을 들을지어다 이기는 그에게는 내가 하나님의 낙원에 있는 생명나무의 과실을 주어 먹게 하리라

고린도전서 6장 19절
너희 몸은 너희가 하나님께로부터 받은 바 너희 가운데 계신 성령님의 전인 줄을 알지 못하느냐 너희는 너희 자신의 것이 아니라

요한복음 14장 16절
내가 아버지께 구하겠으니 그가 또 다른 보혜사를 너희에게 주사 영원토록 너희와 함께 있게 하리니

요한복음 15장 26절
내가 아버지께로부터 너희에게 보낼 보혜사 곧 아버지께로부터 나오시는 진리의 성령님이 오실 때에 그가 나를 증언하실 것이요

요한복음 14장 16절~17절
내가 아버지께 구하겠으니 그가 또 다른 보혜사를 너희에게 주사 영원토록 너희와 함께 있게 하리니 그는 진리의 영이라 세상은 능히 그를 받지 못하나니 이는 그를 보지도 못하고 알지도 못함이라 그러나 너희는 그를 아나니 그는 너희와 함께 거하심이요 또 너희 속에 계시겠음이라

요한복음 16장 13절
그러나 진리의 성령님이 오시면 그가 너희를 모든 진리 가운데로 인도하시리니 그가 스스로 말하지 않고 오직 들은 것을 말하며 장래 일을 너희에게 알리시리라

4. 은혜

하나님의 은혜가 믿음보다 먼저인 것을 에베소서 2장 8절, 사도행전 9장 1~22절 사도 바울의 구원의 역사를 통해서 확실히 알 수 있습니다. 내가 똑똑하거나 지혜가 있어서 능력이 있어서 예수님을 믿을 수 있었던 것이 절대 아닙니다. 오직 하나님아버지께서 죄인인 나를 먼저 택하여 주셔서 구원시켜 주시지 않았으면 예수님을 구세주로 영접할 수 없고 구원받지 못했을 것을 명확히 아래 성경 말씀 구절을 통해서 알 수 있기 때문입니다. 하나님아버지 택하여 주신 은혜에 감사합니다. 아멘.

에베소서 2장 8절~9절 말씀에서 "너희가 그 은혜를 인하여 믿음으로 말미암아 구원을 얻었나니 이것이 너희에게서 난 것이 아니요 하나님의 선물이라 행위에서 난 것이 아니니 이는 누구든지 자랑치 못하게 함이니라"

여기서 너희는 구원받은 성도들을 말하는 것이고 그 은혜란 하나님아버지의 은혜 그리스도 예수님의 은혜를 말하는 것입니다. 그 은혜로 말미암아 믿을 수 있었고 구원을 받을 수 있었다는 사실입니다. 인간의 행위 즉 "착한 일을 많이 해서 위대한 일을 많이 해서 봉사를 많이 해서 헌금을 많이 해서 구원을 받는 것이 아니다"라고 말씀하고 있습니다. 그렇습니다. 사도 바울이 예수님을 믿고 구원받는 사도행전 9장 1절에서 22절 말씀에서 알 수 있듯이 예수님이 바울을 선택해 주시지 않았더라면 즉 하나님의 은혜가 없었더라면 그는 구원 받을 수도 없었고 예수님을 증거하는 삶을 살지도 못했을 것입니다.
 사도 바울은 고린도전서 15장 10절 말씀에서 자신이 구원받고 복음을 전파하는 것 모두 다 하나님의 은혜라고 말씀하고 계십니다.
 "그러나 나의 나 된 것은 하나님의 은혜로 된 것이니 내게 주신 그분의 은혜가 헛되지 아니하여 내가 모든 사도보다 더 많이 수고하였으나 내가 아니요 오직 나와 함께 하신 하나님의 은혜로라"라고 말씀하고 계십니다. 사도 바울이 구원받고 복음을 전파할 수 있었던 것은 사도 바울 자신이 똑똑해서 능력이 있어서 할 수 있었다고 한 것이 아니라 모든 것이 하나님께서 함께하셨고 하나님의 능력으로 하셨다고 고백하고 있는 것입니다.
 맞습니다. 구원받은 성도가 복음을 전파하고 교회에서 말씀을 가르치고 하나님의 일을 하는 것은 모두 다 예수님께서 함께 하시고 하나님아버지께서 결정하시고 이루시는 것입니다. 전도나 선교는 돈이 있어야 한다고 생각할 수 있는데 이 생각은 사람의 생각이지 하나님의 능력을 생각지 않은 것이라 볼 수 있는 것입니다. 하나님아버지께서는 구원받아야 될 하나님의 자녀들은 그들이 어떠한 환경에 있든지 간에 반드시 구원 시킬 수 있는 능력이 있다는 사실은 바울의 구원 사역과 바울의 전도 사역의 말씀을 통해서 확신할 수 있는 것입니다. 그래서 예수님 안에서 구원받은 성도들은 자신들에게 주신 은혜에 감사드리며 또한 능력을 부여하시는 하나님아버지께서 모든 것을 인도하여 주시고 능력 주심을 믿고 담대한 믿음으로 하나님 말씀을 주변의 구원받지 못한 영혼들을 위해서 기도하며 복음을 전파하는 일에 최선을 다하며 살아야 한다고 믿습니다.

에베소서 2장 8절
너희가 그 은혜를 인하여 믿음으로 말미암아 구원을 얻었나니 이것이 너희에게서 난 것이 아니요 하나님의 선물이라

고린도전서 15장 10절
그러나 나의 나 된 것은 하나님의 은혜로 된 것이니 내게 주신 그의 은혜가 헛되지 아니하여 내가 모든 사도보다 더 많이 수고 하였으나 내가 아니요 오직 나와 함께하신 하나님의 은혜로라

에베소서 1장 7절
우리가 그리스도 안에서 그의 은혜의 풍성함을 따라 그의 피로 말미암아 구속 곧 죄사함을 받았으니

에베소서 2장 4~5절
긍휼에 풍성하신 하나님이 우리를 사랑하신 그 큰 사랑을 인하여 허물로 죽은 우리를 그리스도와 함께 살리셨고 너희가 은혜로 구원을 얻은 것이라

요한복음 1장 17절
율법은 모세로 말미암아 주신 것이요 은혜와 진리는 예수 그리스도로 말미암아 온 것이다.

5. 죄

창세기 3장(하나님 말씀을 믿지 않음)
　인간의 원죄 : 하나님 말씀을 거역하고 사탄의 유혹에 사로 잡혀 종 노릇함으로 인해서 에덴동산에서 쫓겨남

창세기 2장 17절
선악을 알게 하는 나무의 실과는 먹지 말라 네가 먹는 날에는 정녕 죽으리라 하시느라

창세기 3장 6절
여자가 나무를 본즉 먹음 직도 하고 보암 직도 하고 지혜롭게 할 만큼 탐스럽기도 한 나무인지라 여자가 그 실과를 따먹고 자기와 함께 한 남편에게도주매 그도 먹은지라

로마서 3장 23절
모든 사람이 죄를 범하였으매 하나님의 영광에 이르지 못하더니

로마서 5장 12절
이러므로 한 사람으로 말미암아 죄가 세상에 들어오고 죄로 말미암아 사망이 왔나니 이와 같이 모든 사람이 죄를 지었으므로 사망이 모든 사람에게 이르렀느니라

요한복음 16장 9절
죄에 대하여라 함은 저희가 나(예수님)를 믿지 아니함이요

　말씀을 통해서 알 수 있듯이 인간의 죄는 결국 하나님 말씀을 거역하고 하나님을 믿지 않고 사탄의 말을 믿고 선악을 알게 하는 나무의 실과를 따 먹고 사탄의 자녀가 되었던 것입니다. 그래서 모든 인간은 사망을 맞게 되고 율법시대에는 죄 사함을 받기 위해서 흠 없는 짐승을 잡아 번제로 하나님께 드리고 모세의 율법을 따르며 살았습니다.
　그러나 하나님께서는 예수님을 이 땅에 보내 주셔서 한 의를 타나 내시고 예수님을 믿는 자들은 죄 사함의 용서를 베풀어 주신 것입니다
　로마서 5장 12절~21절 말씀에 나와 있듯이 흠 없으신 예수님을 보내 주셔서 택함 받은 백성이 사탄 마귀에게서 나와 예수님을 믿고 죄 사함을 받고 구원에 이르게 되는 은혜를 주신 것입니다. 하나님을 믿지 않고 예수님을 믿지 않는 것이 죄라고 말씀을 통해서 확실히 알 수 있었습니다. 어떤 이들은 "착한 일을 많이 하고 국가나 사회에 많은 헌신과 봉사를 하고 법을 잘 지키며 살아왔기 때문에 죄인이 아니다"라고 주장하는 일부 사람도 있습니다. 그러나 성경에서는 분명히 "죄에 대하여라 함은 저희가 나(예수님)을 믿지 아니함이요"라고 했

습니다. 우리가 예수님에 대해서 그 동안 말씀을 통해서 하나님 이신 것을 잘 알고 있을 것입니다. 즉 예수님을 믿지 않는다는 것은 하나님을 믿지 않는 다는 것이고 또한 성경말씀도 믿지 않는 것이니까 사탄의 종노릇 하면서 살아가는 죄인인 것입니다. 그러나 하나님께서 은혜를 베풀어 주사 죄인인 나를 택하여 주셔서 예수님을 믿지 않고 사탄의 종노릇 한 것이 죄인 것을 깨닫게 하여 주셔서 죄를 회개하고 오직 예수님 십자가 보혈의 능력을 믿음만으로 죄를 깨끗이 사하여 주신 것과 예수님의 재림을 소망하며 예수님 안에서 성경말씀에 순종하며 천국복음을 전파하며 살아갈 때는 더이상 사탄의 자녀가 아니라 하나님의 자녀로 인치심을 받고 살아가는 것입니다.

예수님을 믿고 살아가는 성도님들은 더 이상 죄인이 아닌 것에 하나님께 감사드리시며 하나님의 영광을 나타내는 삶으로 하늘에 상급을 쌓는 성도님들이 되시길 예수님의 이름으로 축원드립니다. 아멘.

요한복음 16장 1절~9절(9절)
내가 이것을 너희에게 이름은 너희로 실족지 않게 하려 함이니 사람들이 너희를 출회할 뿐 아니라 때가 이르면 무릇 너희를 죽이는 자가 생각하기를 이것이 하나님을 섬기는 예라 하리라 저희가 이런 일을 할 것은 아버지와 나를 알지 못함이라 오직 너희에게 이 말을 이른 것은 너희로 그때를 당하면 내가 너희에게 이 말 한 것을 기억나게 하려 함이요 처음부터 이 말을 하지 아니한 것은 내가 너희와 함께 있었음이니라 지금 내가 나를 보내신 이에게로 가는데 너희 중에서 나더러 어디로 가느냐 묻는 자가 없고 도리어 내가 이 말을 하므로 너희 마음에 근심이 가득하였도다 그러하나 내가 너희에게 실상을 말하노니 내가 떠나가는 것이 너희에게 유익이라 내가 떠나가지 아니하면 보혜사(성령님)가 너희에게로 오시지 아니할 것이요 가면 내가 그를 너희에게로 보내리니 그가 와서 죄에 대하여 의에 대하여, 심판에 대하여 세상을 책망하시리라 죄에 대하여라 함은 저희가 나(예수님)를 믿지 아니함이요

창세기 2장 16절~17절
여호와 하나님이 그 사람에게 명하여 말씀하시대 동산 각종 나무의 실과는 네가 임의로 먹되 선악을 알게 하는 나무의 실과는 먹지 말라 네가 먹는 날에는 정녕 죽으리라 하시니라

에베소서 2장 1절~3절
너희로 허물과 죄로 죽었던 너희를 살리셨도다 그때에 너희가 그 가운데서 행하여 이 세상 풍속을 좇고 공중의 권세 잡은 자를 따랐으니 곧 지금 불순종의 아들들 가운데서 역사하는 영이라 전에는 우리도 다 그 가운데서 우리 육체와 마음의 원하는 것을 하여 다른 이들과 같이 본질상 진노의 자녀이었더니

요한일서 1장 8절~9절
만일 우리가 죄 없다 하면 스스로 속이고 또 진리가 우리 속에 있지 아니할 것이요 만일 우리가 우리 죄를 자백하면 저는 미쁘시고 의로우사 우리 죄를 사하시며 모든 불의에서 우리를 깨끗게 하실 것이요

로마서 3장 23절
모든 사람이 죄를 범하였으매 하나님의 영광에 이르지 못하더니

로마서 5장 12절~21절

이러므로 한 사람으로 말미암아 죄가 세상에 들어오고 죄로 말미암아 사망이 왔나니 이와같이 모든 사람이 죄를 지었으므로 사망이 모든 사람에게 이르렀느니라 죄가 율법 있기 전에도 세상에 있었으나 율법이 없을 때에는 죄를 죄로 여기지 아니하느니라 그러나 아담으로부터 모세까지 아담의 범죄와 같은 죄를 짓지 아니한 자들 위에도 사망이 왕 노릇 하였나니 아담은 오실 자의 표상이라 그러나 이 은사는 그 범죄와 같지 아니하니 곧 한 사람의 범죄를 인하여 많은 사람이 죽었은즉 더욱 하나님의 은혜와 또는 한 사람 예수 그리스도의 은혜로 말미암은 선물이 많은 사람에게 넘쳤으리라 또 이 선물은 범죄한 한 사람으로 말미암은 것과 같이 아니하니 심판은 한 사람을 인하여 정죄에 이르렀으나 은사는 많은 범죄를 인하여 의롭다 하심에 이름이니라 한 사람의 범죄를 인하여 사망이 그 한 사람으로 말미암아 왕 노릇하였은즉 더욱 은혜와 의의 선물을 넘치게 받는 자들이 한 분 예수 그리스도로 말미암아 생명 안에서 왕노릇 하리로다 그런즉 한 범죄로 많은 사람이 정죄에 이른 것 같이 의의 한 행동으로 말미암아 많은 사람이 의롭다 하심을 받아 생명에 이르렀느니라 한 사람의 순종치 아니함으로 많은 사람이 죄인된 것 같이 한 사람의 순종하심으로 많은 사람이 의인이 되리라 율법이 가입한 것은 범죄를 더하게 하려 함이라 그러나 죄가 더한 곳에 은혜가 더욱 넘쳤나니 이는 죄가 사망 안에서 왕노릇 한 것같이 은혜도 또한 의로 말미암아 왕노릇 하여 우리 주 예수 그리스도로 말미암아 영생에 이르게 하려함이니라

히브리서 7장 27절
저(예수님)가 저 대제사장들이 먼저 자기 죄를 위하고 다음에 백성의 죄를 위하여 날마다 제사 드리는 것과 같이 할 필요가 없으니 이는 저(예수님)가 단번에 자기를 드려 이루셨음이니라

  예수님께서는 죄 없으시고 흠 없으신 하나님의 아들로서 단번에 십자가에서 피 흘려 돌아가셔서 사흘 만에 부활 승천하심으로 인간의 죄를 대속하여 주신 예수님을 믿기만 하면 죄 문제로 제사를 드릴 필요가 없어진 것입니다. 그래서 예수님을 영원한 대제사장으로도 표현합니다. 예수님의 십자가 보혈의 공로로 인간은 더 이상 흠없는 짐승을 잡아 하나님께 받치는 일을 하지 않아도 되는 것입니다. 흠 없는 짐승보다 더 귀하시고 존귀하신 예수님을 속죄물로 단번에 드려 주셔서 그 공로를 믿기만 하면 값없이 거져 주셔서 인간의 죄를 깨끗이 사해 주시고 하나님의 자녀로 인쳐 주신 것입니다.
  따라서 예수님을 믿는 믿음의 자녀들은 조상 제사를 드려서도 안 되며 그 의식에도 참여해서도 절대 안 되는 것입니다. 만약 조상 제사를 지내거나 그 의식에 참여한다는 것은 예수님을 모욕하는 것이고 예수님을 아주 하찮게 여기는 것으로 있을 수 없는 일이기 때문입니다. 우리는 부모님 살아생전에 부모님께 효도하고 부모님께 잘 해 드려야 하는 것입니다. 성경에도 네 부모를 공경하라고 했지 죽은 자에게 제사 지내며 잘 하라고 하지는 않았습니다. 부모님 살아 계실 때 효도하는 여러분이 되시길 예수님의 이름으로 축원 드립니다.

6. 회개

 오늘도 사도행전 9장 1절부터 22절 말씀을 읽으면서 새롭게 하나님의 은혜를 받습니다.
 사도 바울은 하나님의 택한 받은 백성입니다. 그러기 때문에 회개할 수 있는 은혜를 받을 수 있었던 것입니다. 바울은 회개하기 위해서 자신이 한 것이 아무 것도 없습니다. 오히려 예수님을 핍박했던 자이고 예수님을 믿는 자들을 핍박했던 자였기 때문에 하나님으로부터 벌을 받아도 천벌을 받아야 할 죄인이었던 것입니다. 그러나 천벌을 받기는커녕 오히려 하나님의 은혜를 받아 회개하여 예수님을 그리스도라 증거하며 살았다고 말씀에 나와 있습니다.
 그렇습니다. 회개란 예수님을 하나님의 아드님으로 믿지 않던 죄에서 즉 예수님이 하나님이시고 예수님이 성령님이시고 예수님이 심판주이시고 구세주이시고 그리스도이신 것을 믿지 않던 죄에서 예수님을 하나님의 아드님으로 믿는 것과 예수님을 하나님, 성령님, 심판주, 구세주, 그리스도로 믿고 이것을 증거하는 삶을 살아가는 것이 회개인 것임을 말씀을 통해서 알 수 있습니다.

사도 바울도 20절 말씀을 보시면 "예수님을 하나님의 아들이심을 전파하니"라고 했고, 22절 말씀에서도 "예수님을 그리스도라 증명하여 다메섹에 사는 유대인들을 굴복시키니라"라고 말씀하고 계십니다.

15절 말씀에서 "주님께서 말씀하시대 가라 이 사람은 내 이름을 이방인과 임금들과 이스라엘 자손들 앞에 전하기 위하여 택한 나의 그릇이라"라고 말씀하신 것으로 바서도 사도 바울은 하나님으로부터 택함을 받고 회개하여 예수님을 하나님의 아드님으로 증거할 수 있었던 것입니다. 여기서 또 은혜 받는 것은 회개 받은 영혼은 자신만 구원받은 것으로 끝나지 않고 다른 영혼들을 위해서 하나님의 복음 전파 명령에 준행하며 열심히 산다는 것입니다.

15절 말씀에서도 예수님의 이름을 "이방인과 임금들과 이스라엘 자손들 앞에 전하기 위하여 택한 나의 그릇이다"라고 하셨습니다.

그렇습니다. 회개하여 구원받은 영혼을 다 뜻이 있어서 하나님께서 은혜를 베풀어 주신 것입니다.

사도 바울도 사탄마귀에 사로 잡혀 영원히 구원받지 못 할 죄인으로 영원히 살 뻔한 자신을 하나님께서 구원해 주신 것을 깨닫고 예수님을 증거하는 삶을 열심히 살았던 것입니다.

22절 말씀에서 "사울은 힘을 더 얻어 예수님을 그리스도라 증명하여 다메섹에 사는 유대인들을 굴복시키니라"라고 말씀하고 계십니다. 회개하여 구원받은 영혼은 하나님과 예수님과 성령님께서 함께 하시기 때문에 힘을 낼 수 있는 것입니다. 예수님 믿고 구원받은 우리들도 이 말씀 구절을 통해서 힘을 낼 수 있다고 믿습니다.

그것은 하나님과 예수님과 성령님께서 함께 하셔서 인도하여 주시기 때문에 더욱더 힘을 내어 예수님을 하나님의 아드님으로 증거하는 삶을 살아가는 저와 여러분이 되시길 예수님의 이름으로 축원드립니다.

또 한 가지 더 말씀을 드리고 싶은 것은 간혹 이런 분들이 계셔서 말씀을 드립니다. 목사, 전도사, 권사, 집사, 사모, 성도들에게로부터 상처를 받아 하나님을 멀리하는 경우가 있는데 오늘 말씀을 통한 사도 바울의 회개를 통해서 사도 바울이 예수님을 영접하고 회개하여 예수님을 증거하는 삶을 살았던 것처럼 하나님과 예수님과 성령님을 사랑하고 이를 증거하는 삶에는 변화가 없기를 예수님의 이름으로 축원 드립니다. 인간은 다 죄인입니다. 인간으로부터는상처를 받을 수 있으나 하나님으로 부터는 상처를 받는 것이 아니라 사랑과 은혜를 받는다는 것을 명심하고 살아가는 저와 여러분들이 되시길 예수님의 이름으로 간절히 축원 드립니다.

또 잘못 오해할 수 있는 것 한 가지 말씀을 더 드려야겠습니다. 그것은 사도 바울이 예수님으로부터 회개 받은 사건처럼 현 시대를 살아가고 있는 우리들도 바울처럼 어떤 기이한 현상과 기적이 있어야만 회개 받은 것으로 착각을 할 수 있는데 그렇지 않다는 것을 확실히 말씀드립니다. 바울의 시대 때에는 성경이 완성되지 않았을 때고 하나님께서 역사하시는 방법이 다르기 때문에 그러한 사건을 만드시고 역사하신 것입니다. 그러나 성경이 완성된 후로는 성경말씀을 통해서 하나님께서 말씀하고 계시기 때문에 성경말씀 외에는 더 이상 그 무엇도 필요 없기 때문에 바울과 같은 현상을 보여 주시지 않는다는 것입니다.

성경 말씀이 하나님인 것을 확실히 믿는 성도님들의 마음에는 하나님과 예수님과 성령님이 함께 하시기 때문에 성경말씀을 통해서 하나님과 교통할 수 있기 때문입니다.

 이 말씀을 전하는 저도 바울처럼 갑작이 눈이 보이지 않았다거나 또한 귀가 들리지 않은 후 하나님의 음성을 듣고 기다리다가 목사나 집사들로부터 안수를 받고 회개하여 구원받은 것이 아닙니다.
 단지 말씀을 통해서 하나님의 은혜로 제가 죄인임을 깨닫고 회개하여 예수님을 하나님의 아드님으로 믿고 영혼의 구원받고 이렇게 예수님을 증거하는 삶을 살아가고 있는 것입니다.

 사도행전 9장 1절부터 22절 말씀을 통해서 알 수 있듯이 사도 바울의 회개가 진정한 회개임을 알 수 있습니다. 바울은 예수님 믿기 전에는 예수님을 핍박하고 또한 예수님 믿는 자들을 핍박한 자였습니다. 예수님을 영혼의 구원자로 모시기 전의 행동은 죄인으로 온갖 죄를 짖고 살았다가 어느 날 예수님을 만나 죄를 회개하고 예수님의 복음을 전하는 자가 된 것입니다. 바울이 회개할 수 있었던 것은 예수님께서 바울이 회개할 수 있도록 만들어 주셨기 때문에 회개할 수 있었음을 본문 말씀을 통해서 깨달을 수 있습니다.
 바울이 똑똑해서 예수님을 믿었던 것이 아니고 예수님께서 바울의 영혼을 불쌍히 여기시고 그를 택하여 아나니아를 통해서 안수받게 하시고 구원시켜 주심으로 말미암아 다시 눈을 떠 세상을 바르게 보고 건강한 몸이 되어 예수님을 하나님의 아들로 증거하는 삶을 살아가기 시작한 것입니다. 여기서 하나님의 놀라우신 예지 예정의 역사를 알 수 있습니다. 목사가 전도사가 권사가 집사가 영혼을 구원하는 것이 아닙니다. 본문 말씀에 나와 있는 아나니아처럼 단지 말씀을 전하는 자이고 영혼을 구원하실 자는 오직 예수님만이 구원시킬 수 있는 것을 이 말씀 구절을 통해서 깨달을 수 있음을 다시 한 번 예수님께 감사합니다.

 그렇습니다. 간혹 목사나 전도사나 권사나 집사나 성도들에게 인간적으로 실망해서 하나님과 예수님을 멀리하는 것을 접할 수 있는데 이는 잘못된 것이라는 것을 잘 알 수 있습니다. 하나님아버지께서는 하나님의 자녀들에게 절대로 실망을 주실 분이 아니고 또한 하나님의 자녀들을 사랑하지 않을 하나님이 아니시기 때문에 인간에게서 실망하고 하나님을 원망하는 자녀들이 되어서는 안 되는 것입니다. 하나님아버지께서는 하나님의 자녀들을 반드시 회개시키시고 구원시켜서 하나님의 일들을 하게 하시는 분이십니다. 다시 한 번 말씀 드리지만 하나님의 자녀들은 목사나 전도사나 권사나 집사나 성도들을 믿는 것이 아닙니다. 하나님 예수님 성령님을 믿고 하나님의 말씀, 성경말씀을 믿는 것입니다. 또한 하나님의 자녀들은 영적으로 타인에게 손해를 끼치거나 악을 행해서도 절대 안되는 것을 명심해야 합니다. 하찮은 이 죄인을 회개케 하시고 예수님의 복음을 듣고 깨닫고 믿게 하여 주신 은혜에 감사할 따름입니다.

 회개의 역사가 없었다면 성령님이 내 마음에 계시지도 않을 것이고 죄에 대한 용서도 없었을 것이며 하늘에 계신 하나님아버지께서도 기뻐하시지 않았을 것입니다. 하지만 보잘 것 없고 더러운 이 죄인을 불쌍히 여겨 주시고 하나님아버지를 찾고 성경말씀을 믿게 하여 주시고 예수님이 재림하실 분이시고 영혼의 구세주 되시고 하나님이신 것을 믿게 하여 주신 은혜야 말로 진정으로 감사할 수밖에 없습니다.

세상의 어떠한 부귀영화보다 소중한 회개를 통한 구원의 역사는 예수님을 믿고 구원받은 자만이 누릴 수 있는 참 기쁨인 것입니다.

우리는 이러한 복을 누리며 살아가는 자들이기에 얼마나 값지고 행복한지 모르겠습니다. 다시 한번 예수님께 감사를 드립니다.

그리고 예수님의 복음을 전하는 자로 성경말씀 외에는 더하거나 빼지 않는 오직 바른 말씀만 전하는 자가 되게 하여 주신 예수님께 또한 감사를 드립니다. 바울이 회개의 역사가 없었다면 성경책에 바울에 대한 말씀이 그렇게 많이 나올 수도 없었을 것이고 현시대와 앞으로 올 시대를 살아가고 있는 사람들에게도 존경 받지 못 했을 그러한 인간이었을 것입니다.

그렇지만 바울은 회개하고 구원을 받고 예수님을 위해서 복음을 전하며 말년의 삶을 모든 부귀영화를 버리고 오히려 예수님을 핍박하는 자들에게 핍박을 받아가며 예수님께 충성을 다하며 살아가는 예수님의 제자가 되었던 것입니다.

이 말씀을 전하면서 저 또한 진정으로 예수님께 회개하고 영혼의 구세주로 섬기며 살아가고 있는지 생각해 보게 되고 삶을 돌아보게 됩니다. 바울의 회개처럼 여러분들도 참 회개를 통해서 구원을 받으시고 하나님께서 기뻐하실 일들로 채워가시는 삶으로 예수님께 복을 받고 살아가는 자녀들 되시길 예수님의 이름으로 축원 드립니다.

사도행전 2장 36절~41절
그런즉 이스라엘 온 집이 정녕 알찌니 너희가 십자가에 못박은 이 예수님을 하나님이 주님과 그리스도가 되게 하셨느니라 하니라 저희가 이 말을 듣고 마음에 찔려 베드로와 다른 사도들에게 물어 가로되 형제들아 우리가 어찌할꼬 하거늘 베드로가 가로되 너희가 회개하여 각각 예수 그리스도의 이름으로 침례를 받고 죄사함을 얻으라 그리하면 성령님을 선물로 받으리니 이 약속은 너희와 너희 자녀와 모든 먼 데 사람 곧 주 우리 하나님이 얼마든지 부르시는 자들에게 하신 것이라 하고 또 여러 말로 확증하며 권하여 가로되 너희가 이 패역한 세대에서 구원을 받으라 하니 그 말을 받는 사람들은 침례를 받으매 이날에 제자의 수가 삼천이나 더하더라

사도행전 9장 1절~22절
사울이(여기서 사울은 바울이 회개를 통한 구원을 얻기 전의 이름입니다) 주님의 제자들을 대하여 여전히 위협과 살기가 등등하여 대제사장에게 가서 다메섹 여러 회당에 갈 공문을 청하니 이는 만일 그 도를 좇는 사람을 만나면 무론 남녀하고 결박하여 예루살렘으로 잡아 오려 함이라 사울이 행하여 다메섹에 가까이 가더니 홀연히 하늘로서 빛이 저를 둘러 비추는지라 땅에 엎드러져 들으매 소리 있어 말씀하시대 사울아 사울아 네가 어찌하여 나를 핍박하느냐 하시거늘 대답하되 주님 뉘시오니이까 말씀하시대 나는 네가 핍박하는 예수님이라
네가 일어나 성으로 들어가라 행할 것을 네게 이를 자가 있느니라 하시니 같이 가던 사람들은 소리만 듣고 아무도 보지 못하여 말을 못하고 섰더라
사울이 땅에서 일어나 눈은 떴으나 아무것도 보지 못하고 사람의 손에 끌려 다메섹으로 들어가서 사흘 동안을 보지 못하고 식음을 전폐하니라 그때에 다메섹에 아나니아라 하는 제자가 있더니 주님께서 환상 중에 불러 말씀하시대 아나니아야 하시거늘 대답하되 주님 내가 여기 있

나이다 하니 주님께서 말씀하시대 일어나 직가라 하는 거리로 가서 유다 집에서 다소 사람 사울이라 하는 자를 찾으라

저가 기도하는 중이다 저가 아나니아라 하는 사람이 들어와서 자기에게 안수하여 다시 보게 하는 것을 보았느니라 하시거늘 아나니아가 대답하되 주님 이 사람에 대하여 내가 여러 사람에게 듣사온즉 그가 예루살렘에서 주님의 성도에게 적지 않은 해를 끼쳤다 하더니 여기서도 주님의 이름을 부르는 모든 자를 결박할 권세를 대제사장들에게 받았나이다 하거늘 주님께서 말씀하시대 가라 이 사람은 내 이름을 이방인(예수님을 믿지 않는 자들)과 임금들과 이스라엘 자손들 앞에 전하기 위하여 택한 나의 그릇이라 그가 내 이름을 위하여 해를 얼마나 받아야 할 것을 내가 그에게 보이리라 하시니 아나니아가 떠나 그 집에 들어가서 그에게 안수하여 가로되 형제 사울아 주 곧 네가 오는 길에서 나타나시던 예수님께서 나를 보내어 너로 다시 보게 하시고 성령님으로 충만하게 하신다 하니 즉시 사울의 눈에서 비늘 같은 것이 벗어져 다시 보게 된지라 일어나 침례를 받고 음식을 먹으매 강건하여 지니라 사울이 다메섹에 있는 제자들과 함께 며칠 있을쌔 즉시로 각 회당에서 예수님의 하나님의 아들이심을 전파하니 듣는 사람이 다 놀라 말하되 이 사람이 예루살렘에서 이 이름 부르는 사람을 잔해하던 자가 아니냐 여기 온 것도 저희를 결박하여 대제사장들에게 끌어 가고자 함이 아니냐 하더라 사울은 힘을 더 얻어 예수님을 그리스도라 증명하여 다메섹에 사는 유대인들을 굴복시키니라

마태복음 3장 2절
회개하라 천국이 가까왔느니라 하였으니

누가복음 15장 7절
내가 너희에게 이르노니 이와 같이 죄인 하나가 회개하면 하늘에서는 회개할 것 없는 의인 아흔아홉을 인하여 기뻐하는 것보다 더하리라

누가복음 15장 10절
내가 너희에게 이르노니 이와 같이 죄인 하나가 회개하면 하나님의 사자들 앞에 기쁨이 되느니라

사도행전 2장 38절
베드로가 가로되 너희가 회개하여 각각 예수 그리스도의 이름으로 침례를 받고 죄 사함을 얻으라 그리하면 성령님을 선물로 받으리니

사도행전 3장 19절
그러므로 너희가 회개하고 돌이켜 너희 죄 없이 함을 받으라 이같이 하면
유쾌하게 되는 날이 주님 앞으로부터 이를 것이요

사도행전 11장 18절
저희가 이 말을 듣고 잠잠하여 하나님께 영광을 돌려 가로되 그러면 하나님께서 이방인에게도 생명 얻는 회개를 주셨도다 하니라

7. 구 원 : 영혼의 구원

왜 모든 사람이 죄를 범하여 하나님의 영광에 이르지 못했는지는 앞서 "죄"에 대한 말씀을 통해서 깨달을 수 있었습니다 죄로 인해 인간은 누구나 사망에 이르게 되어 육신은 흙으로 돌아가게 되었습니다.(로마서 3장 23절, 로마서 6장 23절) 그리고 영혼은 하나님 앞에서 영생의 심판 아니면 영벌의 심판을 받게 되어 있습니다.(히브리서 9장 27절~28절)

하나님께서는 택하신 백성들을 위해서 독생자 예수님을 이 땅에 보내 주셔서 예수님을 영혼의 구세주로 믿는 자들에게는 하나님의 자녀가 되는 권세를 부여 하여 주시고 죄를 용서하여 주셔서 사망에서 생명으로 옮겨 주신 것입니다. 즉 영생의 부활로 심판을 받을 수 있도록 구원하여 주신 것입니다.(요한복음 3장 16절~18절)

"인간은 죽으면 끝이다"라고 믿고 있는 사람들도 있고 다른 어떤 이들은 예수님이 아닌 다른 신들을 믿고 영혼을 구원해 줄 것으로 잘못 믿는 자들도 많습니다. 그렇지만 하나님아버지께서는 오직 예수님을 통하지 않고는 그 누구도 영혼의 구원받을 수 없다고 명백히 말

쓤하고 계십니다.(요한복음 14장 6절)

 예수님을 하나님의 아드님으로써 죄 없으시고 흠 없으신 분으로 단지 인간의 죄를 사하여 주시기 위해서 인간의 몸을 입으시고 단번에 십자가에서 피 흘려 돌아가시고 부활 승천하셔서 하나님과 함께 계시고 다시 재림하실 분으로 믿기만 하면 그 영혼들은 구원을 받는 것입니다.(로마서 10장 8절~17절, 로마서 5장 9절~11절)

로마서 5장 9절~11절
우리(하나님의 택함 받은 백성)가 그(예수님) 피를 인하여 의롭다 하심을 얻었은즉 더욱 의로 말미암아 진노하심에서 구원을 얻을 것이니 곧 우리가 원수 되었을 때에 그 아들(예수님)의 죽으심으로 말미암아 하나님으로 더불어 화목 되었은즉 화목 된 자로서는 더욱 그의 사심을 인하여 구원을 얻을 것이니라 이뿐 아니라 이제 우리로 화목을 얻게 하신 우리 주 예수 그리스도로 말미암아 하나님 안에서 또한 즐거워하느니라

"누가복음 15장 7절에 "내가 너희에게 이르노니 이와 같이 죄인 하나가 회개하면 하늘에서 회개할 것이 없는 의인 아흔 아홉을 인하여 기뻐하는 것보다 더하리라." 잃어버린 한 영혼이 구원에 이르면 하늘에서 잔치가 벌어진다고 했습니다 이처럼 구원은 가장 소중하고 귀중한 것이기 때문일 것입니다. 아직 구원받지 못한 영혼들이 있다면 하나님의 귀중한 구원의 말씀을 듣고 믿어 구원에 이르기를 바라며 또 주변의 영혼들에게도 예수님의 복음을 전파하여 구원에 이를 수 있도록 노력하고 애쓰는 하나님의 자녀들이 될 수 있기를 예수님의 이름으로 기도드립니다. 아멘.

로마서 3장 23절
모든 사람이 죄를 범하였으매 하나님의 영광에 이르지 못하더니

로마서 6장 23절
죄의 삯은 사망이요 하나님의 은사는 그리스도 예수님 우리 주안에 있는 영광이니라

히브리서 9장 27절~28절(사람은 다 죽고 심판을 받는다)
한 번 죽는 것은 사람에게 정하신 것이요 그 후에는 심판이 있으리니 이와 같이 그리스도도 많은 사람의 죄를 담당하시려고 단번에 드리신 바 되셨고 구원에 이르게 하기 위하여 죄와 상관없이 자기를 바라는 자들에게 두 번째 나타나시리라

요한복음 3장 16절~18절
하나님이 세상을 이처럼 사랑하사 독생자를 주셨으니 이는 저를 믿는 자마다 멸망치 않고 영생을 얻게 하려 하심이니라 하나님이 그 아들을 세상에 보내신 것은 세상을 심판하려 하심이 아니요 저로 말미암아 세상이 구원을 받게 하려 하심이라 저를 믿는 자는 심판을 받지 아니하는 것이요 믿지 아니하는 자는 하나님의 독생자의 이름을 믿지 아니하므로 벌써 심판을 받은 것이니라

요한복음 14장 6절
예수님께서 말씀하시대 내가 곧 길이요 진리요 생명이니 나로 말미암지 않고는 아버지께로 올자가 없느니라

요한복음 5장 24절
내가 진실로 진실로 너희에게 이르노니 내 말을 듣고 또 나 보내신 이를 믿는 자는 영생을 얻었고 심판에 이르지 아니하나니 사망에서 생명으로 옮겼느니라

요한복음 1장 12절
영접하는 자 곧 그 이름을 믿는 자들에게는 하나님의 자녀가 되는 권세를 주셨으니

로마서 8장 2절
이는 그리스도 예수님 안에 있는 생명의 성령님의 법이 죄와 사망의 법에서 너를 해방하였음이라

요한복음 20장 31절(생명(영생)을 얻게 하기 위함)
오직 이것을 기록함은 너희로 예수님께서 하나님의 아들 그리스도이심을 믿게 하려 함이요 또 너희로 믿고 그 이름을 힘입어 생명(영생)을 얻게 하려 함이니라

베드로전서 1장 5절~9절(영혼구원),
너희가 말세에 나타내기로 예비하신 구원을 얻기 위하여 믿음으로 말미암아 하나님의 능력으로 보호하심을 입었나니 그러므로 너희가 이제 여러 가지 시험을 인하여 잠간 근심하게 되지 않을 수 없었으나 오히려 크게 기뻐하도다 너희 믿음의 시련이 불로 연단하여도 없어질 금보다 더 귀하여 예수 그리스도의 나타나실 때에 칭찬과 영광과 존귀를

얻게 하려 함이라 예수님을 너희가 보지 못하였으나 사랑하는도다 이 제도 보지 못하나 믿고 말할 수 없는 영광스러운 즐거움으로 기뻐하니 믿음의 결국 곧 영혼의 구원을 받음이라

로마서 5장 1절~11절

그러므로 우리가 믿음으로 의롭다 하심을 얻었은즉 우리 주 예수 그리스도로 말미암아 하나님으로 더불어 화평을 누리자 또한 그로 말미암아 우리가 믿음으로 서있는 이 은혜에 들어감을 얻었으며 하나님의 영광을 바라고 즐거워하느니라 다만 이뿐 아니라 우리가 환난 중에도 즐거워하나니 이는 환난은 인내를 인내는 연단을 연단은 소망을 이루는 줄 앎이로다 소망이 부끄럽게 아니함은 우리에게 주신 성령님으로 말미암아 하나님의 사랑이 우리 마음에 부은 바 됨이니 우리가 아직 연약할 때에 기약대로 그리스도께서 경건치 않은 자를 위하여 죽으셨도다 의인을 위하여 죽는 자가 쉽지 않고 선인을 위하여 용감히 죽는 자가 혹 있거니와 우리가 아직 죄인되었을 때에 그리스도께서 우리를 위하여 죽으심으로 하나님께서 우리에게 대한 자기의 사랑을 확증하셨느니라 그러면 이제 우리가 그 피를 인하여 의롭다 하심을 얻었은즉 더욱 의로 말미암아 진노하심에서 구원을 얻을 것이니 곧 우리가 원수 되었을 때에 그 아들의 죽으심으로 말미암아 하나님으로 더불어 화목되었은즉 화목된 자로서는 더욱 그의 살으심을 인하여 구원을 얻을 것이니라 이뿐 아니라 이제 우리로 화목을 얻게 하신 우리 주 예수 그리스도로 말미암아 하나님 안에서 또한 즐거워하느니라

로마서 10장 8절~17절

그러면 무엇을 말하느뇨 말씀이 네게 가까워 네 입에 있으며 네 마음에 있다 하였으니 곧 우리가 전파하는 믿음의 말씀이라 네가 만일 네 입으로 예수님을 주님으로 시인하며 또 하나님께서 그를 죽은 자 가운데서 살리신 것을 네 마음에 믿으면 구원을 얻으리니 사람이 마음으로 믿어 의에 이르고 입으로 시인하여 구원에 이르느니라 성경에 이르되 누구든지 저를 믿는 자는 부끄러움을 당하지 아니하리라 하니 유대인이나 헬라인이나 차별이 없음이라 한 주님께서 모든 사람의 주가 되사 저를 부르는 모든 사람에게 부요하시도다 누구든지 주님의 이름을 부르는 자는 구원을 얻으리라 그런즉 저희가 믿지 아니하는 이를 어찌 부르리요 듣지도 못한 이를 어찌 믿으리요 전파하는 자가 없이 어찌 들으리요 보내심을 받지 아니하였으면 어찌 전파하리요 기록된 바 아름답도다 좋은 소식을 전하는 자들의 발이여 함과 같으니라 그러나 저희가 다 복음을 순종치 아니하였도다 이사야가 가로되 주님 우리의 전하는 바를 누가 믿었나이까 하였으니 그러므로 믿음은 들음에서 나며 들음은 그리스도의 말씀으로 말미암았느니라

로마서 8장 9절

만일 너희 속에 하나님의 영이 거하시면 너희가 육신에 있지 아니하고 영에 있나니 누구든지 그리스도의 영이 없으면 그리스도의 사람이 아니라 또 그리스도께서 너희 안에 계시면 몸은 죄로 인하여 죽은 것이나 영은 의를 인하여 산 것이니라 예수님을 죽은 자 가운데서 살리신 이의 영이 너희 안에 거하시면 그리스도 예수님을 죽은 자 가운데서 살리신 이가 너희 안에 거하시는 그의 영으로 말미암아 너희 죽을 몸도 살리시리라

베드로전서 1장 9절
믿음의 결국 곧 영혼의 구원을 받음이라

에베소서 2장 8절
너희가 그 은혜를 인하여 믿음으로 말미암아 구원을 얻었나니 이것이 너희에게서 난 것이 아니요 하나님의 선물이라

에베소서 2장 5절
허물로 죽은 우리를 그리스도와 함께 살리셨고 너희가 은혜로 구원을 얻은 것이라

누가복음 19장 9절~10절
예수님께서 이르시되 오늘 구원이 이 집에 이르렀으니 이 사람도 아브라함의 자손임이로다 인자의 온 것은 잃어버린 자를 찾아 구원하려 함이니라

사도행전 16장 29절~34절
간수가 등불을 달라고 하며 뛰어들어가 무서워 떨며 바울과 실라 앞에 부복하고 저희를 데리고 나가 가로되 선생들아 내가 어떻게 하여야 구원을 얻으리이까 하거늘 가로되 주 예수님을 믿으라 그리하면 너와 네 집이 구원을 얻으리라 하고 주님의 말씀을 그 사람과 그 집에 있는 모든 사람에게 전하더라 밤 구 시에 간수가 저희를 데려다가 그 맞은 자리를 씻기고 자기와 그 권속이 다 침례를 받은 후 저희를 데리고 자기 집에 올라가서 음식을 차려주고 저와 온 집이 하나님을 믿었으므로 크게 기뻐 하니라

베드로전서 2장 1절~2절
그러므로 모든 악독과 모든 궤휼과 외식과 시기와 모든 비방하는 말을 버리고 갓난 아이들같이 순전하고 신령한 젖을 사모하라 이는 이로 말미암아 너희로 구원에 이르도록 자라게 하려 함이라

〈신령한 젖을 사모하라는 말씀은 성경말씀을 사모하라는 말씀입니다. 갓난아이가 육신의 건강을 위해서 어머니의 젖을 먹고 살아갈 수 있듯이 영적으로 온전하고 건강한 삶을 살아가기 위해서는 갓난아이들 같이 순전하고 하나님의 말씀을 사모하며 살아가야만 구원에 이르고 영적으로 성장할 수 있는 것입니다.〉

8. 믿 음

 우리가 예수님을 믿음은 나 자신이 잘 나서 능력이 많아서 믿을 수 있었던 것이 아니라 오직 하나님아버지의 택함을 받고 때가 되어서(예지 예정) 예수님을 믿을 수 있었던 것으로 하나님아버지의 선택 즉 택함을 받는 은혜가 믿음보다 먼저인 것을 확실히 믿어야 합니다. 그리고 구원은 율법을 지키는 행위로 난 것이 아니고 오직 예수님을 믿음만으로 구원에 이룰 수 있는 것입니다. 여기서 예수님을 어떤 분으로 믿는 것도 중요합니다.(앞에서 예수님에 대해서 설명을 드려서 예수님에 대해서 많이 이해하고 계시리라 믿습니다.)
 예수님은 나의 죄를 사해 주시기 위해서 흠 없고 죄 없으신 분으로 영원한 대제사장이 되시기 위해서 십자가에 피 흘려 돌아가시고 사흘 만에 부활 승천하셔서 하늘나라에 계시고 다시 재림하실 분으로 영혼의 구세주 되시며, 하나님의 아드님 되시며, 심판주, 메시아, 하나님, 독생자, 성령님, 길이요 진리요 생명 등으로 믿고 있는 것이 참 소망이고 진정한 믿음으로 죄인 된 우리의 영혼을 구원해 주실 분임을 확실히 믿고 살아가야 할 것입니다 예수님이 그런 분임을 믿게 하여 주신 하나님아버지께 항상 감사하며 예수님께 영광을 돌리며 살아가야 할 것입니다.

에베소서 2장 8절~10절
너희가 그 은혜를 인하여 믿음으로 말미암아 구원을 얻었나니 이것이 너희에게서 난 것이 아니요 하나님의 선물이라 행위에서 난 것이 아니니 이는 누구든지 자랑치 못하게 함이니라 우리는 그의 만드신 바라 그리스도 예수님 안에서 선한 일을 위하여 지으심을 받은 자니 이 일은 하나님이 전에 예비하사 우리로 그 가운데서 행하게 하려 하심이니라

로마서 3장 19절~31절
우리가 알거니와 무릇 율법이 말하는 바는 율법 아래 있는 자들에게 말하는것이니 이는 모든 입을 막고 온 세상으로 하나님의 심판 아래 있게 하려 함이니라 그러므로 율법의 행위로 그의 앞에 의롭다 하심을 얻을 육체가 없나니 율법으로는 죄를 깨달음이니라 이제는 율법 외에 하나님의 한 의가 나타났으니 율법과 선지자들에게 증거를 받은 것이라 곧 예수 그리스도를 믿음으로 말미암아 모든 믿는 자에게 미치는 하나님의 의니 차별이 없느니라 모든 사람이 죄를 범하였으매 하나님의 영광에 이르지 못하더니 그리스도 예수님 안에 있는 구속으로 말미암아 하나님의 은혜로 값없이 의롭다 하심을 얻은 자 되었느니라 이 예수님을 하나님이 그의 피로 인하여 믿음으로 말미암는 화목 제물로 세우셨으니 이는 하나님께서 길이 참으시는 중에 전에 지은 죄를 간과(看過)하심으로 자기의 의로우심을 나타내려 하심이니 곧 이때에 자기의 의로우심을 나타내사 자기도 의로우시며 또한 예수님 믿는 자를 의롭다 하

려 하심이니라 그런즉 자랑할 데가 어디뇨 있을 수가 없느니라 무슨 법으로냐 행위로냐 아니라 오직 믿음의 법으로니라 그러므로 사람이 의롭다 하심을 얻는 것은 율법의 행위에 있지 않고 믿음으로 되는 줄 우리가 인정하노라 하나님은 홀로 유대인의 하나님뿐이시뇨 또 이방인의 하나님은 아니시뇨 진실로 이방인의 하나님도 되시느니라 할례자도 믿음으로 말미암아 또는 무할례자도 믿음으로 말미암아 의롭다 하실 하나님은 한 분이시니라 그런즉 우리가 믿음으로 말미암아 율법을 폐하느뇨 그럴 수 없느니라 도리어 율법을 굳게 세우니라

롬10장 8절~17절

그러면 무엇을 말하느뇨 말씀이 네게 가까워 네 입에 있으며 네 마음에 있다 하였으니 곧 우리가 전파하는 믿음의 말씀이라 네가 만일 네 입으로 예수님을 주님으로 시인하며 또 하나님께서 그를 죽은자 가운데서 살리신 것을 네 마음에 믿으면 구원을 얻으리니 사람이 마음으로 믿어 의에 이르고

입으로 시인하여 구원에 이르느니라 성경에 이르되 누구든지 저를 믿는 자는 부끄러움을 당하지 아니하리라 하니 유대인이나 헬라인이나 차별이 없음이라 한 주가 되사 저를 부르는 모든 사람에게 부요하시도다 누구든지 주님의 이름을 부르는 자는 구원을 얻으리라 그런즉 저희가 믿지 아니하는 이를 어찌 부르리요 듣지도 못한 이를 어찌믿으리요 전파하는 자가 없이 어찌 들으리요 보내심을 받지 아니하였으면 어찌 전파하리요 기록된 바 아름답도다 좋은 소식을 전하는 자들의 발이여 함과 같으니라 그러나 저희가 다 복음을 순종치 아니하였도다 이사야가 가로되 주님 우리의 전하는 바를 누가 믿었나이까 하였으니 그러므

로 믿음은 들음에서 나며 들음은 그리스도의 말씀으로 말미암았느니라

요한복음 3장 16절~21절

하나님이 세상을 이처럼 사랑하사 독생자를 주셨으니 이는 저를 믿는 자마다 멸망치 않고 영생을 얻게 하려 하심이니라 하나님이 그 아들을 세상에 보내신 것은 세상을 심판하려 하심이 아니요 저로 말미암아 세상이 구원을 받게 하려 하심이라 저를 믿는 자는 심판을 받지 아니하는 것이요 믿지 아니하는 자는 하나님의 독생자의 이름을 믿지 아니하므로 벌써 심판을 받은 것이니라 그 정죄는 이것이니 곧 빛이 세상에 왔으되 사람들이 자기 행위가 악하므로 빛보다 어두움을 더 사랑한 것이니라 악을 행하는 자마다 빛을 미워하여 빛으로 오지 아니하나니 이는 그 행위가 드러날까 함이요 진리를 좇는 자는 빛으로 오나니 이는 그 행위가 하나님 안에서 행한 것임을 나타내려 함이라 하시니라

9. 복음

　로마서 1장 16절에서 사도 바울은 복음을 부끄러워하지 않는다고 하신 말씀에 다시 한번 감사드립니다. 사도 바울은 왜 복음을 부끄러워하지 않는다고 했을까요? 그것은 아마도 예수님으로부터 구원받고 진리를 깨닫는 순간 예수님께서 함께 하심을 믿고 담대함이 생겼을 것으로 믿습니다. 로마서 1장 17절 말씀에서 "복음에는 하나님의 의가 나타나서 믿음으로 믿음에 이르게 하나니 기록된 바 오직 의인은 믿음으로 말미암아 살리라 함과 같으니라"에서도 알 수가 있습니다. 복음에는 하나님의 의가 나타난다고 했습니다.
　하나님의 의는 로마서 3장 21절~26절 말씀에서는 "예수 그리스도를 믿음으로 말미암아 모든 믿는 자에게 미치는 하나님의 의니 차별이 없다"고 하셨고 이 예수님을 하나님이 "그의 피로 인하여 믿음으로 말미암는 화목제물로 세우셨으니 이는 하나님께서 길이 참으시는 중에 전에 지은 죄(원죄)를 간과(看過)하심으로 하나님의 의로우심을 나타내려 하심이라"고 하셨습니다.
　즉 복음은 인간의 원죄를 하나님으로부터 용서받을 수 있는 길이고 영혼이 천국에서 하나님아버지와 영원히 살 수 있는 길이기 때문에 바울은 복음을 부끄러워하지 않는다고 했을 것입니다. 진리를 깨닫고 진리를 전파하는데 담대함이 있고 자신감이 있기에 부끄러워하지 않을 것이고 무엇보다도 하나님아버지께서 함께하시기 때문에 무서울 것이 없고 두려움이 없으므로 부끄러워하지 않았을 것입니다.

 구원받은 믿음의 자녀들은 예수님의 복음을 전하는데 있어서 사도 바울처럼 복음을 부끄러워하지 않고 담대히 복음을 전해야만 합니다. 복음에는 하나님의 의가 나타나서 하나님아버지께서 영혼을 구원에 이르도록 해 주시는 것이기 때문입니다.

 이 복음이 성경말씀에서는 다른 표현으로 복음은 영원한 복음이고, 복음은 천국복음이고 평안의 복음이고 그리스도 예수님의 복음이고 하나님의 복음이고, 구원의 복음이고 영광의 복음이라고 했으며, 사도 바울도 자신의 모든 부와 권력을 다 버리고 담대히 복음만을 전하며 모든 삶을 오직 예수님께만 바치며 예수님께 영광 돌리며 살았습니다.

 그리스도 예수님을 구세주로 믿고 구원받고 살아가는 우리들도 복음의 기쁜 소식을 주변의 영혼들에게 담대히 전하며 살아갈 수 있도록 예수님의 이름으로 기도드립니다. 복음은 지옥복음이 아니고 두렵고 슬픈의 복음이 아니고 수치의 복음이 아닌 것을 다시금 깨닫게 도와주신 하나님아버지께 감사드립니다.

 하나님께서 택한 백성의 구원을 위해 예수 그리스도를 통해 알려주신 기쁜 소식을 감사히 받고 기쁨으로 살아가시는 성도님들이 되시고 천국복음을 담대히 바르게 전하는 자녀들이 되시길 예수님의 이름으로 축원 드립니다. 아멘.

마태복음 24장 14절
이 천국 복음이 모든 민족에게 증거되기 위하여 온 세상에 전파되리니 그제야 끝이 오리라
마가복음 1장 1절 하나님의 아들 예수 그리스도 복음의 시작이라

고린도후서 4장 4절
그중에 이 세상 신이 믿지 아니하는 자들의 마음을 혼미케 하여 그리스도의 영광의 복음의 광채가 비취지 못하게 함이니

에베소서 6장 15절
평안의 복음의 예비한 것으로 신을 신고

디모데전서 1장 11절
이 교훈을 내게 맡기신바 복되신 하나님의 영광의 복음을 좇음이니라

에베소서 1장 13절
그 안에서 너희도 진리의 말씀 곧 너희의 구원의 복음을 듣고

고린도전서 9장 12절
우리가 이권을 쓰지 아니하고 범사에 참는 것은 그리스도의 복음에 아무 장애가 없게 함이로라

로마서 15장 16절
이 은혜는 곧 나로 이방인을 위하여 그리스도 예수의 일꾼이 되어 하나님의 복음의 제사장 직무를 하게 하사
로마서 1장 1절
예수 그리스도의 종 바울은 사도로 부르심을 받아 하나님의 복음을 위하여 택정함을 입었으니

요한계시록 14장 6절
곧 여러 나라와 족속과 방언과 백성에게 전할 영원한 복음을 가졌더라

로마서 1장1~17절
예수 그리스도의 종 바울은 사도로 부르심을 받아 하나님의 복음을 위하여 택정함을 입었으니 이 복음은 하나님이 선지자들로 말미암아 그의 아들에 관하여 성경에 미리 약속하신 것이라 이 아들로 말하면 육신으로는 다윗의 혈통에서 나셨고 성결의 영으로는 죽은 가운데서 부활하여 능력으로 하나님의 아들로 인정되셨으니 곧 우리 주 예수 그리스도시니라 그로 말미암아 우리가 은혜와 사도의 직분을 받아 그 이름을 위하여 모든 이방인 중에서 믿어 순종케 하나니 너희도 그들 중에 있어 예수 그리스도의 것으로 부르심을 입은 자니라 로마에 있어 하나님의 사랑하심을 입고 성도로 부르심을 입은 모든 자에게 하나님 우리 아버지와 주 예수 그리스도로 좇아 은혜와 평강이 있기를 원하노라 첫째는 내가 예수 그리스도로 말미암아 너희 모든 사람을 인하여 내 하나님께 감사함은 너희 믿음이 온 세상에 전파됨이로다 내가 그의 아들의 복음 안에서 내 심령으로 섬기는 하나님이 나의 증인이 되시거니와 항상

내 기도에 쉬지 않고 너희를 말하며 어떠하든지 이제 하나님의 뜻 안에서 너희에게로 나아갈 좋은 길 얻기를 구하노라 내가 너희 보기를 심히 원하는 것은 무슨 신령한 은사를 너희에게 나눠 주어 너희를 견고케 하려 함이니 이는 곧 내가 너희 가운데서 너희와 나의 믿음을 인하여 피차 안위함을 얻으려 함이라 형제들아 내가 여러 번 너희에게 가고자 한 것을 너희가 모르기를 원치 아니하노니 이는 너희 중에서도 다른 이방인 중에서와 같이 열매를 맺게 하려 함이로되 지금까지 길이 막혔도다 헬라인이나 야만이나 지혜 있는 자나 어리석은 자에게 다 내가 빚진 자라 그러므로 나는 할 수 있는 대로 로마에 있는 너희에게도 복음 전하기를 원하노라 내가 복음을 부끄러워하지 아니 하노니 이 복음은 모든 믿는 자에게 구원을 주시는 하나님의 능력이 됨이라 첫째는 유대인에게요 또한 헬라인에게로다 복음에는 하나님의 의가 나타나서 믿음으로 믿음에 이르게 하나니 기록된 바 오직 의인은 믿음으로 말미암아 살리라 함과 같으니라

로마서 1장 9절
내가 그의 아들의 복음 안에서 내 심령으로 섬기는 하나님이 나의 증인이 되시거니와 항상 내 기도에 쉬지 않고 너희를 말하며

로마서 1장 16절
내가 복음을 부끄러워하지 아니 하노니 이 복음은 모든 믿는 자에게 구원을 주시는 하나님의 능력이 됨이라 첫째는 유대인에게요 또한 헬라인에게로다

로마서 1장 1절~6절
예수 그리스도의 종 바울은 사도로 부르심을 받아 하나님의 복음을 위하여 택정함을 입었으니 이 복음은 하나님이 선지자들로 말미암아 그의 아들에 관하여 성경에 미리 약속하신 것이라 이 아들로 말하면 육신으로는 다윗의 혈통에서 나셨고 성결의 영으로는 죽은 가운데서 부활하여 능력으로 하나님의 아들로 인정되셨으니 곧 우리 주 예수 그리스도시니라 그로 말미암아 우리가 은혜와 사도의 직분을 받아 그 이름을 위하여 모든 이방인 중에서 믿어 순종케 하나니 너희도 그들 중에 있어 예수 그리스도의 것으로 부르심을 입은 자니라

고린도전서 15장 1절~6절
형제들아 내가 너희에게 전한 복음을 너희로 알게 하노니 이는 너희가 받은 것이요 또 그 가운데 선 것이라 너희가 만일 나의 전한 그 말을 굳게 지키고 헛되이 믿지 아니하였으면 이로 말미암아 구원을 얻으리라 내가 받은 것을 먼저 너희에게 전하였노니 이는 성경대로 그리스도께서 우리 죄를 위하여 죽으시고 장사 지낸 바 되었다가 성경대로 사흘 만에 다시 살아나사 게바에게 보이시고 후에 열두 제자에게와 그후에 오백여 형제에게 일시에 보이셨나니 그 중에 지금까지 태반이나 살아 있고 어떤 이는 잠들었으며

10. 진 리

진리는 과연 무엇일까요?
 진리는 예수님, 성경말씀인 것입니다. 인간이 진리를 믿고 살아가는 것과 진리를 모르고 살아가는 것은 비교도 할 수 없을 만큼 중요한 것임을 깨닫게 하여 주신 예수님께 감사드립니다.

 요한복음 14장 6절에 보면 예수님께서는 "내가 길이요 '진리'요 생명이니 나로 말미암지 않고는 아버지께로 올 자가 없느니라"하셨습니다. 아래 성경구절에서 진리의 단어를 예수님, 성경말씀으로 넣어서 읽어 보시면 문맥의 뜻을 쉽게 이해할 수 있으며 하나도 말이 안 되거나 하는 구절이 없는 것을 확인할 수 있는 것입니다. 그렇습니다. 예수님 믿는 하나님백성만이 참된 진리 안에서 살아가고 있는 것입니다. 예수님만이 구세주이시고 예수님만이 하나님의 아드님이시고, 예수님만이 부활 승천하셔서 다시 재림하실 분이시고, 예수님만이 심판주이시고, 예수님만이 영혼을 구원하실 수 있으시고 천국과 지옥이 있고, 성경말씀은 하나님 말씀이시고, 성부하나님 성자하나님 성령하나님은 한 분이시고, 인간은 죄인이고, 인간이 구원을 받을 수 있었던 것은 자신의 지식이나 능력으로 믿는 것이 아니라 오직 하나님의 은혜로 말미암아 믿을 수 있었던 것이고, 예수님은 대제사장이시고, 등 이 모든 말씀은 진리인 것입니다. 세상의 많은 사람 중에는 그릇된 믿음 안에서 그것이 진리인양 착각 속에서 살아가는 영혼을 볼 때 우리 예수님 믿는 믿음의 자녀들은 얼마나 복 받고 살아가는 자임을 다시 한번 깨달을 수 있습니다.

그동안 핵심진리에 대해서 우리는 성경에서 찾아보고 그 말씀의 뜻을 알아가고 있었습니다. 다시 한 번 참 진리를 깨닫게 해 주신 하나님아버지께 감사드립니다. 성경말씀에 나오는 진리의 단어를 예수님, 성경말씀으로 깨닫게 해 주신 예수님께 감사드립니다. 참 진리를 깨닫고 살아가는 우리들에게 예수님께서는 각자의 영혼들에게 맡겨 주신 사명이 있으리라 믿습니다. 바른 진리의 말씀을 바르게 전파하며 살아가는 성도들이 되어 하나님아버지께 영광 돌리는 자녀들로 인도하여 주시기를 예수님의 이름으로 기도 드립니다.

잃어버린 한 영혼을 구원으로 인도할 때 천국에서는 잔치가 벌어진다고 하셨습니다. 그만큼 가장 소중하고 중요한 것이 영혼을 예수님께 인도하는 것입니다. 내 주변의 영혼들을 예수님께 인도하는 역사가 이루어지시기를 예수님께 기도드리시면서 복음을 바르게 전파하며 살아가는 형제자매님이 되시길 예수님의 이름으로 축원드립니다. 아멘.

요한복음 14장 6절
예수님께서 가라사대 내가 곧 길이요 진리요 생명이니 나로 말미암지 않고는 아버지께로 올 자가 없느니라

요한복음 8장 32절
진리를 알찌니 진리가 너희를 자유케 하리라

요한복음 14장 16~17절
내가 아버지께 구하겠으니 그가 또 다른 보혜사를 너희에게 주사 영원토록 너희와 함께 있게 하시리니 저는 진리의 영이라 세상은 능히 저를 받지 못하나니 이는 저를 보지도 못하고 알지도 못함이라 그러나 너희는 저를 아나니 저는 너희와 함께 거하심이요 또 너희 속에 계시겠음이라

요한복음 15장 26절
내가 아버지께로서 너희에게 보낼 보혜사 곧 아버지께로서 나오시는 진리의 성령님이 오실 때에 그가 나를 증거하실 것이요 너희도 처음부터 나와 함께 있었으므로 증거하느니라

요한일서 5장 7절
증거하는 이는 성령님이시니 성령님은 진리니라

요한복음 1장 14절
말씀이 육신이 되어 우리 가운데 거하시매 우리가 그 영광을 보니 아버지의 독생자의 영광이요 은혜와 진리가 충만하더라

요한복음 1장 17절
율법은 모세로 말미암아 주신 것이요 은혜와 진리는 예수 그리스도로 말미암아 온 것이라

요한복음 16장 13절
그러하나 진리의 성령님이 오시면 그가 너희를 모든 진리 가운데로 인도하시리니 그가 자의로 말하지 않고 오직 듣는 것을 말하시며 장래 일을 너희에게 알리시리라

요한복음 3장 21절
진리를 좇는 자는 빛으로 오나니 이는 그 행위가 하나님 안에서 행한 것임을 나타내려 함이라 하시니라

요한복음 5장 33절
너희가 요한에게 사람을 보내매 요한이 진리에 대하여 증거하였느니라

요한복음 8장 45절~46절
내가 진리를 말하므로 너희가 나를 믿지 아니하는도다 너희 중에 누가 나를 죄로 책잡겠느냐 내가 진리를 말하매 어찌하여 나를 믿지 아니하느냐

요한복음 17장 17절~19절
저희를 진리로 거룩하게 하옵소서 아버지의 말씀은 진리니이다 아버지께서 나를 세상에 보내신 것같이 나도 저희를 세상에 보내었고 또 저희를 위하여 내가 나를 거룩하게 하오니 이는 저희도 진리로 거룩함을 얻게 하려 함이니이다

요한복음 18장 37절~38절
빌라도가 가로되 그러면 네가 왕이 아니냐 예수님께서 대답하시되 네

말과 같이 내가 왕이니라 내가 이를 위하여 났으며 이를 위하여 세상에 왔나니 곧 진리에 대하여 증거하려 함이로라 무릇 진리에 속한 자는 내 소리를 듣느니라 하신대

고린도전서 13장 6절
불의를 기뻐하지 아니하며 진리와 함께 기뻐하고

고린도후서 13장 8절
우리는 진리를 거스려 아무것도 할 수 없고 오직 진리를 위할 뿐이니

에베소서 1장 13절
그 안에서 너희도 진리의 말씀 곧 너희의 구원의 복음을 듣고 그 안에서 또한 믿어 약속의 성령님으로 인치심을 받았으니

에베소서 4장 21절, 24절
진리가 예수님 안에 있는 것같이 너희가 과연 그에게서 듣고 또한 그 안에서 가르침을 받았을찐대, 하나님을 따라 의와 진리의 거룩함으로 지으심을 받은 새 사람을 입으라

에베소서 6장 14절
그런즉 서서 진리로 너희 허리띠를 띠고 의의 흉배를 붙이고

히브리서 10장 26절
우리가 진리를 아는 지식을 받은 후 짐짓 죄를 범한즉 다시 속죄하는 제사가 없고

야고보서 5장 19절
내 형제들아 너희 중에 미혹하여 진리를 떠난 자를 누가 돌아서게 하면

베드로전서 1장22절
너희가 진리를 순종함으로 너희 영혼을 깨끗하게 하여 거짓이 없이 형제를 사랑하기에 이르렀으니 마음으로 뜨겁게 피차 사랑하라

데살로니가후서 2장 10절, 12절, 13절
불의의 모든 속임으로 멸망하는 자들에게 임하리니 이는 저희가 진리의 사랑을 받지 아니하여 구원함을 얻지 못함이니라, 진리를 믿지 않고 불의를 좋아하는 모든 자로 심판을 받게 하려 하심이니라, 주님의 사랑하시는 형제들아 우리가 항상 너희를 위하여 마땅히 하나님께 감사할 것은 하나님이 처음부터 너희를 택하사 성령님의 거룩하게 하심과 진리를 믿음으로 구원을 얻게 하심이니

요한일서 1장 5절~2장6절
우리가 저에게서 듣고 너희에게 전하는 소식이 이것이니 곧 하나님은 빛이시라 그에게는 어두움이 조금도 없으시니라 만일 우리가 하나님과 사귐이 있다 하고 어두운 가운데 행하면 거짓말을 하고 진리를 행치 아니함이거니와 저가 빛 가운데 계신 것같이 우리도 빛 가운데 행하면 우리가 서로 사귐이 있고 그 아들 예수님의 피가 우리를 모든 죄에서 깨끗하게 하실 것이요 만일 우리가 죄 없다 하면 스스로 속이고 또 진리가 우리 속에 있지 아니할 것이요 만일 우리가 우리 죄를 자백하면 저는 미쁘시고 의로우사 우리 죄를 사하시며 모든 불의에서 우리를 깨

굿케 하실 것이요 만일 우리가 범죄하지 아니하였다 하면 하나님을 거짓말하는 자로 만드는 것이니 또한 그의 말씀이 우리 속에 있지 아니하니라 나의 자녀들아 내가 이것을 너희에게 씀은 너희로 죄를 범치 않게 하려 함이라 만일 누가 죄를 범하면 아버지 앞에서 우리에게 대언자가 있으니 곧 의로우신 예수 그리스도시라 저는 우리 죄를 위한 화목제물이니 우리만 위할 뿐 아니요 온 세상의 죄를 위하심이라 우리가 그의 계명을 지키면 이로써 우리가 저를 아는 줄로 알 것이요 저를 아노라 하고 그의 계명을 지키지 아니하는 자는 거짓말하는 자요 진리가 그 속에 있지 아니하되 누구든지 그의 말씀을 지키는 자는 하나님의 사랑이 참으로 그 속에서 온전케 되었나니 이로써 우리가 저 안에 있는 줄을 아노라

요한이서 1장 2절
우리 안에 거하여 영원히 우리와 함께할 진리를 인함이로다

요한삼서 1장 3절
형제들이 와서 네게 있는 진리를 증거하되 네가 진리 안에서 행한다 하니 내가 심히 기뻐하노라

요한삼서 1장 8절
이러므로 우리가 이같은 자들을 영접하는 것이 마땅하니 이는 우리로 진리를 위하여 함께 수고하는 자가 되게 하려 함이니라

11. 예수님의 재림

데살로니가전서 4장 13절~17절
형제들아 자는 자들에 관하여는 너희가 알지 못함을 우리가 원치 아니하노니 이는 소망 없는 다른 이와 같이 슬퍼하지 않게 하려 함이라 우리가 예수님의 죽었다가 다시 사심을 믿을찐대 이와 같이 예수님 안에서 자는 자들도 하나님이 저와 함께 데리고 오시리라 우리가 주님의 말씀으로 너희에게 이것을 말하노니 주님 강림하실 때까지 우리 살아남아 있는 자도 자는 자보다 결단코 앞서지 못하리라 주님께서 호령과 천사장의 소리와 하나님의 나팔로 친히 하늘로 좇아 강림(재림) 하시리니 그리스도 안에서 죽은 자들이 먼저 일어나고 그후에 우리 살아남은 자도 저희와 함께 구름 속으로 끌어 올려 공중에서 주님을 영접하게 하시리니 그리하여 우리가 항상 주님과 함께 있으리라

사도행전 1장 11절
가로되 갈릴리 사람들아 어찌하여 서서 하늘을 쳐다보느냐 너희 가운데서 하늘로 올리우신이 예수님은 하늘로 가심을 본 그대로 오시리라 하였느니라

마태복음 24장 42절~44절
그러므로 깨어 있으라 어느 날에 너희 주님이 임할는지 너희가 알지 못함이니라 너희도 아는 바니 만일 집 주인이 도적이 어느 경점에 올 줄을 알았더면 깨어 있어 그 집을 뚫지 못하게 하였으리라 이러므로 너희도 예비하고 있으라 생각지 않은 때에 인자가 오리라

요한계시록 22장 20절
이것들을 증거하신 이가 말씀하시대 내가 진실로 속히 오리라 하시거늘 아멘 주 예수님이여 오시옵소서

마태복음 25장 31절
인자가 자기 영광으로 모든 천사와 함께 올 때에 자기 영광의 보좌에 앉으리니

요한계시록 1장 7절~10절
볼찌어다 구름을 타고 오시리라 각인의 눈이 그를 보겠고 그를 찌른 자들도 볼 터이요 땅에 있는 모든 족속이 그를 인하여 애곡하리니 그러하리라 아멘
주 하나님이 말씀하시대 나는 알파와 오메가라 이제도 있고 전에도 있었고 장차 올 자요 전능한 자라 하시더라 나 요한은 너희 형제요 예수님의 환난과 나라와 참음에 동참하는 자라 하나님의 말씀과 예수님의 증거를 인하여 밧모라 하는 섬에 있었더니 주님의 날에 내가 성령님에 감동하여 내 뒤에서 나는 나팔 소리 같은 큰 음성을 들으니

요한복음 14장 3절
가서 너희를 위하여 처소를 예비하면 내가 다시 와서 너희를 내게로 영접하여 나 있는 곳에 너희도 있게 하리라

사도행전 1장 8절~11절
오직 성령님이 너희에게 임하시면 너희가 권능을 받고 예루살렘과 온 유대와 사마리아와 땅끝까지 이르러 내 증인이 되리라 하시니라 이 말씀을 마치시고 저희 보는데서 올리워 가시니 구름이 저를 가리워 보이지 않게 하더라 올라가실 때에 제자들이 자세히 하늘을 쳐다보고 있는데 흰옷 입은 두 사람이 저희 곁에 서서 가로되 갈릴리 사람들아 어찌하여 서서 하늘을 쳐다보느냐 너희 가운데서 하늘로 올리우신 이 예수님은 하늘로 가심을 본 그대로 오시리라 하였느니라

◆ 예수님 재림시의 사건

마태복음 24장
예수님께서 성전에서 나와서 가실 때에 제자들이 성전 건물들을 가리켜 보이려고 나아오니 대답하여 말씀하시대 너희가 이 모든 것을 보지 못하느냐 내가 진실로 너희에게 이르노니 돌 하나도 돌 위에 남지 않고 다 무너뜨리우리라 예수님께서 감람산 위에 앉으셨을 때에 제자들이 종용히 와서 가로되 우리에게 이르소서 어느 때에 이런 일이 있겠사오며 또 주님의 임하심과 세상 끝에는 무슨 징조가 있사오리이까 예수님께서 대답하여 말씀하시대 너희가 사람의 미혹을 받지 않도록 주의

하라 많은 사람이 내 이름으로 와서 이르되 나는 그리스도라 하여 많은 사람을 미혹케 하리라 난리와 난리 소문을 듣겠으나 너희는 삼가 두려워 말라 이런 일이 있어야 하되 끝은 아직 아니니라 민족이 민족을 나라가 나라를 대적하여 일어나겠고 처처에 기근과 지진이 있으리니 이모든 것이 재난의 시작이니라 그때에 사람들이 너희를 환난에 넘겨 주겠으며 너희를 죽이리니 너희가 내 이름을 위하여 모든 민족에게 미움을 받으리라 그때에 많은 사람이 시험에 빠져 서로 잡아 주고 서로 미워하겠으며 거짓 선지자가 많이 일어나 많은 사람을 미혹하게 하겠으며 불법이 성하므로 많은 사람의 사랑이 식어지리라 그러나 끝까지 견디는 자는 구원을 얻으리라 이 천국 복음이 모든 민족에게 증거되기 위하여 온 세상에 전파되리니 그제야 끝이 오리라 그러므로 너희가 선지자 다니엘의 말한 바 멸망의 가증한 것이 거룩한 곳에 선 것을 보거든 (읽는 자는 깨달을찐저) 그때에 유대에 있는 자들은 산으로 도망할찌어다 지붕 위에 있는 자는 집 안에 있는 물건을 가질러 내려가지 말며 밭에 있는 자는 겉옷을 가질러 뒤로 돌이키지 말찌어다 그날에는 아이 밴 자들과 젖먹이는 자들에게 화가 있으리로다 너희의 도망하는 일이 겨울에나 안식일에 되지 않도록 기도하라 이는 그때에 큰 환난이 있겠음이라 창세로부터 지금까지 이런 환난이 없었고 후에도 없으리라 그 날들을 감하지 아니할 것이면 모든 육체가 구원을 얻지 못할 것이나 그러나 택하신 자들을 위하여 그날들을 감하시리라 그때에 사람이 너희에게 말하되 보라 그리스도가 여기 있다 혹 저기 있다 하여도 믿지 말라 거짓 그리스도들과 거짓선지자들이 일어나 큰 표적과 기사를 보이어 할 수만 있으면 택하신 자들도 미혹하게 하리라 보라 내가 너희에게 미리 말하였노라 그러면 사람들이 너희에게 그리스도가 광야에 있다하여도 나가지 말고 보라 골방에 있다 하여도 믿지 말라 번개가 동편에서나서 서편까지 번쩍임같이 인자의 임함도 그러하리라 주검이 있는 곳에는 독수리들이 모일찌니라 그날 환난 후에 즉시 해가 어두워지며 달이 빛을 내지 아니하며 별들이 하늘에서 떨어지며 하늘의 권능들이 흔들리라 그때에 인자의 징조가 하늘에서 보이겠고 그때에 땅의 모든 족속들이 통곡하며 그들이 인자가 구름을 타고 능력과 큰 영광으로 오는 것을 보리라 저가 큰 나팔소리와 함께 천사들을 보내리니 저희가 그 택하신 자들을 하늘 이 끝에서 저 끝까지 사방에서 모으리라 무화과 나무의 비유를 배우라 그 가지가 연하여지고 잎사귀를 내면 여름이 가까운 줄을 아나니 이와 같이 너희도 이 모든 일을 보거든 인자가 가까이 곧 문 앞에 이른 줄 알라 내가 진실로 너희에게 말하노니 이 세대가 지나가지 전에 이 일이 다 이루리라 천지는 없어지겠으나 내 말은 없어지지 아니하리라 그러나 그날과 그때는 아무도 모르나니 하늘의 천사들도 아들도 모르고 오직 아버지만 아시느니라 노아의 때와 같이 인자의 임함도 그러하리라 홍수 전에 노아가 방주에 들어가던 날까지 사람들이 먹고 마시고 장가들고 시집가고 있으면서 홍수가 나서 저희를 다 멸하기까지 깨닫지 못하였으니 인자의 임함도 이와 같으리라 그때에 두 사람이 밭에 있으매 하나는 데려감을 당하고 하나는 버려둠을 당할 것이요 두 여자가 매를 갈고 있으매 하나는 데려감을 당하고 하나는 버려둠을 당할 것이니라 그러므로 깨어 있으라 어느 날에 너희 주님이 임하는지 너희가 알지 못함이니라 너희도 아는 바니 만일 집 주인이 도적이 어느 경점에 올 줄을 알았더면 깨어 있어 그 집을 뚫지 못하게 하였으리라 이러므로 너희도 예비하고 있으라 생각지 않은 때에 인자가 오리라 충성되고 지혜 있는 종이 되어 주인에게 그 집 사람들을 맡아 때를 따라 양식을 나눠 줄 자가 누구뇨 주인이 올 때에 그 종의 이렇게 하는 것을 보면 그 종이 복이 있으리로다 내가 진실로 너희에게 이르노니 주인이 그 모든 소유를 저에게 맡기리라 만일 그악한 종이 마음에 생각하기를 주인이 더디 오리라 하여 동무들을 때리며 술친구들로 더불어 먹고 마시게 되면 생각지 않은 날 알지 못하는 시간에 그 종의 주인이 이르러 엄히 때리고 외식하는 자의 받는 율에 처하리니 거기서 슬피울며 이를 갊이 있으리라

◆ 예수님 재림(심판 ; 영생과 영벌)

1) 예수님 공중재림 : 데살로니가전서 4장 13절~17절
2) 7년 대환란
요한계시록 13장 전체 중 10절(성도들의 인내와 믿음),
다니엘 12장 10절~13절(1290일+1335일=2625일/365일=7.19년)
많은 사람이 연단을 받아 스스로 정결케 하며 희게 할 것이나 악한 사람은 악을 행하리니 악한 자는 아무도 깨닫지 못하되 오직 지혜 있는 자는 깨달으리라 매일 드리는 제사를 폐하며 멸망케 할 미운 물건을 세울 때부터 일천이백구십일을 지낼 것이요 기다려서 일천삼백삼십오일까지 이르는 그 사람은 복이 있으리라 너는 가서 마지막을 기다리라 이는 네가 평안히 쉬다가 끝날에는 네 업을 누릴 것임이니라

3) 예수님 지상재림
예수님 지상에 재림(천년왕국)--->요한계시록 20장 1절~6절
또 내가 보매 천사가 무저갱 열쇠와 큰 사슬을 그 손에 가지고 하늘로

서 내려와서 용을 잡으니 곧 옛 뱀이요 마귀요 사탄이라 잡아 일천 년 동안 결박하여 무저갱에 던져 잠그고 그 위에 인봉하여 천 년이 차도록 다시는 만국을 미혹하지 못하게 하였다가 그 후에는 반드시 잠깐 놓이리라 또 내가 보좌들을 보니 거기 앉은 자들이 있어 심판하는 권세를 받았더라 또 내가 보니 예수님의 증거와 하나님의 말씀을 인하여 목 베임을 받은 자의 영혼들과 또 짐승과 그의 우상에게 경배하지도 아니하고 이마와 손에 그의 표를 받지도 아니한 자들이 살아서 그리스도로 더불어 천 년 동안 왕 노릇 하니 그 나머지 죽은 자들은 그 천년이 차기까지 살지 못하더라 이는 첫째 부활이라 이 첫째 부활에 참예하는 자들은 복이 있고 거룩하도다 둘째 사망이 그들을 다스리는 권세가 없고 도리어 그들이 하나님과 그리스도의 제사장이 되어 천년 동안 그리스도로 더불어 왕 노릇하리라

4) 곡과 마곡의 전쟁 ⇨ 요한계시록 20장 7절~10절
천 년이 차매 사탄이 그 옥에서 놓여 나와서 땅의 사방 백성 곧 곡과 마곡을 미혹하고 모아 싸움을 붙이리니 그 수가 바다 모래 같으리라 저희가 지면에 널리퍼져 성도들의 진과 사랑하시는 성을 두르매 하늘에서 불이 내려와 저희를 소멸하고 또 저희를 미혹하는 마귀가 불과 유황 못에 던지우니 거기는 그 짐승과 거짓 선지자도 있어 세세토록 밤낮 괴로움을 받으리라

5) 백보좌심판 ---> 요한계시록 20장 11절~15절
또 내가 크고 흰 보좌와 그 위에 앉으신 자를 보니 땅과 하늘이 그 앞에서 피하여 간 데 없더라 또 내가 보니 죽은 자들이 무론 대소하고 그 보

좌 앞에 섰는데 책들이 펴 있고 또 다른 책이 펴졌으니 곧 생명책이라 죽은 자들이 자기행위를 따라 책들에 기록된 대로 심판을 받으니 바다가 그 가운데서 죽은 자들을 내어 주고 또 사망과 음부도 그 가운데서 죽은 자들을 내어 주매 각 사람이 자기의 행위대로 심판을 받고 사망과 음부도 불못에 던지우니 이것은 둘째 사망 곧 불못이라 누구든지 생명책에 기록되지 못한 자는 불못에 던지우더라

6) 새예루살렘(새하늘과 새땅) ---〉 계시록 21장 1절~8절
또 내가 새 하늘과 새 땅을 보니 처음 하늘과 처음 땅이 없어졌고 바다도 다시 있지 않더라 또 내가 보매 거룩한 성 새 예루살렘이 하나님께로부터 하늘에서 내려오니 그 예비한 것이 신부가 남편을 위하여 단장한 것 같더라 내가 들으니 보좌에서 큰 음성이 나서 가로되 보라 하나님의 장막이 사람들과 함께 있으매 하나님이 저희와 함께 거하시리니 저희는 하나님의 백성이 되고 하나님은 친히 저희와 함께 계셔서 모든 눈물을 그 눈에서 씻기시매 다시 사망이 없고 애통하는 것이나 곡하는 것이나 아픈 것이 다시 있지 아니하리니 처음 것들이 다 지나갔음이러라 보좌에 앉으신 이가 말씀하시대 보라 내가 만물을 새롭게 하노라 하시고 또 가라사대 이 말은 신실하고 참 되니 기록하라 하시고 또 내게 말씀하시되 이루었도다 나는 알파와 오메가요 처음과 나중이라 내가 생명수 샘물로 목마른 자에게 값없이 주리니 이기는 자는 이것들을 유업으로 얻으리라 나는 저희 하나님이 되고 그는 내 아들이 되리라 그러나 두려워하는 자들과 믿지 아니하는 자들과 흉악한 자들과 살인자들과 행음자들과 술객들과 우상 숭배자들과 모든 거짓말 하는 자들은 불과 유황으로 타는 못에 참예하리니 이것이 둘째 사망이라

12. 지 혜(하나님의 지혜, 성경말씀)

지혜는 세상지식보다 귀하다는 것을 알 수 있습니다. 잠언3장 13절 말씀부터 15절 말씀을 통해서 보면 "지혜를 얻은 자와 명철(하나님 말씀을 깨달음)을 얻은 자는 복이 있나니 이는 지혜를 얻는 것이 은을 얻는 것보다 낫고 그 이익이 정금보다 나음이니라 지혜는 진주보다 귀하니 너의 사모하는 모든 것으로 이에 비교할 수 없도다" 잘 알 수가 있습니다.

하나님아버지께서는 이 말씀을 알아들을 수 있는 귀를 열어 주시고 성령님을 통해서 신령한 것을 받을 수 있도록 해 주셨습니다. 고린도전서 2장 12절부터 16절 말씀을 통해서 깨달을 수 있습니다.

"우리가 세상의 영(사탄의 영)을 받지 아니하고 오직 하나님께로 온 영을 받았으니 이는 우리로 하여금 하나님께서 우리에게 은혜로 주신 것들을 알게 하려 하심이라 우리가 이것을 말하거니와 사람의 지혜의 가르친 말로 아니하고 오직 성령님의 가르치신 것으로 하니 신령한(영적인) 일은 신령한 것으로 분별하느니라 육에 속한 사람은 하나님의 성령님의 일을 받지 아니하나니 저희에게는 미련하게 보임이요 또 깨닫지도 못하나니 이런 일은 영적으로라야 분변함이니라 신령한 자는(성령님을 모신 사람) 모든 것을 판단하나 자기는 아무에게도 판단을 받지 아니하느니라 누가 주님의 마음을 알아서 주님을 가르치겠느냐 그러나 우리가 그리스도의 마음을 가졌느니라"

다시 한번 지혜로운 사람이라고 하면 성경말씀, 구원의 은혜, 성경말씀을 믿을 수 있고 그 말씀의 꼴을 깨달을 수 있는 능력을 하나님으로부터 받은 자로 하나님아버지께서 택함 받은 자녀들에게 성령님을 통해서 주신 은혜인 것을 확실히 알 수 있습니다.

맞습니다. 믿음의 자녀들은 세상의 영(사탄의 영)을 받지 아니하고 또한 사람의 지혜의 말로 아니하고 성령님의 가르치신 것으로 받았음으로 신령한 것 즉 영적인 것을 믿고 깨닫고 의지하며 지혜롭게 하나님 말씀 안에서 감사드리며 살아갈 수 있는 것입니다.

이처럼 참 지혜는 세상의 지혜가 아니라고 했으며 또 이 세상의 없어질 관원의 지혜도 아니라고 했으며 오직 비밀한 가운데 있는 하나님의 지혜를 말하는 것이라고 했으며 하나님께서 우리의(구원받은 하나님의 자녀들) 영광을 위하사 만세 전에 미리 정하신 것이라고 말씀하고 계십니다. 잠언3장 1절~6절 말씀에서도 하나님의 지혜에 대한 말씀이 자세히 나와 있습니다. "내 아들아 나의 법을 잊어버리지 말고 네 마음으로 나의 명령을 지키라 그리하면 그것이 너로 장수하여 많은 해를 누리게 하며 평강을 더하게 하리라 인자와 진리로 네게서 떠나지 않게 하고 그것을 네 목에 매며 네 마음판에 새기라 그리하면 네가 하나님과 사람 앞에서 은총과 귀중히 여김을 받으리라 너는 마음을 다하여 여호와를 의뢰하고 네 명철을 의지하지 말라 너는 범사에 그를 인정하라 그리하면 네 길을 지도하시리라"

말씀에서 오늘 하나님아버지께서 은혜를 주시는 말씀은 내 아들아 나의 법을 잊어버리지 말고 네 마음으로 나의 명령을 지키라라고 말씀하셨습니다. 하나님아버지께서는 내 아들아 하시면서 하나님 자녀들에게 주신 말씀인 것을 확실히 알 수 있었습니다. 사탄 마귀의 자녀가 아니라 구원받은 하나님아버지의 자녀들에게 하나님아버지의 명령 즉 성경말씀을 지키라고 하셨습니다.

또 인자와 진리로 하나님아버지 자녀들의 목에 매며 마음판에 새기라 말씀하고 계십니다. 여기서 인자는 그리스도 예수님을 말씀하시는 것이고 진리는 성경말씀 하나님 말씀인 것입니다. 예수님 오시기 전인 시대에서 다윗의 아들 이스라엘 왕 솔로몬이 하나님의 계시를 받아 작성한 잠언에 인자와 진리를 거론한 것은 인간 솔로몬이 작성한 것이 아니라 하나님께서 솔로몬을 통해서 주신 말씀이라는 것을 다시 한 번 깨닫는 구절의 말씀이었습니다. 즉 하나님말씀 성경말씀은 앞뒤가 하나도 틀림이 없는 하나님아버지인 것을 다시 한 번 깨달을 수 있었습니다.

또한 예수님과 하나님 말씀으로 마음판에 새기고 살아간 자녀들은 어떻다고 하셨냐면. 하나님과 사람 앞에서 은총과 귀중히 여김을 받는다고 하셨습니다. 다시 말씀드려서 사람한테서만 은총과 귀중히 여김을 받는 것이 아니라 하나님과 사람 앞에서 은총과 귀중히 여김을 받는다는 것에 주목을 해야 합니다 즉 예수님을 믿지 않고 성경말씀을 믿지 않는 자가 사람 앞에서 귀중히 여김을 받을 수 있을 것입니다 그렇지만 그는 하나님 앞에서는 은총과 귀중히 여김을 받을 수 없다는 얘기인 것입니다.

하나님의 자녀들은 반드시 예수님과 성경말씀으로 무장해서 살아갈 때에 성령님께서 함께 하여 주셔서 하나님의 축복 속에서 영혼의 안식을 받고 평안한 삶을 살아가면서 많은 은총과 은혜를 받고 또한 사람들 앞에서도 귀중히 여김을 받는다는 사실을 깨닫게 해주신 은혜에 감사합니다.

 사전에 지혜의 단어를 찾아보면 헬라어로는 "소피아(sopia)"로 예수그리스도와 연관시켜 하나님의 측량할 수 없는 지혜와 완전한 이해 즉 구원을 이루시는 하나님의 능력을 말한다고 나와 있습니다.
 하나님의 지혜가 없이 살아가는 자와 하나님의 지혜를 받고 살아가는 자와는 확연히 차이가 나는 삶을 살아갈 수 있다는 것을 성경말씀을 통해서 알 수 있습니다. 구원을 이루시는 하나님의 능력을 받지 못한 자 즉 불신자들은 지혜가 없음으로 인해 세상의 명예와 부귀를 지니고도 사탄의 시험에 빠져 죄를 짓고 한편으로는 자살을 하고 또 주변의 지인들로부터 사기를 당하고 모든 재산을 다 탕진하고 하루 아침에 거지가 되고 명예를 상실하는 사건 등을 접할 수 있습니다.
 구원받은 우리들은 하나님께서 지혜를 선물로 주셔서 이러한 일에 연루되지 않도록 보호하여주시니 얼마나 감사한 일이 아니겠습니까. 우리 믿는 믿음의 사람들도 더욱더 하나님말씀을 사랑하고 말씀 읽기에 더욱 힘쓰고 그 말씀대로 살아가려고 노력하고 애를 써야 합니다. 잠언 말씀을 보면 우리가 어떻게 살아가야 하는지를 잘 말씀해 주시고 있는 하나님의 뜻을 잘 깨달으시기를 바라며 또 아직 구원받지 못한 자가 있다면 회개하고 예수님의 십자가 보혈의 능력을 믿으시고 구원받으시기를 예수님의 이름으로 축원합니다.

지혜와 명철은 그리스도인이 성숙하면서 하나님과 그의 뜻을 더욱 알게 되는 은혜의 선물이며 그리스도를 통하여 얻을 수 있는 것입니다.(에베소서1:8,17 골로새서1:9) 이것은 그리스도인이 하나님의 뜻에 합당한 삶을 살며 모든 선한 일에 열매를 맺게 하기 위한 것인 것을 말씀을 통해서 잘 알 수 있는 것입니다.(골로새서1:10 에베소서 5:15)

저도 예수님을 믿지 않았을 때 삶을 돌이켜 생각해 보면 얼마나 어리석고 창피했는지 반성을 해 봅니다. 사탄 마귀에 농락당해 하나님을 기쁘시게 해드리지 못한 일들이 많았음을 자백합니다. 이제 예수님을 믿고 구원받은 자로서 하나님의 지혜를 아무런 대가 없이 거져 받은 자로서 지혜롭게 살아가는 것이 무엇인지를 깨달은 자로서 성경말씀을 더욱더 사랑하고 그 말씀대로 순종하면서 하나님께 영광 돌리며 살아가는 자가 될 수 있도록 예수님의 이름으로 기도 드립니다.

잠언 2장 6절 ~ 3장 26절
대저 여호와는 지혜를 주시며 지식과 명철을 그 입에서 내심이며 그는 정직한 자를 위하여 완전한 지혜를 예비하시며 행실이 온전한 자에게 방패가 되시나니 대저 그는 공평의 길을 보존하려 하심이니라 그런즉 네가 공의와 공평과 정직 곧 모든 선한 길을 깨달을 것이라 곧 지혜가 네 마음에 들어가며 지식이 네 영혼에 즐겁게 될 것이요 근신이 너를 지키며 명철이 너를 보호하여 악한 자의 길과 패역을 말하는 자에게서 건져내리라 이 무리는 정직한 길을 떠나 어두운 길로 행하며 행악하기를 기뻐하며 악인의 패역을 즐거워하나니 그 길은 구부러지고 그 행위는 패역하니라 지혜가 또 너를 음녀에게서 말로 호리는 이방 계집에게서 구원하리니 그는 소시의 짝을 버리며 그 하나님의 언약을 잊어버린 자라 그 집은 사망으로 그 길은 음부로 기울어졌나니 누구든지 그에게로 가는 자는 돌아오지 못하며 또 생명길을 얻지 못하느니라 지혜가 너로 선한 자의 길로 행하게 하며 또 의인의 길을 지키게 하리니 대저 정직한 자는 땅에 거하며 완전한 자는 땅에 남아 있으리라 그러나 악인은 땅에서 끊어지겠고 궤휼한 자는 땅에서 뽑히리라 내 아들아 나의 법을 잊어버리지 말고 네 마음으로 나의 명령을 지키라 그리하면 그것이 너로 장수하여 많은 해를 누리게 하며 평강을 더하게 하리라 인자와 진리로 네게서 떠나지 않게 하고 그것을 네 목에 매며 네 마음판에 새기라 그리하면 네가 하나님과 사람앞에서 은총과 귀중히 여김을 받으리라 너는 마음을 다하여 여호와를 의뢰하고 네 명철을 의지하지 말라 너는 범사에 그를 인정하라 그리하면 네 길을 지도하시리라 스스로 지혜롭게 여기지 말찌어다 여호와를 경외하며 악을 떠날찌어다 이것이 네 몸에 양약이 되어 네 골수로 윤택하게 하리라 네 재물과 네 소산물의 처음 익은 열매로 여호와를 공경하라 그리하면 네 창고가 가득히 차고 네 즙틀에 새 포도즙이 넘치리라 내 아들아 여호와의 징계를 경히 여기지 말라 그 꾸지람을 싫어하지 말라 대저 여호와께서 그 사랑하시는 자를 징계하시기를 마치 아비가 그 기뻐하는 아들을 징계함같이 하시느니라 지혜를 얻은 자와 명철을 얻은 자는 복이 있나니 이는 지혜를 얻는 것이 은을 얻는 것보다 낫고 그 이익이 정금보다 나음이니라 지혜는 진주보다 귀하니 너의 사모하는 모든 것으로 이에 비교할 수 없도다 그 우편 손에는 장수가 있고 그 좌편 손에는 부귀가 있나니 그 길은 즐거운 길이요 그 첩경은 다 평강이니라 지혜는 그 얻은 자에게 생명나무라 지혜를 가진 자는 복되도다 여호와께서는 지혜로 땅을 세우셨으며 명철로 하늘을 굳게 펴셨고 그 지식으로 해양이 갈라지게 하셨으며 명철로 하늘을 굳게 펴셨고 그 지식으로 해양이 갈라지게 하셨으며 공중에서 이슬이 내리게 하셨느니라 내 아들아 완전한 지혜와 근신을 지키고 이것들로 네 눈앞에서 떠나지 않게 하라 그리하면 그것이 네 영혼의 생명이 되며 네 목에 장식이 되리니 네가 네 길을 안연히 행하겠고 네 발이 거치지 아니하겠으며 네가 누울 때에 두려워하지 아니하겠고 네가 누운즉 네 잠이 달리로다 너는 창졸간의 두려움이나 악인의 멸망이 임할 때나 두려워하지 말라 대저 여호와는 너의 의지할 자이시라 네 발을 지켜 걸리지 않게 하시리라

잠언 4장 4절~9절
아버지가 내게 가르쳐 이르기를 내 말을 네 마음에 두라 내 명령을 지키라 그리하면 살리라 지혜를 얻으며 명철을 얻으라 내 입의 말을 잊지 말며 어기지 말라 지혜를 버리지 말라 그가 너를 보호하리라 그를 사랑하라 그가 너를 지키리라 지혜가 제일이니 지혜를 얻으라 무릇 너의 얻은 것을 가져 명철을 얻을찌니라 그를 높이라 그리하면 그가 너를 높이 들리라 만일 그를 품으면 그가 너를 영화롭게 하리라 그가 아름다운 관을 네 머리에 두겠고 영화로운 면류관을 네게 주리라 하였느니라

고린도전서 2장
형제들아 내가 너희에게 나아가 하나님의 증거를 전할 때에 말과 지혜의 아름다운 것으로 아니하였나니 내가 너희 중에서 예수 그리스도와 그의 십자가에 못 박히신 것 외에는 아무것도 알지 아니 하기로 작정하

였음이라 내가 너희 가운데 거할 때에 약하며 두려워하며 심히 떨었노라 내 말과 내 전도함이 지혜의 권하는 말로 하지 아니하고 다만 성령님의 나타남과 능력으로 하여 너희 믿음이 사람의 지혜에 있지 아니하고 다만 하나님의 능력에 있게 하려 하였노라 그러나 우리가 온전한 자들 중에서 지혜를 말하노니 이는 이 세상의 지혜가 아니요 또 이 세상의 없어질 관원의 지혜도 아니요 오직 비밀한 가운데 있는 하나님의 지혜를 말하는 것이니 곧 감취었던 것인데 하나님이 우리의 영광을 위하사 만세 전에 미리 정하신 것이라 이 지혜는 이 세대의 관원이 하나도 알지 못하였나니 만일 알았더면 영광의 주님을 십자가에 못박지 아니하였으리라 기록된 바 하나님이 자기를 사랑하는 자들을 위하여 예비하신 모든 것은 눈으로 보지 못하고 귀로도 듣지 못하고 사람의 마음으로도 생각지 못하였다 함과 같으니라 오직 하나님이 성령님으로 이것을 우리에게 보이셨으니 성령님은 모든 것 곧 하나님의 깊은 것이라도 통달하시느니라 사람의 사정을 사람의 속에 있는 영 외에는 누가 알리요 이와 같이 하나님의 사정도 하나님의 영 외에는 아무도 알지 못하느니라 우리가 세상의 영을 받지 아니하고 오직 하나님께로 온 영을 받았으니 이는 우리로 하여금 하나님께서 우리에게 은혜로 주신 것들을 알게 하려 하심이라 우리가 이것을 말하거니와 사람의 지혜의 가르친 말로 아니하고 오직 성령님의 가르치신 것으로 하니 신령한 일은 신령한 것으로 분별하느니라 육에 속한 사람은 하나님의 성령님의 일을 받지 아니하나니 저희에게는 미련하게 보임이요 또 깨닫지도 못하나니 이런 일은 영적으로라야 분변함이니라 신령한 자는 모든 것을 판단하나 자기는 아무에게도 판단을 받지 아니하느니라누가 주님의 마음을 알아서 주님을 가르치겠느냐 그러나 우리가 그리스도의 마음을 가졌느니라

디모데후서 3장 15절
또 네가 어려서부터 성경을 알았나니 성경은 능히 너로 하여금 그리스도 예수님 안에 있는 믿음으로 말미암아 구원에 이르는 지혜가 있게 하느니라

마태복음 7장 24절
그러므로 누구든지 나의 이 말을 듣고 행하는 자는 그 집을 반석 위에 지은 지혜로운 사람 같으리니

13. 부활

 부활주일 예배시간에 요한복음 20장 1절~31절 말씀을 읽다가 27절 말씀에 은혜를 받습니다.
 "도마에게 이르시되 네 손가락을 이리 내밀어 내 손을 보고 네 손을 내밀어 내 옆구리에 넣어 보라 그리하고 믿음 없는 자가 되지 말고 믿는 자가 되라"
 이 말씀은 부활하신 예수님을 믿지 못하는 도마에게 예수님께서 친히 말씀하신 말씀인 것을 믿음의 자녀들은 잘 알고 있습니다. 오늘 저는 이 말씀이 현재를 살고 있는 믿음의 자녀들에게도 해당되는 말씀으로 예수님께서 말씀하고 계신 말씀이라고 믿습니다.
 예수님을 주님으로 믿고 성경을 배우고 읽고 또한 말씀을 외우면서도 말씀대로 살지 못 할 때가 많이 있을 때가 있었습니다. 믿음이 연약해서 믿음에 대한 확신이 부족해서 또한 인간이다 보니 사탄 마귀에 시험 당해서 말씀에 벗어난 말과 행동 등으로 죄를 짓고 살아갈 때가 있었음을 자백합니다. 이런 믿음의 자녀들에게 예수님께서는 도마에게 하신 말씀 "믿음 없는 자가 되지 말고 믿는 자가 되라"이 말씀을 주시고 있는 것입니다.

도마는 예수님을 쫓아다니며 예수님한테 직접 배운 12 제자 중의 한 사람입니다. 이런 도마 같은 사람이 현재와 미래에 있을 믿음의 자녀들에도 있다는 것을 예수님은 알고 계신 것입니다. 다시 말씀드려서 모든 것을 알고 계신 전지전능하신 예수님께서는 현재와 미래에 있을 하나님의 자녀들에게 이 귀한 말씀을 주시고 있는 것입니다.

부활은 죄인 된 인간을 구원시켜 주시기 위한 하나님의 선물이자 은혜인 것입니다. 하나님께서 독생자 예수님을 이 땅에 보내주셔서 예수님을 영원한 대제사장으로 만들어 주시기 위해서 흠 없으시고 죄 없으신 예수님을 십자가에 속죄 제물로 십자가에 피 흘려 돌아가게 하시고 3일 만에 부활시키시고 천국에 계신 것은 죄인 된 인간도 예수님 믿고 구원받은 성도들도 육신의 죽음 이후 영혼은 예수님이 부활하셔 천국에 계신 것처럼 영생의 부활을 맞이할 수 있

도록 만들어 주신 은혜인 것을 믿습니다. 죄인 된 인간은 누구나 다 죽음을 맞이합니다. 그러나 영혼은 예수님 믿고 구원받은 성도는 영생의 부활로 천국에서 하나님아버지와 함께 영원히 사는 것이고 반대로 예수님 믿지 않은 영혼은 영벌의 심판을 받아 영원히 지옥에 떨어지게 되는 것입니다.

도마는 부활하신 예수님을 눈과 손으로 직접 확인후 28절 말씀에서 "도마가 대답하여 가로되 나의 주님이시며 나의 하나님이시니이다" 라고 말했습니다. 여기서 예수님께서 하나님이신 것을 다시 한번 확인할 수 있는 구절의 말씀인 것입니다. 부활하신 예수님은 하나님이신 것입니다. 하나님이시기 때문에 부활할 수 있는 것이고 다시 재림할 수 있는 것임을 확신할 수 있습니다. 그리고 예수님께서는 29

절 말씀에서 "예수님께서 말씀하시대 너는 나를 본 고로 믿느냐 보지 못하고 믿는 자들은 복되도다 하시니라"라고 말씀하셨습니다. 예수님을 보지도 못하고 목소리도 듣지 못했지만 성경말씀을 통해서 하나님아버지로 믿고, 구세주로 믿고, 부활하셔서 살아계신 하나님으로 믿고 또한 재림하실 것으로 믿고 영혼의 구세주로 믿을 수 있게 하여 주신 하나님아버지의 은혜에 감사합니다. 이런 믿음의 자녀들은 진정으로 복된 삶을 살아가는 것임을 29절 말씀을 통해서 확신합니다. 부활하셔서 지금도 살아계셔서 믿음의 자녀들과 활동하고 계신 예수님을 하나님아버지로 믿고 살아가게 하여 주신 주님의 은혜에 무한 감사합니다.

  오늘 부활에 대한 말씀을 보면서 은혜를 받습니다. 예수님의 제자들처럼 예수님을 믿는다고 하는 우리도 그들과 같을 수밖에 없다고 생각합니다. 왜냐하면 예수님은 그 것을 미리 다 아시고 계신다는 것을 말씀을 통해서 깨닫게 됩니다. 요한복음 20장 17절 말씀에서 예수님은 예수님의 무덤에 온 막달라 마리아에게 말씀하고 계십니다.
"너는 내 형제들에게 가서 이르되 내가 내 아버지 곧 너희 아버지 내 하나님 곧 너희 하나님께로 올라간다 하라"
  누가복음 24장 11절~12절 "사도들은 저희 말이 허탄한 듯이 뵈어 믿지 아니하나 베드로는 일어나 무덤에 달려가서 구푸려 들여다보니 세마포만 보이는지라 그 된 일을 기이히 여기며 집으로 돌아가니라"라고 기록되어 있습니다.
  그렇습니다. 예수님께서 돌아가시기 전에 아버지의 뜻을 행하시기 위해서 십자가에 돌아가시고 삼일 만에 부활하여 아버지께로 가신다고 제자들에게 말씀을 하셨지만 제자들 그 누구도 이 말씀을 기억하지 못하고 다들 눈으로 확인하고 싶어서 무덤에 가서 보고 기이한 상황에 다들 놀라고 있던 것입니다. 하나님 말씀을 통해서 구원받은 저도 이 들과 다를 것이 없을 것이라고 믿습니다.

이 부활에 대한 말씀을 통해서 은혜를 받는 것은 예수님의 재림시의 사건도 같을 것이라 믿습니다. 그래서 믿음의 성도들은 준비를 하고 있어야 하는 것입니다. 예수님은 반드시 재림하실 것입니다.

재림에 대한 말씀을 통해서 알 수 있듯이 우리는 예수님의 재림을 준비하는 성도가 되어야 합니다. 그 일은 반드시 이루어지기 때문입니다. 예수님께서 재림 시에는 이 지구상에는 많은 이상한 일들이 벌어질 것이라고 했습니다.

갑자기 주위에 있던 아는 사람들이 없어지거나 전쟁과 기근과 기타 많은 사건들이 있을 터인데 그 것은 예수님 재림시의 사건들로 살아 있던 믿음의 형제들이 하늘로 들림(휴거)을 받아 공중에서 주님을 영접되는 사건인 것입니다. 그러나 예수님을 영접하지 못한 대환란 성도들은 7년 정도의 기간에 많은 고통 속에서 살아가면서 예수님의 긍휼하심만 바라며 살아가야 하는데 그 때에 말씀을 주신 것으로 마태복음 24장 23절 "그 때에 사람이 너희에게 말하되 보라 그리스도가 여기 있다 혹 저기 있다 하여도 믿지 말라" 마태복음 24장 6절 "그러면 사람들이 너희에게 말하되 그리스도가 광야에 있다 하여도 나가지 말고 보라 골방에 있다 하여도 믿지 말라"는 말씀은 그렇게 하는 자들이 있기 때문일 것입니다. 예수님께서 재림하시면 예수님 믿고 무덤에서 잠자던 자들이 먼저 공중에서 예수님을 영접하고 그 다음에 살아 있는 성도들이 변화되어 공중에서 예수님을 영접하면 끝인 것입니다. 그런데 예수님을 만나겠다고 이리저리 소문을 듣고 가 보았자 예수님을 만날 수 없고 성도들도 만날 수 없는 것입니다.

 그 후 이 지구상에는 대환난만 남아 있는 것입니다. 대환난 시대의 성도들도 구원받을 자들이 있다고 말씀에 있습니다. 예수님을 믿는다고 하면서 들림을 받지 못한 성도들은 정말 예수님께 사죄하고 7년 동안 환난 속에서 회개하며 통곡하며 산 속에서 살면서 예수님께서 구원하여 주시기를 기다려야하는 것입니다.

 예수님을 믿고 구원받은 저나 이 글을 읽고 있는 성도님들이나 다 예수님 재림시 들림을 받는 성도가 되어야 겠습니다. 성경말씀에서는 재림 말씀이 다 기록되어 있어서 반드시 그 때가 올 것입니다 예수님이 부활에 대한 말씀을 제자들에게 하시고 부활하신 것처럼 예수님의 재림은 성경말씀에서 말씀하고 계시기 때문에 반드시 그 때가 올 것입니다.

 그 시기가 언제인지는 몰라도 예수님의 재림을 성경말씀대로 준비하는 영혼들은 반드시 예수님을 만날 것입니다. 그리고 행복하고 즐거운 나날들을 예수님과 영원히 보낼 것입니다.

 부활에 대한 말씀들을 보면서 예수님의 재림시 들림 받지 못하여 이곳저곳에서 예수님을 봤다는 소문을 듣고 찾아다니는 불쌍한 자들이 되지 않기 위해서는 어떻게 살아가야 하는지 말씀의 지혜를 주셔서 감사합니다.

 마태복음 16장 21절~23절 말씀에서 예수님은 직접 제자들에게 예수님 자신의 부활에 대한 예언을 가르치시고 계셨던 것을 알 수 있습니다.

"베드로는 예수님을 붙들고 간하여 가로되 주님 그리 마옵소서 이 일이 결코 예수님에게 미치지 아니하리이다"라고 말했을 때 예수님은 제자 베드로에게 "사탄아 내 뒤로 물러가라 너는 나를 넘어지게 하는 자로다 네가 하나님의 일을 생각지 아니하고 도리어 사람의 일을 생각하는도다"라고 말씀하셨습니다.

베드로는 택함 받은 하나님의 자녀입니다. 예수님의 제자의 한 사람으로 예수님을 따라 다니며 예수님으로부터 말씀을 배운 사람이고 예수님께서 행하신 일들을 많이 본 사람입니다.

그러나 베드로도 인간인지라 정작 인간적인 생각에서 하나님의 일을 먼저 생각지 않고 예수님의 고난을 받고 죽임을 당하고 제삼일에 살아나는 부활의 진리를 생각지 않고 말 한 것에 예수님께서는 "베드로야 내 뒤로 물러가라 너는 나를 넘어지게 하는 자로다"라고 하지 않으시고 "사탄아 내 뒤로 물러가라" 말씀하고 계십니다. 여기서 우리는 알 수 있는 것이 사탄은 베드로를 통해서 예수님을 시험하려 했으나 예수님은 당하지 않으셨습니다. 그러나 베드로는 인

간으로 사탄의 시험에 넘어 갔던 것입니다. 예수님을 믿고 구원받은 자 누구라도 시험 받을 수 있습니다. 예수님처럼 사탄의 시험에서 100% 승리할 수 없습니다. 그것을 알고 계신 예수님께서 하나님의 자녀들에게 사탄에 시험당하지 않도록 깨어 기도하라고 말씀하신 것입니다.(마태복음 26장 41절)

아래 말씀을 읽어 보시면 예수님은 모든 인간에게 부활의 모습을 보이시지 아니하시고 택한 백성들에게만 보여 주시고 계시다는 사실을 알 수 있습니다. 맞습니다. 현대를 살아가는 인간들에게 예수님을 믿고 구원받을 수 있도록 은혜를 베푸시는 일에도 모든 인간에게 주시지

는 아니하시는 것입니다. 부활의 진리를 믿고 깨닫게 하여 주시는 하나님은 하나님의 백성들에게만 비밀스럽게 역사하고 계신 것입니다.

 예수님은 택한 받은 인간의 죄를 대속하여 주시기 위해서 또한 그들을 부활에 참여케 하기 위해서 하나님의 나라의 처소를 예비하여 주시기 위해서 반드시 십자가에 돌아가시고 삼일 만에 부활 승천하셔야만 하는 것이 진리입니다. 예수님은 하나님으로 죽음을 이기시지 못할 분이 아니십니다. 사탄 마귀의 노예가 될 수도 없고 폐할 수도 없습니다.

 그리스도 예수님을 구세주로 믿는 자들은 반드시 부활에 참여하고 새 하늘과 새 땅, 새 예루살렘에 들어가서 영원히 하나님아버지와 함께 있을 것을 확신합니다. 아멘.

〈예수님의 부활〉
고린도전서 15장 1절~58절

형제들아 내가 너희에게 전한 복음을 너희로 알게 하노니 이는 너희가 받은 것이요 또 그 가운데 선 것이라 너희가 만일 나의 전한 그 말을 굳게 지키고 헛되이 믿지 아니하였으면 이로 말미암아 구원을 얻으리라 내가 받은 것을 먼저 너희에게 전하였노니 이는 성경대로 그리스도께서 우리 죄를 위하여 죽으시고 장사 지낸 바 되었다가 성경대로 사흘 만에 다시 살아나사 게바에게 보이시고 후에 열두 제자에게와 그후에 오백여 형제에게 일시에 보이셨나니 그 중에 지금까지 태반이나 살아 있고 어떤 이는 잠들었으며 그후에 야고보에게 보이셨으며 그후에 모든 사도에게와 맨 나중에 만삭되지 못하여 난 자 같은 내게도 보이셨느니라 나는 사도 중에 지극히 작은 자라 내가 하나님의 교회를 핍박하였으므로 사도라 칭함을 받기에 감당치 못할 자로라 그러나 나의 나 된 것은 하나님의 은혜로 된 것이니 내게 주신 그의 은혜가 헛되지 아니하여 내가 모든 사도보다 더 많이 수고하였으나 내가 아니요 오직 나와 함께하신 하나님의 은혜로라 그러므로 내나 저희나 이같이 전파하매 너희도 이같이 믿었느니라 그리스도께서 죽은 자 가운데서 다시 살아 나셨다 전파되었거늘 너희 중에서 어떤 이들은 어찌하여 죽은 자 가운데서 부활이 없다 하느냐 만일 죽은 자의 부활이 없으면 그리스도도 다시 살지 못하셨으리라 그리스도께서 만일 다시 살지 못하셨으면 우리의 전파하는 것도 헛것이요 또 너희 믿음도 헛것이며 또 우리가 하나님의 거짓 증인으로 발견되리니 우리가 하나님이 그리스도를 다시 살리셨다고 증거하였음이라 만일 죽은 자가 다시 사는 것이 없으면 하나님이 그리스도를 다시 살리시지 아니하셨으리라 만일 죽은 자가 다시 사는 것이 없으면 그리스도도 다시 사신 것이 없었을 터이요 그리스도께서 다시 사신 것이 없으면 너희의 믿음도 헛되고 너희가 여전히 죄 가운데 있을 것이요 또한 그리스도 안에서 잠자는 자도 망하였으리니 만일 그리스도 안에서 우리의 바라는 것이 다만 이생뿐이면 모든 사람 가운데 우리가 더욱 불쌍한 자리라 그러나 이제 그리스도께서 죽은 자 가운데 다시 살아 잠자는 자들의 첫 열매가 되셨도다 사망이 사람으로 말미암았으니 죽은 자의 부활도 사람으로 말미암는도다 아담 안에서 모든 사람이 죽은 것같이 그리스도 안에서 모든 사람이 삶을 얻으리라 그러나 각각 자기 차례대로 되리니 먼저는 첫 열매인 그리스도요 다음에는 그리스도 강림하실 때에 그에게 붙은 자요 그 후에는 나중이니 저가 모든 정사와 모든 권세와 능력을 멸하시고 나라를 아버지하나님께 바칠 때라 저가 모든 원수를 그 발 아래 둘때까지 불가불 왕노릇 하시리니 맨 나중에 멸망받을 원수는 사망이니라 만물을 저의 발 아래 두셨다 하셨으니 만물을 아래 둔다 말씀하실 때에 만물을 저의 아래 두신 이가 그 중에 들지 아니한 것이 분명하도다 만물을 저에게 복종하게 하신 때에는 아들 자신도 그때에 만물을 자기에게 복종케 하신 이에게 복종케 되리니 이는 하나님이 만유의 주로서 만유 안에 계시려 하심이라 만일 죽은 자들이 도무지 다시 살지 못하면 죽은 자들을 위하여 침례 받는 자들이 무엇을 하겠느냐 어찌하여 저희를 위하여 침례를 받느뇨 또 어찌하여 우리가 때마다 위험을 무릅쓰리요

형제들아 내가 그리스도 예수 우리 주 안에서 가진 바 너희에게 대한 나의 자랑을 두고 단언하노니 나는 날마다 죽노라 내가 범인처럼 에베소에서 맹수로 더불어 싸웠으면 내게 무슨 유익이 있느뇨 죽은 자가 다시 살지 못할 것이면 내일 죽을 터니 먹고 마시자 하리라 속지 말라 악한 동무들은 선한 행실을 더럽히나니 깨어 의를 행하고 죄를 짓지 말라 하나님을 알지 못하는 자가 있기로 내가 너희를 부끄럽게 하기 위하여 말하노라 누가 묻기를 죽은 자들이 어떻게 다시 살며 어떠한 몸으로 오느냐 하리니 어리석은 자여 너희 뿌리는 씨가 죽지 않으면 살아나지 못하겠고 또 너의 뿌리는 것은 장래 형체를 뿌리는 것이 아니요 다만 밀이나 다른 것의 알갱이뿐이로되 하나님이 그 뜻대로 저에게 형체를 주시되 각 종자에게 그 형체를 주시느니라 육체는 다 같은 육체가 아니니 하나는 사람의 육체요 하나는 짐승의 육체요 하나는 새의 육체요 하나는 물고기의 육체라 하늘에 속한 형체도 있고 땅에 속한 형체도 있으나 하늘에 속한 자의 영광이 따로 있고 땅에 속한 자의 영광이 따로 있으니 해의 영광도 다르며 달의 영광도 다르며 별의 영광도 다른데 별과 별의 영광이 다르도다 죽은 자의 부활도 이와 같으니 썩을 것으로 심고

썩지 아니할 것으로 다시 살며 욕된 것으로 심고 영광스러운 것으로 다시 살며 약한 것으로 심고 강한 것으로 다시 살며 육의 몸으로 심고 신령한 몸으로 다시 사나니 육의 몸이 있은즉 또 신령한 몸이 있느니라 기록된 바 첫 사람 아담은 산 영이 되었다 함과 같이 마지막 아담은 살려 주는 영이 되었나니 그러나 먼저는 신령한 자가 아니요 육 있는 자요 그 다음에 신령한 자니라 첫 사람은 땅에서 났으니 흙에 속한 자이거니와 둘째 사람은 하늘에서 나셨느니라 무릇 흙에 속한 자는 저 흙에 속한 자들과 같고 무릇 하늘에 속한 자는 저 하늘에 속한 자들과 같으니 우리가 흙에 속한 자의 형상을 입은 것같이 또한 하늘에 속한 자의 형상을 입으리라 형제들아 내가 이것을 말하노니 혈과 육은 하나님 나라를 유업으로 받을 수 없고 또한 썩은 것은 썩지 아니한 것을 유업으로 받지 못하느니라 보라 내가 너희에게 비밀을 말하노니 우리가 다 잠 잘 것이 아니요 마지막 나팔에 순식간에 홀연히 다 변화하리니 나팔 소리가 나매 죽은 자들이 썩지 아니할 것으로 다시 살고 우리도 변화하리라 이 썩을 것이 불가불 썩지 아니할 것을 입겠고 이 죽을 것이 죽지 아니함을 입으리로다 이 썩을 것이 썩지 아니함을 입고 이 죽을 것이 죽지 아니함을 입을 때에는 사망이 이김의 삼킨 바 되리라고 기록된 말씀이 응하리라 사망아 너의 이기는 것이 어디 있느냐 사망아 너의 쏘는 것이 어디 있느냐 사망의 쏘는 것은 죄요 죄의 권능은 율법이라 우리 주 예수 그리스도로 말미암아 우리에게 이김을 주시는 하나님께 감사하노니 그러므로 내 사랑하는 형제들아 견고하며 흔들리지 말며 항상 주님의 일에 더욱 힘쓰는 자들이 되라 이는 너희 수고가 주님 안에서 헛되지 않은 줄을 앎이니라

마태복음 28장 1절~10절

안식일이 다하여 가고 안식 후 첫날이 되려는 미명에 막달라 마리아와 다른 마리아가 무덤을 보려고 왔더니 큰 지진이 나며 주님의 천사가 하늘로서 내려와 돌을 굴려내고 그 위에 앉았는데 그 형상이 번개 같고 그 옷은 눈 같이 희거늘 수직하던 자들이 저를 무서워하여 떨며 죽은 사람과 같이 되었더라 천사가 여자들에게 일러 가로되 너희는 무서워 말라 십자가에 못 박히신 예수님을 너희가 찾는 줄을 내가 아노라 그가 여기 계시지 않고 그의 말씀하시던 대로 살아나셨느니라 와서 그의 누우셨던 곳을 보라 또 빨리 가서 그의 제자들에게 이르되 그가 죽은 자 가운데서 살아나셨고 너희보다 먼저 갈릴리로 가시나니 거기서 너희가 뵈오리라 하라 보라 내가 너희에게 일렀느니라 하거늘 그 여자들이 무서움과 큰 기쁨으로 무덤을 빨리 떠나 제자들에게 알게 하려고 달음질할쌔 예수님께서 저희를 만나 말씀하시대 평안하뇨 하시거늘 여자들이 나아가 그 발을 붙잡고 경배하니 이에 예수님께서 말씀하시대 무서워 말라 가서 내 형제들에게 갈릴리로 가라 하라 거기서 나를 보리라 하시니라

마가복음 16장 1절~18절

안식일이 지나매 막달라 마리아와 야고보의 어머니 마리아와 또 살로메가 가서 예수님께 바르기 위하여 향품을 사다두었다가 안식 후 첫날 매우 일찌기 해돋은 때에 그 무덤으로 가며 서로 말하되 누가 우리를 위하여 무덤 문에서 돌을 굴려 주리요 하더니 눈을 들어 본즉 돌이 벌써 굴려졌으니 그 돌이 심히 크더라 무덤에 들어가서 흰 옷을 입은 한 청년이 우편에 앉은 것을 보고 놀라매 청년이 이르되 놀라지 말라 너

희가 십자가에 못 박히신 나사렛 예수님을 찾는구나 그가 살아 나셨고 여기 계시지 아니하니라 보라 그를 두었던 곳이니라 가서 그의 제자들과 베드로에게 이르기를 예수님께서 너희보다 먼저 갈릴리로 가시나니 전에 너희에게 말씀하신 대로 너희가 거기서 뵈오리라 하라 하는지라 여자들이 심히 놀라 떨며 나와 무덤에서 도망하고 무서워하여 아무에게 아무 말도 하지 못하더라 예수님께서 안식 후 첫날 이른 아침에 살아나신 후 전에 일곱 귀신을 쫓아내어 주신 막달라 마리아에게 먼저 보이시니 마리아가 가서 예수님과 함께하던 사람들의 슬퍼하며 울고 있는 중에 이 일을 고하매 그들은 예수님의 살으셨다는 것과 마리아에게 보이셨다는 것을 듣고도 믿지 아니하니라 그 후에 저희 중 두 사람이 걸어서 시골로 갈 때에 예수님께서 다른 모양으로 저희에게 나타나시니 두 사람이 가서 남은 제자들에게 고하였으되 역시 믿지 아니하니라 그후에 열한 제가가 음식 먹을 때에 예수님께서 저희에게 나타나사 저희의 믿음 없는 것과 마음이 완약한 것을 꾸짖으시니 이는 자기의 살아난 것을 본 자들의 말을 믿지 아니함일러라 또 말씀하시대 너희는 온 천하에 다니며 만민에게 복음을 전파하라 믿고 침례를 받는 사람은 구원을 얻을 것이요 믿지 않는 사람은 정죄를 받으리라 믿는 자들에게는 이런 표적이 따르리니 곧 저희가 내 이름으로 귀신을 쫓아내며 새 방언을 말하며 뱀을 집으며 무슨 독을 마실찌라도 해를 받지 아니하며 병든 사람에게 손을 얹은즉 나으리라 하시더라

누가복음 24장 1절 ~ 12절
안식 후 첫날 새벽에 이 여자들이 그 예비한 향품을 가지고 무덤에 가서 돌이 무덤에서 굴려 옮기운 것을 보고 들어가니 주 예수님의 시체가

뵈지 아니하더라 이를 인하여 근심할 때에 문득 찬란한 옷을 입은 두 사람이 곁에 섰는지라 여자들이 두려워 얼굴을 땅에대니 두 사람이 이르되 어찌하여 산 자를 죽은 자 가운데서 찾느냐 여기 계시지 않고 살아나셨느니라 갈릴리에 계실 때에 너희에게 어떻게 말씀하신 것을 기억하라 이르시기를 인자가 죄인의 손에 넘기워 십자가에 못 박히고 제 삼일에 다시 살아나야 하리라 하셨느니라 한대 저희가 예수님의 말씀을 기억하고 무덤에서 돌아가 이 모든 것을 열한 사도와 모든 다른 이에게 고하니 이 여자들은 막달라 마리아와 요안나와 야고보의 모친 마리아라 또 저희와 함께한 다른 여자들도 이것을 사도들에게 고하니라 사도들은 저희 말이 허탄한 듯이 뵈어 믿지 아니하나 베드로는 일어나 무덤에 달려가서 구푸려 들여다 보니 세마포만 보이는지라 그 된 일을 기이히 여기며 집으로 돌아가니라

요한복음 20장 1절~31절

안식 후 첫날 이른 아침 아직 어두울 때에 막달라 마리아가 무덤에 와서 돌이 무덤에서 옮겨 간 것을 보고 시몬 베드로와 예수님의 사랑하시던 그 다른 제자에게 달려가서 말하되 사람이 주님을 무덤에서 가져다가 어디 두었는지 우리가 알지 못하겠다 하니 베드로와 그 다른 제자가 나가서 무덤으로 갈쌔 둘이 같이 달음질하더니 그 다른 제자가 베드로보다 더 빨리 달아나서 먼저 무덤에 이르러 구푸려 세마포 놓인 것을 봤으나 들어가지는 아니하였더니 시몬 베드로도 따라와서 무덤에 들어가 보니 세마포가 놓였고 또 머리를 쌌던 수건은 세마포와 함께 놓이지 않고 딴 곳에 개켜 있더라 그때에야 무덤에 먼저 왔던 그 다른 제자도 들어가 보고 믿더라 (저희는 성경에 그가 죽은 자 가운데서 다시 살

아나야 하리라 하신 말씀을 아직 알지 못하더라) 이에 두 제자가 집으로 돌아가니라 마리아는 무덤 밖에 서서 울고 있더니 울면서 구푸려 무덤 속을 들여다 보니 흰 옷 입은 두 천사가 예수님의 시체 뉘었던 곳에 하나는 머리 편에 하나는 발 편에 앉았더라 천사들이 가로되 여자여 어찌하여 우느냐 가로되 사람이 내 주님을 가져다가 어디 두었는지 내가 알지 못함이니이다 이 말을 하고 뒤로 돌이켜 예수님의 서신 것을 보나 예수님이신 줄 알지 못하더라 예수님께서 말씀하시대 여자여 어찌하여 울며 누구를 찾느냐 하시니 마리아는 그가 동산지기인 줄로 알고 가로되 주님 당신이 옮겨 갔거든 어디 두었는지 내게 이르소서 그리하면 내가 가져가리이다 예수님께서 마리아야 하시거늘 마리아가 돌이켜 히브리 말로 랍오니여 하니(이는 선생님이라) 예수님께서 이르시되 나를 만지지 말라 내가 아직 아버지께로 올라가지 못하였노라 너는 내 형제들에게 가서 이르되 내가 내 아버지 곧 너희 하나님께로 올라간다 하라 하신대 막달라 마리아가 가서 제자들에게 내가 주님을 보았다 하고 주님께서 자기에게 이렇게 말씀하셨다 이르니라 이날 곧 안식 후 첫날 저녁 때에 제자들이 유대인들을 두려워하여 모인 곳에 문들을 닫았더니 예수님께서 오사 가운데 서서 말씀하시대 너희에게 평강이 있을찌어다 이 말씀을 하시고 손과 옆구리를 보이시니 제자들이 주님을 보고 기뻐하더라 예수님께서 또 말씀하시대 너희에게 평강이 있을찌어다 아버지께서 나를 보내신 것같이 나도 너희를 보내노라 이 말씀을 하시고 저희를 향하사 숨을 내쉬며 말씀하시대 성령을 받으라 너희가 뉘 죄든지 사하면 사하여질 것이요 뉘 죄든지 그대로 두면 그대로 있으리라 하시니라 열두 제자 중에 하나인 디두모라하는 도마는 예수님 오셨을 때에 함께 있지 아니한지라 다른 제자들이 그에게 이르되 우리가 주

님을 보았노라 하니 도마가 가로되 내가 그 손의 못자국을 보며 내 손
가락을 그 못자국에 넣으며 내손을 그 옆구리에 넣어 보지 않고는 믿지
아니하겠노라 하니라 여드레를 지나서 제자들이 다시 집 안에 있을 때
에 도마도 함께 있고 문들이 닫혔는데 예수님께서 오사 가운데 서서 말
씀하시대 너희에게 평강이 있을찌어다 하시고 도마에게 이르시되 네
손가락을 이리 내밀어 내 손을 보고 네 손을 내밀어 내 옆구리에 넣어
보라 그리하고 믿음 없는 자가 되지 말고 믿는 자가 되라 도마가 대답
하여 가로되 나의 주님이시며 나의 하나님이시니이다 예수님께서 말
씀하시대 너는 나를 본 고로 믿느냐 보지 못하고 믿는 자들은 복되도다
하시니라 예수님께서 제자들 앞에서 이책에 기록되지 아니한 다른 표
적도 많이 행하셨으나 오직 이것을 기록함은 너희로 예수님께서 하나
님의 아들 그리스도이심을 믿게 하려 함이요 또 너희로 믿고 그 이름을
힘입어 생명을 얻게 하려 함이니라

마태복음 27장 57절~66절
그 이튿날은 예비일 다음날이라 대제사장들과 바리새인들이 함께 빌
라도에게 모여 가로되 주여 저 유혹하던 자가 살았을 때에 말하되 내가
사흘 후에 다시 살아나리라 한 것을 우리가 기억하노니 그러므로 분부
하여 그 무덤을 사흘까지 굳게 지키게 하소서 그의 제자들이 와서 시체
를 도적질하여 가고 백성에게 말하되 그가 죽은 자 가운데서 살아났다
하면 후의 유혹이 전보다 더 될까 하나이다 하니
마태복음 28장 11절~20절
여자들이 갈제 파숫군 중 몇이 성에 들어가 모든 된 일을 대제사장들에
게 고하니 그들이 장로들과 함께 모여 의논하고 군병들에게 돈을 많이

주며 가로되 너희는 말하기를 그의 제자들이 밤에 와서 우리가 잘 때에 그를 도적질하여 갔다 하라 만일 이 말이 총독에게 들리면 우리가 권하여 너희로 근심되지 않게 하리라 하니 군병들이 돈을 받고 가르친 대로 하였으니 이 말이 오늘날까지 유대인 가운데 두루 퍼지니라 열한 제자가 갈릴리에 가서 예수님의 명하시던 산에 이르러 예수님을 뵈옵고 경배하나 오히려 의심하는 자도 있더라 예수님께서 나아와 일러 말씀하시대 하늘과 땅의 모든 권세를 내게 주셨으니 그러므로 너희는 가서 모든 족속으로 제자를 삼아 아버지와 아들과 성령님의 이름으로 침례를 주고 내가 너희에게 분부한 모든 것을 가르쳐 지키게 하라 볼찌어다 내가 세상 끝날까지 너희와 항상 함께 있으리라 하시니라

〈부활의 첫 열매〉

고린도전서 15장 23절
그러나 각각 자기 차례대로 되리니 먼저는 첫 열매인 그리스도요 다음에는 그리스도 강림하실 때에 그에게 붙은 자요

〈그리스도 예수님의 재림시 성도의 부활〉

고린도전서 15장23절(후반),
다음에는 그리스도 강림하실 때에 그에게 붙은 자요

데살로니가전서 4장 13절~18절,
형제들아 자는 자들에 관하여는 너희가 알지 못함을 우리가 원치 아니하노니 이는 소망 없는 다른 이와 같이 슬퍼하지 않게 하려 함이라 우리가 예수님의 죽었다가 다시 사심을 믿을찐대 이와 같이' 예수님 안

에서 자는 자들도 하나님이 저와 함께 데리고 오시리라 우리가 주님의 말씀으로 너희에게 이것을 말하노니 주님 강림하실 때까지 우리 살아남아 있는 자도 자는 자보다 결단코 앞서지 못하리라 주님께서 호령과 천사장의 소리와 하나님의 나팔로 친히 하늘로 좇아 강림하시리니 그리스도 안에서 죽은 자들이 먼저 일어나고 그후에 우리 살아 남은 자도 저희와 함께 구름 속으로 끌어 오려 공중에서 주님을 영접하게 하시리니 그리하여 우리가 항상 주님과 함께 있으리라 그러므로 이 여러 말로 서로 위로하라

고린도전서 15장 51절~52절
보라 내가 너희에게 비밀을 말하노니 우리가 다 잠잘 것이 아니요 마지막 나팔에 순식간에 홀연히 다 변화하리니 나팔 소리가 나매 죽은 자들이 썩지 아니할 것으로 다시 살고 우리도 변화하리라

요한계시록 20장 4절~6절
또 내가 보좌들을 보니 거기 앉은 자들이 있어 심판하는 권세를 받았더라 또 내가 보니 예수님의 증거와 하나님의 말씀을 인하여 목 베임을 받은 자의 영혼들과 또 짐승과 그의 우상에게 경배하지도 아니하고 이마와 손에 그의 표를 받지도 아니한 자들이 살아서 그리스도로 더불어 천 년 동안 왕 노릇 하니 그 나머지 죽은 자들은 그 천 년이 차기까지 살지 못하더라 이는 첫째 부활이라 이 첫째 부활에 참예하는 자들은 복이 있고 거룩하도다 둘째 사망이 그들을 다스리는 권세가 없고 도리어 그들이 하나님과 그리스도의 제사장이 되어 천 년 동안 그리스도로 더불어 왕노릇 하리라

14. 하나님의 뜻

　에베소서 5장 15절에서 17절 말씀을 보시면 하나님아버지께서는 하나님 백성들에게 지혜 없는 자가 되지 말고 지혜 있는 자가 되라 하시면서 어리석은 자가 되지 말고 오직 주님의 뜻 즉 하나님아버지의 뜻이 무엇인가 이해하라 말씀하셨습니다.
　예수님을 구세주로 믿는 우리들은 하나님아버지의 뜻을 잘 받들어 그 뜻대로 살아가는 지혜로운 자가 되어야겠습니다.
　지혜는 지식과 다릅니다. 지혜는 성경말씀을 하나님 말씀으로 믿을 수 있도록 인도하여 주신 지혜, 예수님이 하나님의 아드님이신 것을 믿을 수 있는 지혜, 예수님이 하나님이신 것을 믿는 지혜, 하나님아버지의 영광을 나타내며 살아가는 지혜, 예수님의 복음을 전파하며 살아가는 지혜, 세상에 살아가는 동안에 거짓 믿음과 이단에 빠지지 않는 지혜 등등인 것입니다.
　세상에 유명한 지식인들이 과연 지식이 없어서 자살하고 죄를 져 감옥에 들어가는 것이겠습니까? 아닙니다. 그들에게는 하나님의 지혜, 말씀의 지혜가 그들 영혼에 없었던 것입니다.

아래 성경구절을 통해서 하나님의 뜻이 무엇인가를 깊이 깨닫고 하나님 뜻대로 살아가시는 성도님들이 되시길 예수님의 이름으로 축원합니다. 마태복음 7장 21절~24절에 보시면 무서운 하나님의 말씀이 있습니다. "주님 주님 하는 자마다 천국에 다 들어갈 것이 아니요 다만 하늘에 계신 내 아버지의 뜻대로 행하는 자라야 들어가리라" 말씀하고 계십니다.

교회 다닌다고 다 천국에 들어가는 것이 아니며 말씀 구절에서 "선지자 노릇하며"란 목사, 선교사, 성경교사, 집사, 권사, 전도사라고 천국에 들어가는 것이 아닌 것을 이 말씀 구절을 통해서 알 수 있습니다. 맞습니다. 주님 주님 찾는 자들은 부처를 믿는 자들이 아니고, 알라 신을 믿는 자들이 아닌 교회를 다니면서 예수님을 찾는 자들인 것입니다. 하나님아버지의 뜻대로 성경 말씀대로 순종하며 하나님아버지의 영광을 드러내는 삶을 산 자 만이 천국에 들어갈 수 있다는 것을 명심하시면서 하나님아버지 뜻대로 살아가려고 노력하시면서 애쓰는 형제자매님들이 되시길 예수님의 이름으로 기도드립니다. 아멘.

하나님아버지의 뜻대로 살아가기 바라시는 하나님아버지께서는 예수님 믿고 구원받은 자녀들에게 바라시는 것입니다 데살로니가전서 5장 16절~18절 말씀에서 "항상 기뻐하라 쉬지 말고 기도하라 범사에 감사하라 이는 그리스도 예수님 안에서 너희를 향하신 하나님의 뜻이니라"라고 말씀하고 계십니다.

하나님아버지는 자녀들이 범사에 감사하면서 기쁘게 살아가는 것을 원하고 계십니다. 또한 쉬지 말고 기도하면서 하나님 말씀에 순종하기를 바라시는 것입니다. 물론 자기 자신을 위한 기도뿐만 아니라 자신 주변의 영혼들도 구원받을 수 있도록 예수님께 기도해야 하는 것입니다.

  요한복음 6장 40절 말씀에서는 "내 아버지의 뜻은 아들을 보고 믿는 자마다 영생을 얻는 이것이니 마지막 날에 내가 이를 다시 살리리라 하시니라". 예수님을 믿고 구원받은 자들은 마지막 날 즉 세상 끝 날에 예수님께서 다시 살리시는 것이 하나님의 뜻이라고 말씀하고 계십니다. 하나님의 자녀들이 천국에서 예수님과 함께 영원히 영생의 삶을 사는 것이 하나님아버지의 뜻입니다.

15. 하나님의 의(義)

하나님의 의에 대한 성경말씀 구절에서 하나님의 은혜를 받습니다. 로마서 1장 16절~17절 말씀에서 복음에는 하나님의 의가 나타나서 믿음으로 믿음에 이르게 한다고 하였습니다. 그리고 로마서 3장 21절~26절 말씀에서는 예수 그리스도를 믿음으로 말미암아 모든 믿는 자에게 미치는 하나님의 의니 차별이 없다고 하셨고 이 예수님을 하나님이 그의 피로 인하여 믿음으로 말미암는 화목제물로 세우셨으니 이는 하나님께서 길이 참으시는 중에 전에 지은 죄(원죄)를 간과(看過) 하심으로 하나님의 의로우심을 나타내려 하심이라고하셨습니다.

그리고 로마서 5장 21절 말씀에서는 "이는 죄가 사망 안에서 왕노릇한 것 같이 은혜도 또한 하나님의 의로 말미암아 왕노릇 하여 우리 주 예수 그리스도로 말미암아 영생에 이르게 하려 함이니라"라고 말씀하셨습니다.

로마서 10장 9절~10절 말씀에서는 "네가 만일 네 입으로 예수님을 주님으로 시인하며 또 하나님께서 그분을 죽은 자 가운데서 살리신 것을 네 마음에 믿으면 구원을 얻으리니 사람이 마음으로 믿어 하나님의 의에 이르고 입으로 시인하여 구원에 이르느니라"라고 말씀 하셨습니다.

로마서 10장 3절 말씀에서는 "하나님의 의를 모르고 자기 의를 세우려고 힘써 하나님의 의를 복종치 아니하였느니라"라고 하셨고. 로마서 8장 9절~10절 말씀에서는 "만일 너희 속에 하나님의 영이 거하시면 너희가 육신에 있지 아니하고 영에 있나니 누구든지 그리스도의 영이 없으면 그리스도의 사람이 아니라 또 그리스도께서 너희 안에 계시면 몸은 죄로 인하여 죽은 것이나 영은 하나님의의를 인하여 산 것이니라"라고 하셨고. 고린도후서 5장 21절 말씀에서는 "하나님이 죄를 알지도 못하신 자(예수님)로 우리를 대신하여 죄를 삼으신 것은 우리로 하여금 저(예수님)의 안에서 하나님의 의(義)가 되게 하려 하심이니라"라고 하셨고.

로마서 3장 20절~30절 말씀에서는 "그러므로 율법의 행위로 그의 앞에 의롭다 하심을 얻을 육체가 없나니 율법으로는 죄를 깨달음이니라 이제는 율법 외에 하나님의 한 의가 나타났으니 율법과 선지자들에게 증거를 받은 것이라 곧 예수 그리스도를 믿음으로 말미암아 모든 믿는 자에게 미치는 하나님의 의니 차별이 없느니라 모든 사람이 죄를 범하였으매 하나님의 영광에 이르지 못하더니 그리스도 예수님안에 있는 구속으로 말미암아 하나님의 은혜로 값없이 의롭다 하심을 얻은 자 되었느니라 이 예수님을 하나님이 그(예수님)의 피로 인하여 믿음으로 말미암는 화목 제물로 세우셨으니 이는 하나님께서 길이 참으시는 중에 전에 지은 죄를 간과(看過)하심으로 자기의 의로우심을 나타내려 하심이시니 곧 이때에 자기의 의로우심을 나타내사 자기도 의로우시며 또한 예수님 믿는 자를 의롭다 하려 하심이니라 그런즉 자랑할 데가 어디뇨 있을 수 없느니라 무슨 법으로냐 행위로냐 아니라 오직 믿음의 법으로니라 그러므로 사람이 의롭다 하심을 얻는 것은 율법의 행위에 있지 않고 믿음으로 되는 줄 우리가 인정하노라 하나님은 홀로 유대인의 하나님 뿐이시뇨 또 이방인의 하나님은 아니시뇨 진실로 이방인의 하나님도 되시느니라 할례자도 믿음으로 말미암아 또는 무할례자도 믿음으로 말미암아 의롭다 하실 하나님은 한 분이시니라"라고 말씀하셨으며, 로마서 8장 1절~14절 말씀에서는 "그러므로 이제 그리스도 예수님 안에 있는 자에게는 결코 정죄함이 없나니 이는 그리스도 예수님 안에 있는 생명의 법에서 너를 해방하였음이라 율법이 육신으로 말미암아 연약하여 할 수 없는 그것을 하나님은 하시나니 곧 죄를 인하여 자기 아들을 죄 있는 육신의 모양으로 보내어 육신에 죄를 정하사 육신을 좇지 않고 그 영을 좇아 행하는 우리에게 율법의 요구를 이루어지게 하려 하심이니라 육신을 좇는 자는 육신의 일을 영을 좇는 자는 영의 일을 생각하나니 육신의 생각은 사망이요 영의 생각은 생명과 평안이니라 육신의 생각은 하나님과 원수가 되나니 이는 하나님의 법에 굴복치 아니할 뿐 아니라 할 수도 없음이라 육신에 있는 자들은 하나님을 기쁘시게 할 수 없느니라 만일 너희 속에 하나님의 영이 거하시면 너희가 육신에 있지 아니하고 영에 있나니 누구든지 그리스도의 영이 없으면 그리스도의 사람이 아니라 또 그리스도께서 너희 안에 계시면 몸은 죄로 인하여 죽은 것이나 영은 의를 인하여 산 것이니라 예수님을 죽은 자 가운데서 살리신 이의 영이 너희 안에 거하시면 그리스도 예수님을 죽은 자 가운데서 살리신 이가 너희 안에 거하시는 그의 영으로 말미암아 너희 죽을 몸도 살리시리라 그러므로 형제들아 우리가 빚진 자로되 육신에게 져서 육신대로 살 것이 아니니라 너희가 육신대로 살면 반드시 죽을 것이로되 영으로써 몸의 행실을 죽이면 살리니 무릇 하나님의 영으로 인도함을 받는 그들은 곧 하나님의 아들이라"라고 말씀하셨으며, 로마서 4장 24절~25절 말씀에서는 "의로 여기심을 받을 우리도 위함이니 곧 예수님 우리 주님을 죽은 자 가운데서 살리신 이를 믿는 자니라 예수님은 우리 범죄함을 위하여 내어 줌이 되고 또한 우리를 의롭다 하심을 위하여 살아나셨느니라"라고 말씀하셨습니다.

그렇습니다. 하나님의 의는 인간의 원죄로 인해 죽을 수밖에 없는 인간을 영적으로 구원시켜 주시기 위한 사랑으로 하나님께서 길이 참으시고 전에 지은 죄를 간과 하여 주시기 위해서 흠 없고 죄 없으신 그리스도 예수님을 영원한 대제사장으로 또한 하나님과 화목되게 화목제물로 이 땅에 보내 주셔서 십자가에 피 흘려 돌아가시고 부활 승천하셔서 다시 재림 하실 예수님으로 믿는 택함 받은 백성들에게 하나님의 자녀들로 인쳐 주시고 화목 시켜 영적으로 영원한 영생을 하나님아버지와 함께 천국에서 영원히 살아가게 해 주신 것이 하나님의 의인 것을 깨닫고 믿게 인도하여 주신 하나님의 은혜에 감사드립니다.

요한복음 16장 10절 말씀에서는 "의에 대하여라 함은 내가 아버지께로 가니 너희가 다시 나를 보지 못함이요"라고 말씀하신 것에서 "의"는 하나님아버지의 의인 것을 알 수 있습니다 그리고 예수님께서 아버지께로 간다고 하신 말씀이 맞다는 것을 알 수 있습니다. 예수님께서 십자가에 돌아가시고 부활 승천하셔서 아버지께로 가시지 않았으면 예수님은 하나님도 아니시고 하나님의 아드님도 아니시고 헛것이 되는 것입니다, 그러나 예수님께서는 하나님의 명령에 완전히 순종하셨으며 로마서 4장 24절~25절에 있는 말씀처럼 예수님은 우리 범죄함을 위하여 내어 줌이 되고 다시 말씀 드려서 영원한 대제사장이 되시기 위해서 십자가에서 피 흘려 돌아가시고 부활 승천하신 예수님을 구세주로 믿는 믿음의 자녀들을 의롭다 하심을 위하여 살아나셨기 때문에 예수님께서는 아버지께로 간다고 말씀하신 것이 맞다는 것을 다시 한번 귀한 말씀의 은혜를 받았습니다.

그렇습니다. 예수님께서 제자들에게 십자가에 돌아가시기 전에 하신 말씀이 100% 맞고 하나님의 의를 이루시기 위해서 십자가에 피 흘려주신 일이라는 것을 확신 할 수 있습니다.

예수님은 하나님의 명령을 지키시기 위해서 모든 것을 완벽히 이루신 분입니다.(요한복음19장 30절) 성령님에 대해서 말씀드릴 때 예수님은 제자들과 더불어 앞으로 올 세대의 자녀들에게 걱정하지 않도록 예수님께서는 성령님에 대해서 요한복음 15장 16절, 요한복음 16장 7절에서 설명하여 주셨으며 그 성령님께서 진리를 가르치시고 진리를 증거하시고 진리 가운데로 인도하신다고 말씀하고 계십니다.

요한복음 16장 9절(죄), 요한복음 16장 10절(의), 요한복음 16장 11절(심판)에 대해서 우리 믿음의 자녀들이 이 말씀을 의미를 깨닫고 진리의 말씀을 믿고 살아갈 수 있는 것은 모든 것이 하나님의 의가 있기에 가능한 일이라는 것을 하나님께서 은혜로 깨닫게 하여 주신 것에 대해서 감사를 드립니다.

16. 하나님의 사랑

고린도전서 13장 13절 "그런즉 믿음, 소망, 사랑 이 세 가지는 항상 있을 것인데 그 중에 제일은 사랑이라" 말씀에서 그동안 저는 왜 외 믿음, 소망, 사랑 중에서 사랑이 제일이다고 했는지 이해가 되지 않았습니다. 아니 사랑보다는 믿음이 더 제일이라고 생각했을 때가 있었습니다. 그러나 오늘 제가 깨닫지 못했던 것을 하나님의 은혜로 깨달을 수가 있었습니다. 여기서 사랑은 하나님의 사랑이라는 것을 믿고 그렇지 하나님의 사랑이 제일이지 하나님 사랑이 없으면 내가 구원을 받을 수도 없었으며 예수님을 구세주로 믿을 수도 없는 것임을 알게 되었습니다. 즉 하나님의 사랑은 하나님의 은혜라고 말할 수 있는 것입니다. 하나님의 은혜가 없으면 예수님을 믿을 수 없는 것처럼 앞에서 믿음보다 하나님의 은혜가 먼저 임을 확실히 믿고 있기 때문입니다. 그래서 우리가 믿음과 소망을 가지기 전에 하나님의 사랑이 먼저 임했으므로 예수님을 믿고 구원을 받는 믿음과 천국을 소망하며 예수님의 재림을 소망하며 살아갈 수 있는 것입니다. 다시 말씀드려서 하나님의 사랑이 없다면 그의 믿음과 소망은 의미가 없는 잘 못된 믿음에 있는 것입니다.

 그와 반대로 하나님의 사랑이 그의 마음에 있는 것을 믿고 즉 내가 먼저 하나님을 사랑한 것이 아니고 하나님께서 나를 택하여 주셔서 하나님께서 나를 사랑으로 인도하여 주셔서 내가 예수님을 하나님의 아드님으로 믿고 예수님을 구세주로 믿는 믿음은 바른 믿음과 소망이 있는 자로 말할 수 없는 복을 받고 살아가는 자임에 틀림이 없는 것입니다. 그렇기 때문에 고린도전서 13장 13절 말씀에서 사랑은 하나님 사랑으로 믿음, 소망 중에서 가장 으뜸이 되는 것입니다.

 요한일서 4장 10절 말씀에서도 "사랑은 여기 있으니 우리가 하나님을 사랑한 것이 아니요 오직 하나님이 우리를 사랑하사" 있듯이 우리가 하나님을 사랑한 것이 아니고 하나님의 사랑이 먼저임을 확실히 믿을 수 있는 것입니다. 그리고 이러한 하나님의 사랑을 알기 위해서는 성경말씀을 읽고 말씀대로 순종할 때 하나님의 사랑을 알 수 있다고 성경말씀 요한일서 5장 1절~3절 말씀에서 말씀하고 계신 것입니다. "예수님께서 그리스도이심을 믿는 자마다 하나님께로서 난 자니 또한 내신 이를 사랑하는 자마다 그에게서 난 자를 사랑하느니라 우리가 하나님을 사랑하고 그의 계명들을 지킬 때에 이로써 우리가 하나님의 자녀 사랑하는 줄을 아느니라 하나님을 사랑하는 것은 이것이니 우리가 그의 계명들을 지키는 것이라 그의 계명들은 무거운 것이 아니로다"

 요한일서 4장 10절
"사랑은 여기 있으니 우리가 하나님을 사랑한것이 아니요 오직 하나님이 우리를 사랑하사 우리 죄를 위하여 화목제로 그 아들을 보내셨음이니라". 그렇습니다. 죄인 되었던 우리가 먼저 하나님을 사랑한 것이 아닌 것입니다. 하나님아버지께서먼저 죄인 된 우리를 사랑으로 택하여 주신 은혜로 예수님을 통해서 구원을 받을 수 있었던 것입니다.

하나님의 사랑이 있었기에 우리 믿음의 자녀들은 영적으로 고아와 같이 버려진 자녀들이 아닌 하나님의 사랑, 예수님의 사랑 안에 살아가고 있는 택함 받은 믿음의 자녀들인 것임을 요한일서 4장 13절, 15절, 16절 말씀에서 알 수 있습니다. "그의 성령님을 우리에게 주시므로 우리가 그 안에 거하고 그가 우리 안에 거하시는 줄을 아느니라",

"누구든지 예수님을 하나님의 아들이라 시인하면 하나님이 저 안에 거하시고 저도 하나님 안에 거하느니라 하나님이 우리를 사랑하시는 사랑을 우리가 알고 믿었노니 하나님은 사랑이시라 사랑 안에 거하는 자는 하나님 안에 거하고 하나님도 그 안에 거하시느니라"

육신적으로도 보면 자녀들이 먼저 부모님을 사랑하고 부모님을 위해서 헌신을 하며 살았습니까? 그렇지 않습니다. 먼저 부모님의 극진한 사랑을 받고 부모님으로부터 많은 헌신을 받아 성장을 할 수 있는 것인 것처럼 영적으로도 마찬가지입니다.

하나님, 예수님, 성령님을 믿을 수 있는 믿음을 주신 것은 하나님의 사랑으로부터 먼저 시작되는 것입니다. 죄인된 우리의 영혼을 구원하여 주시기 위해서 하나님의 사랑을 예수님을 통해서 나타내시고 또한 하나님은 그 사랑을 받고 자란 하나님의 자녀들이 하나님의 사랑을 믿음의 형제자매들에게 나누어 주시기를 원하고 계시며 또한 명령하고 계십니다. 그러기에 우리 믿음의 자녀들은 그 사랑을 형제자매들에게 베풀며 살아가야만 합니다.

 예수님을 영혼의 구원자로 믿지 않고 있는 모든 사람들은 아직 하나님의 사랑을 받을 때가 아니라 받지 못하고 사탄마귀에 영적인 노예로 살아가는 것입니다. 그러나 그 들 중에도 하나님의 사랑을 받을 택함 받을 백성이라면 육신의 삶을 다하기 전 언젠가는 하나님의 사랑을 받아 예수님을 영혼의 구세주로 영접하고 구원을 받을 수 있을 것입니다. 그리고 하나님의 사랑을 알 수 있는 것은 하나님의 말씀에 순종하는 삶을 살아갈 때 하나님의 사랑을 알 수 있다고 하셨습니다.

 요한일서 5장 1절~3절 "예수님께서 그리스도이심을 믿는 자마다 하나님께로서 난 자니 또한 내신 이를 사랑하는 자마다 그에게서 난 자를 사랑하느니라 우리가 하나님을 사랑하고 그의 계명들을 지킬 때에 이로써 우리가 하나님의 자녀 사랑하는 줄을 아느니라 하나님을 사랑하는 것은 이것이니 우리가 그의 계명들을 지키는 것이라 그의 계명들은 무거운 것이 아니로다"

 맞습니다. 성경말씀을 모르고 성경말씀이 이해가 되지 않고 성경말씀을 믿지 않는데 어떻게 하나님의 사랑, 예수님의 사랑을 알 수 있겠습니까 모를 수밖에 없는 것입니다. 그래서 우리는 말씀을 사랑하고 말씀을 읽고 말씀에 순종하며 살아가야 하는 것이 하나님의 사랑을 풍성히 누리며 살아가는 지름길이라고 말할 수 있고 또 하나님께서는 그렇게 되기를 원하시는 것입니다.

 이제 우리 믿음의 형제자매님들은 하나님의 사랑을 받은 것에만 그치지 않고 더욱더 그 분의 사랑을 풍성히 누르기 위해서라도 더욱더 말씀을 사랑하고 말씀에 순종하는 형제자매님들이 되시길 그리고 그분의 사랑을 믿음의 형제자매들에게 충분히 베풀며 살아가시는 여러분 들이 되시길 예수님의 이름으로 축원합니다.

요한일서 4장 7절~21절

사랑하는 자들아 우리가 서로 사랑하자 사랑은 하나님께 속한 것이니 사랑하는 자마다 하나님께로 나서 하나님을 알고 사랑하지 아니하는 자는 하나님을 알지 못하나니 이는 하나님은 사랑이심이라 하나님의 사랑이 우리에게 이렇게 나타난 바 되었으니 하나님이 자기의 독생자를 세상에 보내심은 저로 말미암아 우리를 살리려 하심이니라 사랑은 여기 있으니 우리가 하나님을 사랑한 것이 아니요 오직 하나님이 우리를 사랑하사 우리 죄를 위하여 화목제로 그 아들을 보내셨음이니라 사랑하는 자들아 하나님이 이같이 우리를 사랑하셨은즉 우리도 서로 사랑하는 것이 마땅하도다 어느 때나 하나님을 본 사람이 없으되 만일 우리가 서로 사랑하면 그의 사랑이 우리 안에 온전히 이루느니라 그의 성령님을 우리에게 주시므로 우리가 그 안에 거하고 그가 우리 안에 거하시는 줄을 아느니라 아버지가 아들을 세상의 구주로 보내신 것을 우리가 보았고 또 증거하노니 누구든지 예수님을 하나님의 아들이라 시인하면 하나님이 저 안에 거하시고 저도 하나님 안에 거하느니라 하나님이 우리를 사랑하시는 사랑을 우리가 알고 믿었노니 하나님은 사랑이시라 사랑 안에 거하는 자는 하나님 안에 거하고 하나님도 그 안에 거하시느니라 이로써 사랑이 우리에게 온전히 이룬 것은 우리로 심판날에 담대함을 가지게 하려 함이니 주님의 어떠하심과 같이 우리도 세상에서 그러하니라 사랑 안에 두려움이 없고 온전한 사랑이 두려움을 내어 쫓나니 두려움에는 형벌이 있음이라 두려워하는 자는 사랑 안에서 온전히 이루지 못하였느니라 우리가 사랑함은 그가 먼저 우리를 사랑하셨음이라 누구든지 하나님을 사랑하노라 하고 그 형제를 미워하면 이는 거짓말하는 자니 보는 바 그 형제를 사랑치 아니하는 자가 보지 못하는 바 하나님을 사랑할 수가 없느니라 우리가 이 계명을 주님께 받았나니 하나님을 사랑하는 자는 또한 그 형제를 사랑할지니라

요한일서 5장 1절~3절
예수님께서 그리스도이심을 믿는 자마다 하나님께로서 난 자니 또한 내신 이를 사랑하는 자마다 그에게서 난 자를 사랑하느니라 우리가 하나님을 사랑하고 그의 계명들을 지킬 때에 이로써 우리가 하나님의 자녀 사랑하는 줄을 아느니라 하나님을 사랑하는 것은 이것이니 우리가 그의 계명들을 지키는 것이라 그의 계명들은 무거운 것이 아니로다

고린도전서 16장 14절, 22절~24절
너희 모든 일을 사랑으로 행하라 만일 누구든지 주님을 사랑하지 아니하거든 저주를 받을찌어다 주님께서 임하시느니라 주 예수 그리스도의 은혜가 너희와 함께하고 나의 사랑이 그리스도 예수님의 안에서 너희 무리와 함께할찌어다

고린도전서 13장 1절~13절
내가 사람의 방언과 천사의 말을 할찌라도 사랑이 없으면 소리 나는 구리와 울리는 꽹과리가 되고 내가 예언하는 능이 있어 모든 비밀과 모든 지식을 알고 또 산을 옮길 만한 모든 믿음이 있을 찌라도 사랑이 없

으면 내가 아무것도 아니요 내가 내게 있는 모든 것으로 구제하고 또 내 몸을 불사르게 내어 줄찌라도 사랑이 없으면 내게 아무 유익이 없느니라 사랑은 오래 참고 사랑은 온유하며 투기하는 자가 되지 아니하며 사랑은 자랑하지 아니하며 교만하지 아니하며 무례히 행치 아니하며 자기의 유익을 구치 아니하며 성내지 아니하며 악한 것을 생각지 아니하며 불의를 기뻐하지 아니하며 진리와 함께 기뻐하고 모든 것을 참으며 모든 것을 믿으며 모든 것을 바라며 모든 것을 견디느니라 사랑은 언제까지든지 떨어지지 아니하나 예언도 폐하고 방언도 그치고 지식도 폐하리라 우리가 부분적으로 알고 부분적으로 예언하니 온전한 것이 올 때에는 부분적으로 하던 것이 폐하리라 내가 어렸을 때에는 말하는 것이 어린아이와 같고 깨닫는 것이 어린아이와 같고 생각하는 것이 어린아이와 같다가 장성한 사람이 되어서는 어린아이의 일을 버렸노라 우리가 이제는 거울로 보는 것 같이 희미하나 그때에는 얼굴과 얼굴을 대하여 볼 것이요 이제는 내가 부분적으로 아나 그때에는 주님께서 나를 아신 것같이 내가 온전히 알리라 그런즉 믿음, 소망, 사랑 이 세가지는 항상 있을 것인데 그 중에 제일은 사랑이라

로마서 8장 35절, 37절, 39절
누가 우리를 그리스도의 사랑에서 끊으리요 환난이나 곤고나 핍박이나 기근이나 적신이나 위험이나 칼이랴 그러나 이 모든 일에 우리를 사랑하시는 이로 말미암아 우리가 넉넉히 이기느니라 높음이나 깊음이나 다른 아무 피조물이라도 우리를 우리 주 그리스도 예수님 안에 있는 하나님의 사랑에서 끊을 수 없으리라

17. 기 도

 기도는 하나님아버지께 예수님의 이름으로 간절히 감사함으로 드립니다. 자신의 영혼과 예수님을 믿는 형제자매들의 영혼과 잃어버린 양들을 찾기 위해서 즉 영혼 구원을 위해서 기도드립니다. 믿음을 가지고 기도 하며 하나님의 뜻대로 되기를 기도합니다. 아래 말씀을 통해서 기도에 대한 바른 지혜를 가지시고 바른 믿음을 가지시기를 예수님의 이름으로 기도드립니다. 아멘.

 아래 말씀 구절들을 볼 때에 예수님께서는 하나님의 자녀들이 육신의 건강과 물질의 풍족함과 권력과 호의호식을 위해서 기도하라 하신 것이 아니고 영적으로 깨어 있도록 기도하라고 하십니다. 예수님을 믿음으로 하나님아버지를 믿음으로 기도하라 하시고 믿음이 떨어 지지 않도록 항상 쉬지 말고 기도하라고 하십니다. 하나님의 뜻대로 되어지기를 그리고 하나님아버지께 감사함으로 기도하라고 하십니다.
 예수님 자신 또한 마태복음 26장 36절~46절 기도 내용을 보시면 현재를 살아가고 있는 믿음의 자녀들을 위해서 그리고 앞으로 있을 믿음의 자녀들을 위해서 영적으로 깨어 있으라는 말씀의 지혜를 주시고 있으신 것으로 믿습니다.

　예수님께서 능력이 없으셔서 죽음에 대한 공포와 두려움으로 인해 기도 하신 것이 아닌 믿음의 자녀들에게 깨달음을 주시기 위해서 주신 기도의 말씀인 것으로 믿습니다. 물론 육신적이 삶을 위해서도 기도드릴 수 있겠습니다만 그보다 먼저 하나님아버지의 자녀들은 영적으로 구원받은 것에 감사드리고 영적으로 항상 깨어 있기를 하나님께 기도하는 자녀들이 되고 또한 주변의 영혼들도 하나님께 인도하는데도 열심히 기도하시기를 원하시는 것입니다.

마태복음 21장 22절
너희가 기도할 때에 무엇이든지 믿고 구하는 것은 다 받으리라 하시니라

야고보서 1장 5절~6절
너희 중에 누구든지 지혜가 부족하거든 모든 사람에게 후히 주시고 꾸짖지 아니하시는 하나님께 구하라 그리하면 주시리라 오직 믿음으로 구하고 조금도 의심하지 말라 의심하는 자는 마치 바람에 밀려 요동하는 바다 물결같으니

누가복음 21장 36절
이러므로 너희는 장차 올 이 모든 일을 능히 피하고 인자 앞에 서도록 항상 기도하며 깨어 있으라 하시니라

데살로니가전서 5장 17절
쉬지 말고 기도하라

누가복음 22장 32절
그러나 내가 너를 위하여 네 믿음이 떨어지지 않기를 기도하였노니 너는 돌이킨 후에 네 형제를 굳게 하라

골로새서 4장 3절
또한 우리를 위하여 기도하되 하나님이 전도할 문을 우리에게 열어 주사 그리스도의 비밀을 말하게 하시기를 구하라 내가 이것을 인하여 매임을 당하였노라

빌립보서 4장 6절~7절
아무것도 염려하지 말고 오직 모든 일에 기도와 간구로 너희 구할 것을 감사함으로 하나님께 아뢰라 그리하면 모든 지각에 뛰어난 하나님의 평강이 그리스도 예수님 안에서 너희 마음과 생각을 지키시리라

요한일서 5장 14절~15절
그를 향하여 우리의 가진 바 담대한 것이 이것이니 그의 뜻대로 무엇을 구하면 들으심이라 우리가 무엇이든지 구하는 바를 들으시는 줄을 안즉 우리가 그에게 구한 그것을 얻은 줄을 또한 아느니라

요한복음 16장 23절~24절
그날에는 너희가 아무것도 내게 묻지 아니하리라 내가 진실로 진실로 너희에게 이르노니 너희가 무엇이든지 아버지께 구하는 것을 내 이름으로 주시리라 지금까지는 너희가 내 이름으로 아무것도 구하지 아니하였으나 구하라 그리하면 받으리니 너희 기쁨이 충만하리라

〈예수님의 기도〉
마태복음 6장 9절~13절
그러므로 너희는 이렇게 기도하라 하늘에 계신 우리 아버지여 이름이 거룩히 여김을 받으시오며 나라이 임하옵시며 뜻이 하늘에서 이룬 것 같이 땅에서도 이루어지이다 오늘날 우리에게 일용할 양식을 주옵시고 우리가 우리에게 죄 지은 자를 사하여 준 것같이 우리 죄를 사하여 주옵시고 우리를 시험에 들게 하지 마옵시고 다만 악에서 구하옵소서 (나라와 권세와 영광이아버지께 영원히 있사옵나이다 아멘)

누가복음 22장 39절~46절
예수님께서 나가사 습관을 좇아 감람산에 가시매 제자들도 좇았더니 그곳에 이르러 저희에게 이르시되 시험에 들지 않기를 기도하라 하시고 저희를 떠나 돌 던질 만큼 가서 무릎을 꿇고 기도하여 가라사대 아버지여 만일 아버지의 뜻이어든 이 잔을 내게서 옮기시옵소서 그러나 내 원대로 마옵시고 아버지의 원대로 되기를 원하나이다 하시니 사자가 하늘로부터 예수님께 나타나 힘을 돕더라 예수님께서 힘쓰고 애써 더욱 간절히 기도하시니 땀이 땅에 떨어지는 피방울같이 되더라 기도 후에 일어나 제자들에게 가서 슬픔을 인하여 잠든 것을 보시고 이르시되 어찌하여 자느냐 시험에 들지 않게 일어나 기도하라 하시니라

요한복음 17장 1절~26절

18. 성령님의 열매; 하나님의 열매, 예수님의 열매

갈라디아서 5장 16절~26절 말씀을 통해서 성령님의 열매를 맺고 살아가기 위해서는 예수님을 구주로 믿는 우리 믿음의 자녀들이 해야 할 것이 무엇인지를 부인과 딸에게 물어 보았습니다. 대답은 하나님 말씀과 기도라고 했습니다. 맞습니다. 예수님의 자녀들은 예수님을 닮아 가는 삶을 살기 위해서는 기도와 말씀 그리고 찬송으로 영적으로 무장해서 사탄과 마귀와 싸워서 승리하는 삶을 살아가야 할 것입니다.

에베소서 6장 16절~17절 말씀에도 믿음의 방패를 가지고 구원의 투구와 성령님의 검 곧 하나님의 말씀을 가지라고 하셨습니다. 그렇습니다. 전쟁터에서 적군과 싸울 때 투구를 비롯해서 창과 방패없이 싸우면 패하듯이 믿음의 자녀들이 세상을 살아갈 때에 하나님 말씀이 없다면 그리고 믿음의 방패와 구원의 투구가 없다면 사탄과 마귀에 시험당하고 농락당할 수밖에 없는 것입니다. 성령님의 열매를 맺기 위해서는 말씀이 있어야 합니다.

에베소서 4장~6장에 그리스도인의 행위 말씀 들이 생각나서 어떤 일에 판단과 결정을 내릴 때 하나님 말씀이 생각나서 하나님 말씀대로 즉 하나님께서 기뻐하시는 판단과 결정을 내려야 하는 것입니다. 그래서 그 행위가 믿지 않는 영혼들에게도 유익이 되어 육체적으로나 영혼에 피해를 주지 않고 유익을 줘야 하는 것입니다.

 성령님의 열매는 성령님이 성도 안에 내재하시고 그분의 인도하심에 순종하는 성령 충만한 삶의 결과가 나타나는 것을 말합니다.(갈라디아서 5장 16~26), (고린도전서 13장 4~7)

내가 이르노니 너희는 성령님을 좇아 행하라 그리하면 육체의 욕심을 이루지 아니하리라 육체의 소욕은 성령님을 거스리고 성령님의 소욕은 육체를 거스리나니 이 둘이 서로 대적함으로 너희의 원하는 것을 하지 못하게 하려함이니라 너희가 만일 성령님의 인도하시는 바가 되면 율법 아래 있지 아니하리라 육체의 일은 현저하니 곧 음행과 더러운 것과 호색과 우상 숭배와 술수와 원수를 맺는 것과 분쟁과 시기와 분냄과 당 짓는 것과 분리함과 이단과 투기와 술취함과 방탕함과 또 그와 같은 것들이라 전에 너희에게 경계한 것같이 경계하노니 이런 일을 하는 자들은 하나님의 나라를 유업으로 받지 못할 것이요 오직 성령님의 열매는 사랑과 희락과 화평과 오래 참음과 자비와 양선과 충성과 온유와 절제니 이 같은 것을 금지할 법이 없느니라
그리스도 예수님의 사람들은 육체와 함께 그 정과 욕심을 십자가에 못박았느니라 만일 우리가 성령님으로 살면 또한 성령님으로 행할찌니 헛된 영광을 구하여 서로 격동하고 서로 투기하지 말찌니라

갈라디아서 5장 16절~26절 말씀을 통해서 성령님의 열매를 맺고 살아가야 하겠습니다.

예수님의 사랑 안에서 진리(하나님 말씀)와 함께 기뻐하는 자녀들이 되시고 성령님을 좇아 행하는 그리하여 육체의 일을 좇지 아니하는 성도님들이 되셔서 아래 성령님의 열매를 풍성히 맺고 살아가시는 성도님들이 되시길 예수님의 이름으로 기도드립니다.

에베소서 4장~6장
골로새서 3장 5절~25절
디모데전서 6장 3절~19절
갈라디아서 5장 16절~26절

19. 십일조(Tithe)

 하나님께 드리는 십일조는 구원받은 성도가 드릴 수 있는 특권인 것입니다. 수입의 10의1를 하나님께 마음과 정성을 다해서 드립니다. 십일조를 드린다고 해서 또 십일조를 많이 드린다고 해서 구원을 받는 것은 절대 아닙니다. 예수님께 자신의 죄를 회개하고 십자가의 보혈의 능력을 믿음만으로 구원받은 성도가 하나님의 명령복음 전파사역을 하기 위해서 하나님께 받치는 행위인 것입니다.
 십일조는 많음과 적음의 양과는 관계가 없고 오직 마음을 보시는 하나님입니다. 한 달 수입의 10의 1를 먼저 하나님께 드릴 것으로 정성껏 준비해 놓고 나머지 수입을 쓰는 성도가 되어야겠습니다.
 또한 십일조의 쓰임에도 중요합니다. 구약시대 때는 수입이 없는 레위인을 위해서 사용되었다고 했습니다. 그렇습니다. 하나님의 일을 하는 목사님, 전도사님, 기타 교회에서 100% 일하시는 분들 즉 특별히 돈을 벌기 위해서 경제적 활동을 하시지 않는 분들의 생활에 도움을 주기 위해서 사용될 수 있습니다. 그리고 전도와 선교, 구제사역을 위해서도 사용되어질 수 있습니다. 그리고 자신의 경제적인 수입을 위해서 하나님의 말씀에 벗어난 경제적 활동을 해서는안 됩니다.

마태복음 23장 23절
화 있을찐저 외식하는 서기관들과 바리새인들이여 너희가 박하과 회양과 근채의 십일조를 드리되 율법의 더 중한 바 의와 인과 신은 버렸도다 그러나 이것도 행하고 저것도 버리지 말아야 할찌니라

예수님께서 말씀하신 내용에도 있듯이 하나님 말씀에 어긋난 수입의 십일조는 하나님께서 원하지 않기 때문인 것입니다. 믿음의 성도들은 하나님의 말씀 안에서 열심히 경제적 활동으로 수입을 취해서 생활하고 정성껏 마음을 다해 준비한 십일조를 하나님께 바치는 것입니다.

하나님은 이스라엘 백성들에게 땅의 생산물, 나무와 과일, 소와 양의 10의 1를 바치라고 명령하셨습니다. (레위기 27장 30~32절, 신명기14장 22~29절)

레위기 27장30절~32절
땅의 십분 일 곧 땅의 곡식이나 나무의 과실이나 그 십분 일은 여호와의 것이니 여호와께 성물이라 사람이 그 십분 일을 속하려면 그것에 그 오분 일을 더할 것이요 소나 양의 십분 일은 막대기 아래로 통과하는 것의 열째마다 여호와의 거룩한 것이 되리니

신명기 14장 22절~29절

너는 마땅히 매년에 토지 소산의 십일조를 드릴 것이며 네 하나님 여호와께서 그 이름을 두시려고 택하신 곳에서 네 곡식과 포도주와 기름의 십일조를 먹으며 또 네 우양의 처음 난 것을 먹고 네 하나님 여호와 경외하기를 항상 배울 것이니라 그러나 네 하나님 여호와께서 그 이름을 두시려고 택하신 곳이 네게서 너무 멀고 행로가 어려워서 그 풍부히 주신 것을 가지고 갈 수 없거든 그것을 돈으로 바꾸어 그 돈을 싸서 가지고 네 하나님 여호와의 택하신 곳으로 가서 무릇 네 마음에 좋아하는 것을 그 돈으로 사되 우양이나 포도주나 독주 등 무릇 네 마음에 원하는 것을 구하고 거기 네 하나님 여호와의 앞에서 너와 네 권속이 함께 먹고 즐거워할 것이며 네 성읍에 거하는 레위인은 너의 중에 분깃이나 기업이 없는 자니 또한 저버리지 말찌니라 매삼 년 끝에 그 해 소산의 십분 일을 다 내어 네 성읍에 저축하여 너의 중에 분깃이나 기업이 없는 레위인과 네 성중에 우거하는 객과 및 고아와 과부들로 와서 먹어 배부르게 하라 그리하면 네 하나님 여호와께서 너의 손으로 하는 범사에 네게 복을 주시리라

　십일조는 하나님의 백성들의 소유가 하나님의 것임을 인정하는 믿음의 행위이며 감사하는 마음으로 자발적으로 드려야 했습니다.(고린도후서 9장 6~7절) 그러므로 십일조를 드릴 때는 하나님이 물질의 주인이신 것을 고백하며 자신이 물질의 청지기임을 인정하는 믿음의 고백이 수반되어야 합니다. 뿐만 아니라 나머지 10의 9도 하나님의 뜻 가운데 바르게 사용하겠다는 고백이 들어 있어야 합니다.

20. 천국과 지옥

천국과 지옥이 있다는 것은 그 곳에 갈 자(영혼)가 있기 때문입니다.

◆천국의 비밀을 아는 것이 허락 된 자(마태복음 13장 11절~23절)
◆천국에 들어 갈 자(마태복음 5장 3~12절)

〈천국과 지옥의 다른 표현들〉
◆천국(영생, 낙원, 새 하늘과 새 땅, 하나님 나라)
◆지옥(사망, 음부, 불과 유황, 불못, 영원한 불, 지옥불, 풀무불, 영벌)
(마태복음 11장 23절, 마태복음 13장 42절, 50절, 마태복음 16장 18절, 마태복음 18장 8절, 마태복음 21장 31절, 43절, 누가복음 6장 20절, 마가복음 9장 43절, 45절, 48절, 요한복음 3장 36절,
 요한계시록 21장1~8절, 베드로후서 3장 10~13절, 요한계시록 20장 12~15절 누가복음 23장 43절)

예수님을 구세주로 모시고 살아가는 우리들은 천국에 들어 갈 확신을 가지고 예수님의 재림을 소망하며 예수님께서 명령하신 복음전파 사역 즉 영혼 구원 사역에 각자에게 주어진 사명에 최선을 다하며 살아가는 성도님들이 되어야겠습니다.

21. 겸 손

예수님께서는 마태복음 11장 29절 "나는 마음이 온유하고 겸손하니 나의 멍에를 메고 내게 배우라 그러면 너희 마음이 쉼을 얻으리니" 라고 말씀하고 계십니다. 즉 예수님은 온유하고 겸손하신 분입니다. 구원받은 우리도 예수님을 본받아서 겸손하고 온유해야겠습니다. 그래야 마음의 평안을 누릴 수 있습니다. 그리고 말씀에서는 내게 배우라 즉 예수님께 배우라고 말씀하고 계십니다. 그러면 어떻게 하면 예수님한테 배울 수가 있는 것일까요 믿음의 자녀들은 이것을 잘 알고 있습니다. 즉 성경말씀을 통해서 배울 수가 있는 것입니다.

우리 믿음의 자녀들은 끊임없이 성경말씀을 통해서 하나님과 교통하고 예수님과 교통하고 성령님과 교통할 수 있는 것입니다. 왜냐하면 말씀이 곧 하나님, 예수님, 성령님이시기 때문입니다. 물론 교회에서 목사님, 전도사님, 권사님, 집사님 등을 통해서도 말씀을 배울 수가 있습니다만 결국 그들도 성경말씀을 통해서 하나님의 은혜로 말씀을 가르칠 수가 있는 것입니다.

겸손의 반대말은 교만입니다. 한때 나 자신도 예수님을 믿지 않았을 때는 교만으로 꽉 차여 있어 사탄 마귀에 사로 잡혀 있을 때에도 있었는데 하나님아버지의 은혜로 택함을 받고 죄인임을 예수님께 회개하고 예수님을 구세주로 믿고 구원받을 수 있었습니다.

 하지만 예수님을 믿지 않았던 때를 생각하면 저 자신이 얼마나 교만했는지를 알 수 있었습니다. 그렇습니다. 현재 예수님을 믿지 않고 성경말씀을 믿지 않는 사람들은 전부 하나님이 보시기에 교만한 것입니다. 결국 인간은 시간이 되면 흙으로 돌아가고 예수님 앞에서 심판을 받게 되어 있는데 인간들은 자신이 현재 살아 있는 것에 만족해서 평생 건강할 것으로 착각 속에 빠져 있는 것입니다.

 뉴스에서 또 대기업 회장이 자살을 한 사건이 매일 방송에서 이슈가 되고 있습니다. 살아 계실 때는 재산이 몇 백 억원의 가치를 소유했던 분인데 자살로 인해 회사의 주가 가치가 바닥으로 떨어져 오히려 빚더미에 앉게 되었다는 소식을 접할 수 있었습니다. 인간은 어느 누구도 죽을 때 아무것도 가지고 갈 수 없습니다. 빈손으로 와서 빈손으로 가는 것입니다. 그리고 예수님 앞에서 심판을 받아야 합니다. 영생(천국)의 심판이냐 영벌(지옥)의 심판이냐 두 가지 중 한 가지를 꼭 받게 되어 있습니다. 인간이 자살을 한다는 것은 그 누구도 영생의 심판을 받을 수 없습니다. 영벌의 심판을 받습니다. 구원받았다고 주장하는 사람도 자살을 하면 그 사람은 자신이 착각하고 있는 것이지 영생(천국)의 심판을 받을 수는 없는 것입니다. 구원받은 성도는 자신의 몸이 자신의 것이 아니라 하나님아버지의 것이기 때문에 자신이 함부로 자신의 몸을 해할 수 없기 때문입니다.

 하나님의 은혜로 구원받은 성도들은 하나님께 감사하면서 하나님께서 명령하신 것들에 순종하면서 살아야 하겠습니다. 겸손하고 온유하라고 말씀하신 것에 순종하면 살아야 합니다. 하나님은 교만한 자를 물리치시고 겸손한 자에게 은혜를 주신다 하였습니다.

예수님 자신이 겸손하고 온유하다고 하셨습니다. 예수님께 붙은 우리 구원받은 자들은 예수님의 성품을 닮아가는 삶을 살아야 하기 때문에 겸손하고 온유해야 합니다. 그러기 위해서는 말씀을 통해서 예수님으로부터 가르침을 받아야 합니다. 이는 성경말씀을 통해서 확실히 알 수 있기 때문입니다. 말씀을 사랑하고 말씀에 순종하는 자녀들이 되도록 노력하고 애씁시다. 그리고 나 자신이 믿는 자들이나 믿지 않는 자들에게나 온유하고 겸손한 자가 될 수 있도록 노력하고 애씁시다.

베드로전서 5장 5절~6절
젊은 자들아 이와 같이 장로들에게 순복하고 다 서로 겸손으로 허리를 동이라 하나님이 교만한 자를 대적하시되 겸손한자들에게는 은혜를 주시느니라 그러므로 하나님의 능하신 손 아래서 겸손하라 때가 되면 너희를 높이시리라

베드로전서 3장 8절
마지막으로 말하노니 너희가 다 마음을 같이하여 체휼하며 형제를 사랑하며 불쌍히 여기며 겸손하며

야고보서 4장 6절
그러나 더욱 큰 은혜를 주시나니 그러므로 일렀으되 하나님이 교만한 자를 물리치시고 겸손한 자에게 은혜를 주신다 하였느니라

골로새서 3장 12절
그러므로 너희는 하나님의 택하신 거룩하고 사랑하신 자처럼 긍휼과

자비와 겸손과 온유와 오래 참음을 옷 입고
빌립보서 2장 3절
아무 일에든지 다툼이나 허영으로 하지 말고 오직 겸손한 마음으로 각각 자기보다 남을 낫게 여기고

에베소서 4장 2절
모든 겸손과 온유로 하고 오래 참음으로 사랑 가운데서 서로 용납하고

마태복음 11장 29절
나는 마음이 온유하고 겸손하니 나의 멍에를 메고 내게 배우라 그러면 너희 마음이 쉼을 얻으리니

이사야 29장 19절
겸손한 자가 여호와를 인하여 기쁨이 더하겠고 사람 중 빈핍한 자가 이스라엘의 거룩하신 자를 인하여 즐거워하리니

잠언 16장 19절
겸손한 자와 함께하여 마음을 낮추는 것이 교만한 자와 함께 하여 탈취물을 나누는 것보다 나으니라

시편 149편 4절
여호와께서는 자기 백성을 기뻐하시며 겸손한 자를 구원으로 아름답게 하심이로다.

22. 침 례

"침례"가 "세례"보다 완전히 성경적이기 때문입니다. 그리스도인은 성경대로 믿고 성경대로 실행하는 사람입니다. 그리스도인은 진리를 거슬러서는 아무것도 할 수 없고 오직 진리를 위해서만 할 수 있기 때문이다. 그러기 때문에 성경에 세례라고 써있는 글은 전부 다 침례로 바꿔서 읽고 뜻을 침례로 받아야만 합니다.

아래 말씀구절을 통해서 볼 때 예수님도 요단강에서 요한에게 침례를 받았음을 확실히 알 수 있습니다

마태복음 3장 13절~17절
이때에 예수님께서 갈릴리로서 요단 강에 이르러 요한에게 침례를 받으려 하신대 요한이 말려 가로되 내가 당신에게 침례를 받아야 할 터인데 당신이 내게로 오시나이까 예수님께서 대답하여 말씀하시대 이제 허락하라 우리가 이와 같이하여 모든 의를 이루는 것이 합당 하니라 하신대 이에 요한이 허락하는지라 예수님께서 침례를 받으시고 곧 물에서 올라오실쌔 하늘이 열리고 하나님의 성령님이 비둘기같이 내려 자

기 위에 임하심을 보시더니 하늘로서 소리가 있어 말씀하시되 이는 내 사랑하는 아들이요 내 기뻐하는 자라 하시니라

　마태복음 3장 13절~17절의 말씀을 보더라도 물 뿌림의 세례가 아닌 물에 잠기는 죽음과 다시 물 위로 올라오는 부활을 상징하는 침례가 맞는 것을 확인 할 수 있는 말씀 구절입니다.
　예수님께서는 침례를 받으시기 위해서 요단강으로 가신 것을 확인 할 수 있습니다. 침례를 받기 위해서는 몸이 잠길 수 있는 물의 양이 있는 강이 매우 적절한 곳이었던 것입니다.
　그리고 말씀에도 있듯이 예수님께서 침례를 받으시고 "곧 물에서 올라오실쌔"라고 씌여져 있습니다. 즉 물에 잠겼다가 물 위로 올라오는 의식을 행하셨던 것을 확실히 말해 주는 성경구절인 것입니다.
　물 뿌림의 세례의식은 물이 많은 강가를 찾을 필요도 없으며 또 물 위로 올라오는 것도 필요 없는 것입니다. 다시 말씀드리자면 예수님께서는 세례를 받으신 것이 아니라 침례를 받으신 것을 확실히 알 수 있습니다.
　요한복음 3장 23절 "요한도 살렘 가까운 애논에서 침례를 주니 거기 물들이 많음이라 사람들이 와서 침례를 받더라". 물들이 많음이라 말씀에서도 알 수 있듯이 물 뿌림의 의식에서는 물이 많을 필요가 없습니다. 그러나 침례의식은 사람의 몸이 물속에 잠길 정도가 되어야 되기 때문에 물의 양이 많아야 의식을 치룰 수 있기 때문에 물들이 많은 강가 정도에서 침례의식을 행한 것임을 알 수 있는 성경구절인 것입니다.

마가복음 1장 9절~12절
그때에 예수님께서 갈릴리 나사렛으로부터 와서 요단 강에서 요한에게 침례를 받으시고 곧 물에서 올라오실쌔 하늘이 갈라짐과 성령님이 비둘기같이 자기에게 내려오심을 보시더니 하늘로서 소리가 나기를 너는 내 사랑하는 아들이라 내가 너를 기뻐하노라 하시니라 성령님이 곧 예수님를 광야로 몰아내신지라

누가복음 3장 21절~22절
백성이 다 침례를 받을쌔 예수님도 침례를 받으시고 기도하실 때에 하늘이 열리며 성령님이 형체로 비둘기같이 그의 위에 강림하시더니 하늘로서 소리가 나기를 너는 내 사랑하는 아들이라 내가 너를 기뻐하노라 하시니라

"물에 잠기는" 것(침수)은 자신이 그리스도와 함께 죽었고 묻혔다(장사됨)는 것을 "물에서 올라오는" 것은 그리스도와 함께 부활했다는 것을 의미하는 것입니다. 침례가 세례가 될 수 없는 이유는 침례는 죽음을 의미하지만 물 뿌리는 세례는 죽음과 관계없기 때문입니다.

즉 침례(물에 잠겼다가 일어나는 예식)는 완전히 죽는 것과 묻힌 것과(장사됨) 부활한 것을 상징하는 것입니다.
너희가 침례로 그와 함께 장사되었고 또 하나님께서 그를(주 예수님을) 죽은 자들로부터 살리신 역사를 믿음으로 말미암아 너희도 그

와 함께 살아났느니라(골로새서 2장 12절) 예수 그리스도를 개인의 구주로 영접한 사람은 자신이 예수 그리스도와 함께 죽은 자로서 죄에게는 죽은 자요 예수 그리스도 우리 주로 말미암아 하나님께는 산 자로 여기며 살아야 합니다.

침례는 자신의 죄를 인지하고 예수 그리스도에 대한 믿음을 공개적으로 고백한 그리스도인에게 주는 것이 성경적입니다.

예수님도, 제자들도, 초대교회들도 모두 침례를 주었습니다. 우리가 침례를 받는 것은 우리가 더 이상 세상과 같지 않다는 것을 고백하는 것입니다. 공개적으로 자신이 예수 그리스도와 함께 죽었고 장사되고 부활하는 것을 보여주는 영적 변화에 대한 한 의식인 것입니다.

침례를 받았기 때문에 그리스도인이 되는 것이 아니라 그리스도인이 된 사람에게 침례를 베푸는 것입니다.

- 산상설교 -

예수님의 산상설교 1 (마태복음 5장 1절~48절)

마태복음 5장 1절에서부터 48절까지 말씀은 예수님께서 제자들에게 말씀해 주신 산상설교의 말씀입니다. 성경말씀을 해석할 때에는 문자적으로 해석할 때가 있고 뜻으로 해석할 때가 있습니다.

29절 말씀에서 "만일 네 오른 눈이 너로 실족케 하거든 빼어 내버리라"라는 해석은 정말로 오른 눈을 빼어 내버리라는 것이 아니라 그러한 죄를 멀리 하라는 뜻으로 해석을 해야 합니다. 그리고 "실족케 하거든"의 뜻은 죄를 짓게 하는 원인이 되는 것으로 이해하시면 되겠습니다.

그리고 30절에서도 "또한 만일 네 오른손이 너로 실족케 하거든 찍어 내버리라"는 해석도 정말로 오른손을 찍어 내버리라는 뜻으로 해석하면 안 되고 그러한 죄에서 멀리할 수 있도록 그러한 죄를 짓지 않고 살아갈 수 있도록 노력하고 애쓰라는 뜻으로 해석해야 합니다.

이 예수님의 산상설교 1에서 믿음의 자녀들은 어떻게 세상을 살아가야 할지를 잘 말씀해 주시고 계십니다. 48절 말씀에서 예수님께서는 "그러므로 하늘에 계신 너희 아버지의 온전하심과 같이 너희도 온전하라"고 말씀하고 계십니다. 그렇습니다. 믿음의 자녀들은 하나님아버지를 닮아가는 삶 즉 예수님을 닮아가는 삶을 살아가도록 노력하고 애를 써야 합니다. 그리고 영적으로 복을 받은 우리 자녀들은 빛의 자녀들처럼 소금의 역할을 하며 살아가야 합니다. 소금이 짠 맛을 못 내면 소금의 의미가 없는 것처럼 믿음의 자녀들은 소금의 맛처럼 짠 맛을 확실히 내는 자녀들이 되어야겠습니다.

"심령이 가난한 자는 복이 있나니 천국이 저희 것임이요"

심령 즉 영혼을 말씀하는 것이고 가난한 자는 의지할 것 없고 가진 것이 하나도 없는 불쌍한 자 다시 말해서 영혼을 오직 예수님께만 의지한 자는 복이 있다는 말씀입니다.

마가복음10장 14절에서는 어린아이에 비유를 했는데 어린아이는 혼자서 살아갈 수 없는 존재입니다. 스스로 경제활동을 해서 살아갈 수 있는 능력을 가지지 못합니다 그래서 누군가에게 의지해서 살아가야 하는 것입니다. 이처럼 자신의 능력을 부인하고 오직 예수님께만 의지해서 살아가는 영혼이 복을 받을 수가 있는 것입니다. 내가 잘나서 내가 능력이 많아서 내가 돈이 많아서 영혼이 평안해지는 것이 아닙니다. 오직 하나님께서 택하여 주셔서 영혼이 가난한 자로 태어나게 된 것입니다.

영혼이 부자로 태어나면 예수님 외에 다른 것을 의지하게 되고 욕심과 탐욕을 가지게 되어 영혼이 평안할 수 없게 되는 것입니다. 예수님께서 산상설교에서 제자들에게 첫 번째로 말씀하신 것은 택함 받은 백성에게 하신 말씀이고 또 예수님의 제자 즉 하나님의 자녀가 될 수 있는 가장 핵심적인 말씀인 것입니다 영혼이 가난한 자 즉 자신이 죄인임을 시인하고 하잘 것 없고 보잘 것 없는 죄인 된 자신을 택하여 주신 은혜에 감사하면서 예수님만 바라보며 의지할 수 있는 마음을 가질 수 있도록 인도하여 주신 하나님의 은혜에 감사드리는 하나님의 자녀들이 되어야겠습니다.

믿음의 자녀들이 성경말씀을 읽을 때 잊어버려서는 안 되는 핵심이 있습니다. 그것은 성경말씀에서 하시고 있는 말씀을 육신적인 것에 맞추는 것이 아니라 영적인 것에 맞춰서 믿어야 하는 것입니다.

7절 말씀에서도 긍휼히 여기는 자는 복이 있나니 말씀에서도 육신적인 것에 맞춰 불쌍히 여기라는 뜻이 아니고 영적인 것에 맞춰 예수님 믿지 않고 있는 주변의 영혼을 불쌍히 여기는 자는 복이 있다는 뜻인 것입니다. 그래서 그 영혼들을 위해서 기도하고 바른 성경말씀을 전하여 예수님께 인도하는 영적인 일에 열심히 내는 영혼에 대한 긍휼히 여길 수 있는 자가 복을 받는다는 말씀입니다.

9절 말씀에서도 "화평케 하는 자는 복이 있나니". 여기서도 영적으로 화평케 하는 자 교회 안에서 가정에서 사회에서 학교에서 군대에서, 어느 곳에서나 예수님을 믿는 자들은 자신의 이익을 추구하지 않고 하나님께서 칭찬을 받을 수 있도록 예수님의 사랑을 나타내며 예수님의 사랑을 실천하는 화평의 전도사들이 다 되어야 하는 것입니다.

10절 말씀에서 "의를 위하여 핍박을 받은 자는 복이 있나니 천국이 저희 것임이라", "의" 즉 진리, 말씀, 하나님, 예수님, 믿음, 복음 등 때문에 핍박을 받은 자를 말씀하는 것입니다. 하나님의 자녀들인 저희들은 하나님을 전하다 핍박을 받은 자가 되어야 하고 예수님을 위하여 일하다 핍박을 받은 자가 되어야 하고 진리의 말씀을 전하다 핍박을 받아야 하고 복음을 전하다 핍박을 받은 자가 되어야만 천국이 저희 자신들의 것이 되는 것입니다. 이런 자들이 사회에서 가정에서 학교에서 군에서 교회에서 바른 일꾼으로 자라지 않을 수가 없는 것은 말씀으로 무장된 자들은 반드시 행동으로 반영되기 때문일 것입니다.

 예수님의 산상설교 1 즉 마태복음 5장 말씀에서 맨 마지막 48절에 "그러므로 하늘에 계신 너희 아버지의 온전하심과 같이 너희도 온전하라"고 말씀하고 계십니다. 하나님의 자녀라 인 치심을 받은 하나님의 자녀들은 예수님의 산상설교 1에 말씀하고 계신 명령에 준행하는 자들이 다 되어야 합니다. 그 이유는 48절에 명확히 설명하고 있는 이유인 것입니다. 하늘에 계신 우리 아버지의 온전하심과 같이 하나님의 자녀들로 택함을 받은 우리가 온전해야하는 이유가 여기에 있는 것입니다.

예수님의 산상설교 2 (마태복음 6장 1절~34절)

마태복음 6장 1절에서부터 34절까지 말씀 중에서 가장 핵심은 33절 "너희는 먼저 그의 나라와 그의 의를 구하라 그리하면 이 모든 것을 너희에게 더하시리라" 말씀입니다. 그의 나라는 하나님의 왕국 즉 천국을 말씀하시는 것이고 그의 의는 하나님아버지의 의를 말씀하시는 것입니다. 우리 믿음의 자녀들은 이 세상을 살아갈 때에 항상 염두에 두고 해야 할 것은 하나님의 왕국과 하나님의 뜻을 먼저 생각하며 그에 합당한 삶을 살아갈 수 있도록 기도하며 실천해야 합니다.

그리고 34절 말씀의 뜻은 하루하루를 최선을 다해 열심히 살아가라는 말씀입니다. 우리가 육신의 삶을 살기 위해서 저마다 일을 하며 살아가는데 혹시 주일날을 지키지 못하는 일을 해가며 살아가는 것은 하나님의 뜻이라 할 수 없습니다. 만약 그러한 일에 처하게 되면 하나님께 기도하면서 주일날을 지킬 수 있는 일자리를 구할 수 있도록 기도하면서 자신은 또한 열심히 전문지식을 익히거나 전문기술을 익혀서 일자리를 옮겨 주일을 지키는 자들이 되어야 하겠습니다.

기도할 때는 중언부언(뜻 없는 말을 반복하는 것)하지 말고 외식하는 자같이 하지 말고 또한 말은 많이 하여야 들으실 줄 생각하지 말고 기도할 때는 말과 뜻이 확실히 전달될 수 있는 기도를 해야 하며 기도는 때와 장소를 구별하지 않고 하나님아버지께 은밀히 드리는 기도가 되어야 하는 것입니다.
 그리고 구제에 대한 말씀은 오른손이 하는 것이 왼손이 모르게 하라 말씀하고 계십니다. 간혹 구제를 한답시고 자신의 명예와 이름을 남기기 위해서 가식적으로 하면 안 된다고 말씀하고 계시며 금식에 대한 말씀도 18절
 "금식하는 자로 사람에게 보이지 않고 오직 은밀한 중에 계신 네 아버지께 보이게 하려함이라 은밀한 중에 보시는 네 아버지께서 갚으시리라"라고 말씀하고 계십니다. 우리 믿음의 자녀들은 금식할 때에 살을 빼기 위해서 금식을 하는 것이 아니라 영적으로 성장하기 위해서 믿음의 성장을 위해서 나와 하나님의 관계를 더욱 돈독하게 하기 위해서 금식을 해야 하는 것입니다.
 그리고 하나님과 재물 중 어느 것을 섬기겠느냐 하면 우리 믿음의 자녀들은 하나님아버지를 섬겨야하는 것입니다. 그리고 재물을 땅에 쌓아 놓는 것이 아니라 하늘에 쌓아 두는 자들이 되어야겠습니다.

 마태복음 6장 9절부터 13절 기도에서 10절 "나라이 임하옵시며"에서 "나라이"의 뜻은 천국을 말하며 "뜻이 하늘에서 이룬 것 같이"에서 "뜻"은 하나님의 뜻을 말합니다.
 11절 말씀은 나 자신의 탐심 조절을 위한 기도이며 "일용할 양식"의

뜻은 하루 먹을 양식이며.

 12절 말씀은 인간관계 및 우리의 죄를 용서해 주시기를 기도하는 것입니다.

 13절 말씀은 영혼을 위한 기도입니다.

 22절 말씀에서의 눈은 영적인 눈을 말씀하시는 것입니다.

 예수님을 영혼의 구세주로 모시게 하여 주신 영적인 눈을 가진 자는 어두움에 있지 않고 그와 반대인 자는 어둠 속에 있다는 뜻입니다.

 지난번에도 말씀드렸듯이 믿음의 자녀들이 성경말씀을 읽을 때 잊어 버려서는 안 되는 핵심이 성경말씀에서 하시고 있는 말씀을 육적인 것에 맞추는 것이 아니라 영적인 것에 맞춰서 믿어야 하는 것을 다시 한번 알 수 있는 은혜의 시간이었습니다.

예수님의 산상설교 3 (마태복음 7장 1절~29절)

　마태복음 7장 1절에서부터 29절까지 말씀 중에서 가장 핵심은 24절 "그러므로 누구든지 나의 이 말을 듣고 행하는 자는 그 집을 반석 위에 지은 지혜로운 사람 같으리니" 말씀입니다.
　예수님의 산상설교 1, 2, 3 말씀에 순종하는 자는 지혜로운 사람이고 또 그가 천국에서 하나님아버지와 영원히 함께하는 자들이기 때문입니다. 하나님 말씀에 순종치 않은 자들은 21절~23절 말씀처럼 주님, 주님 찾았지만 결국은 예수님께서 도무지 누군지 알지 못한다고 불법을 행하는 자들이라고 말씀하고 계신 것입니다. 아주 무서운 말씀인 것입니다.
　예수님, 하나님, 주님을 수백 번, 수천 번, 수만 번 찾고 부르고 찾았지만 모든 종교를 인정하고, 제사 지내는 것을 인정하고, 하나님 말씀에 없는 것을 첨가하고, 오직 하나님만을 섬기라고 하신 말씀을 부인하고, 예수님만이 구세주이신 것을 부인하고, 말씀대로 행치 아니한 자들은 결국 천국에 들어갈 수 없는 것입니다.
　천주교인 기독교인들이 하나님아버지를 찾고 예수님을 찾았지만 하나님 말씀, 성경말씀대로 행치 않은 자들은 예수님 보시기에 불법을 저지른 자들로 천국행으로 심판을 받을 수 없다는 아주 무서운 말씀인 것입니다. 목사라고 해서, 전도사라고 해서, 권사라고 해서, 집사라고 해서, 성도라고 불림을 받는다고 해서 다 천국에 갈 수 없다는 뜻입니다.

 그러면 누가 천국에서 하나님아버지, 예수님을 만나 영원한 생명을 살 수 있다는 말씀인가면 예수님 산상설교 1 마태복음 5장 3절 "심령이 가난한 자는 복이 있나니 천국이 저희 것임이요". 즉 영혼의 구원을 받은 자로 하나님 말씀대로 순종하면서 성령님의 열매를 맺고 살아가는 자들이 천국에 들어갈 수 있다고 예수님 산상설교 3 마태복음 7장 24절에 지혜로운 자로 강조하고 계신 것입니다.

 마태복음 7장 6절 말씀에서 거룩한 것을 개에게 주지 말며 라고 하셨을까? 많은 생각을 했습니다. 거룩한 것은 예수님의 복음인데 왜 개에게 주지 말라 하셨을까? 여기서 개는 개 같은 사람을 말하는 것입니다. 그리고 진주를 돼지 앞에 던지지 말라도 돼지 같은 사람을 말하는 것입니다.

 6절 말씀 후반부를 보면 저희가 그것을 발로 밟고 돌이켜 너희를 찢어 상할까 염려하라고 말씀하셨습니다. "저희가"라고 말씀하신 것은 사람을 지칭하는 대명사이고 또 개나 돼지 같은 동물이 사람을 상하게 할 수는 없다는 것을 잘 알고 있습니다. 즉 여기서 말하는 개와 돼지는 사람이니 사람을 해하고 상하게 하는 것입니다. 그러면 왜 하필이면 개 같은 사람일까? 십자가의 한 강도도 한때는 개보다도 못한 사람이었는데 구원받았지 않았습니까? 저는 오늘 은혜를 받은 것이 개는 개의 특성상 주인이 바뀌도 새로운 주인에게 충성을 다하고 귀염을 받기 위해서 꼬리를 흔들어 가며 새로운 주인을 섬기는 특징이 있다는 것입니다.
 예수님을 구세주로 믿는 구원받은 자녀들은 예수님 이외에 다른 신을 섬길 수 없다는 것을 잘 알고 있습니다만 그렇지 못한 자들은 왜 예수님만이 구세주냐 다른 신들도 믿으면 다 구원해주신다고 주장하는 자들 그들이 개 같은 자들인 것입니다. 그래서 예수님께서는 예수님의 복음을 개 같은 자들에게 주지 말라고 하신 것입니다.
 또 진주를 돼지 앞에 던지지 말라 하셨는데 진주는 아주 귀하고 소중한 것인데 돼지 앞에 던지지 말라는 것은 돼지 같은 사람한테 던지지 말라는 뜻인 것입니다. 돼지는 진주를 좋아하지 않습니다. 단지 먹을 것만 있으면 그것이 상한 것이든, 냄새 나는 것이든 상관없이 먹을 것에만 집중한다는 특징이 있지요. 예수님 믿는 구원받은 자들이 가지고 있는 소중한 것이 무엇이겠습니까? 그것은 영혼의 구원받은 은혜인 것입니다. 그것보다 소중한 것이 무엇이겠습니까? 영혼의 구원을 받은 은혜야말로 귀하고 소중한 것입니다.
 돼지 같은 사람은 영혼을 중요시하지도 않으면서 또 영혼이 있다는 것을 부정하고 단지 육신적인 삶에만 만족하면서 인생을 만끽하는 자들이라고 볼 수 있는 것입니다. 개 같은 자, 돼지 같은 자 둘 다 천국에 갈 수 없는 자들을 소개하는 것입니다. 결국 개 같은 자들은 다신론자들을 말할 수 있고 더 핵심은 예수님만을 구세주로 영접하지 않은 자를 말하는 것입니다. 돼지 같은 자는 고귀하고 소중한 영혼의 구원을 고귀하고 소중한 것으로 깨닫지 못하는 자들을 말할 수 있는 것입니다.
 이같이 예수님께서는 아주 재미있게 표현을 들어서 설명했다고 생각이 듭니다. 그리고 여기서 알아 볼 수 있는 것은 믿음의 자녀들은 예수님의 복음을 전도하여야 한다는 것을 알 수 있습니다. 6절 말씀도 전도 하는 자들에게 주시는 말씀인 것입니다. 전도도 하지 않는데 이러한 말씀을 예수님께서 주실 리가 없는 것입니다.

 믿음의 자녀들은 세상에 나아가서 복음을 전할 때 이러한 자들을 피해서 복음을 전하라는 말씀인 것입니다. 이어서 7절 말씀과도 연관이 되는 것이 7절 말씀을 6절 말씀에 연이어서 보면 믿음의 자녀들이 6절 말씀에 있는 사람들을 만나도 실망을 하지 말고 빨리 돌이켜 새로운 사람들에게 복음을 전해서 하나님의 자녀들을 만나라는 뜻입니다 그러하면 8절 말씀처럼 "구하는 이마다 얻을 것이요 두드리는 이에게 열린다"고 말씀하셨기 때문입니다.

 저희 믿음의 자녀들은 개 같은 자도 아니요 돼지 같은 자도 아닙니다. 하지만 성경말씀에 어긋난 것을 또 성경말씀에 없을 것을 더하거나 빼거나 하면서 예수님을 증거하면 그 결과가 어떻게 된 다는 것을 오늘 말씀을 통해서 깨달을 수 있었습니다.

 주님, 주님 찾아도 말씀에 없는 것을 더하거나 빼거나 또 말씀대로 행하지 않는 영혼들의 결말이 어떻다는 것을 깨닫게 하여 주신 예수님의 은혜에 감사드리며 믿음의 성도님들도 이 산상설교 1, 2, 3 말씀을 통해서 많은 은혜 받는 시간이 되시기를 예수님의 이름으로 기도드립니다. 아멘.

에베소서

에베소서 1장

 사도 바울도 예수님을 믿기 전에는 예수님을 비방, 모략하고 예수님 제자들을 핍박하고 고통을 주던 자였던 그가 에베소서 서신을 에베소 성도에게 보낼 수 있었던 것은 다 성령님께서 역사하신 것으로 믿습니다. 오늘 예배를 통해서 에베소서 1장 말씀을 읽어 내려가면서 그 뜻을 새겨 보았습니다.
 바울은 어떻게 이런 글을 쓸 수 있었을까 생각해 보았습니다. 그 답은 예수님께 구원받은 바울은 성령님께서 그를 통해서 역사하고 있기 때문이라고 믿게 되었습니다. 에베소서 1장 4절, 7절, 10절, 14절 말씀을 기록하게 할 수 있었던 것은 성령님께서 바울을 통해서 에베소에 있는 성도들에게 하시고자 하시는 말씀을 한 것으로 봅니다. 더 나아가서 현재를 살고 있는 믿음의 성도들에게 또한 앞으로 예수님을 믿고 구원받을 성도들에게 하시고자 하는 말씀을 주신 것으로 믿습니다.
 바울은 하나님께 너무나 많은 은혜를 받았다고 생각합니다. 예수님을 믿고 구원받은 바울은 예수님을 믿기 전의 삶과 180도 완전히 바

뀐 다른 삶을 산 것입니다. 모든 부귀영화를 버려 버리고 오직 예수님을 증거하는 삶 예수님의 복음을 전파하는 삶 예수님이 누구인가를 증거하는 삶 즉 예수님께 모든 영광을 돌리기 위해서 살았습니다. 바울의 맘속에는 성령님께서 내주항존하고 계셨기 때문에 이러한 글을 쓸 수 있었을 것으로 믿습니다.

저는 이 글을 읽으면서 요한복음 14장 26절 말씀을 상기하였습니다.

"보혜사(성령님) 곧 아버지께서 내 이름(예수님)으로 보내실 성령님 그가 너희에게 모든 것을 가르치시고 내가(예수님) 너희에게 말한 모든 것을 생각나게 하시리라". 이 말씀은 예수님께서 십자가에 돌아가시기 전에 제자들에게 해 주신 말씀인 것입니다. 그렇습니다. 예수님은 지금도 또 앞으로도 성령님을 통해서 계속 활동하고 계신 것입니다.

사도 바울이 어떻게 이러한 지식과 믿음을 가지고 이러한 글을 쓸 수 있었겠습니까? 그것은 성령님의 활동이 아니고서는 말할 수 없다고 믿습니다.

에베소서 1장 4절 말씀을 보십시오. "곧 창세전에 그리스도 안에서 우리를 택하사 우리로 사랑 안에서 그 앞에 거룩하고 흠이 없게 하시려고"

말씀에서 놀라움을 금할 길 없는 것은 창세전에 예수님 안에서 우리를 택하셨다는 것입니다 누구를, 구원받은 성도를 말씀하신 것입니다. 구원받은 성도는 언제부터 하나님의 자녀인가면 창세전부터 라는 것을 알 수 있는 구절인 것입니다.

바울은 이 내용을 어떻게 알 수 있었을까 그것은 성령님의 활동으로밖에는 설명할 수 없습니다. 요한복음 14장 26절 말씀을 믿으시면 이해하실 수 있을 것입니다.

또 에베소서 1장 말씀에서 중요한 것은 7절 말씀 "우리가 그리스도(예수님) 안에서 그의(예수님) 은혜의 풍성함을 따라 그(예수님)의 피로 말미암아 구속 곧 죄사함을 받았으니". 그렇습니다. 예수님의 보혈로 믿음의 자녀들은 구원받을 수 있었던 것을 말씀을 통해서 믿고 의지하고 있습니다.

바울은 예수님의 보혈을 강조한 것입니다. 세상의 그 어떤 것으로도 할 수 없고 오직 예수님께서 인간의 죄를 대속하여 주시기 위해서 십자가에서 피를 흘려주시지 않았다면 인간의 구원은 있을 수 없었던 것을 바울은 예수님의 피 보혈의 의미를 강조하시고 잘 나타내 주고 계셨던 것입니다.

10절 말씀에서는 "하늘에 있는 것이나 땅에 있는 것이 다 그리스도(예수님) 안에서 통일 되게 하려 하심이라"에서 하늘에 있는 것이 무엇이겠습니까? 천국에 계시는 하나님아버지이시고 땅에 있는 것은 구원받은 성도들을 말하는 것이 아니겠습니까? 그것이 다 누구를 통해서 하나가 된다고 하셨습니까? "예수님" 안에서 하나가 되게 하신다고 하셨습니다. 예수님을 부정하는 것과 예수님 외 다른 신을 인정하는 것은 다 전부 거짓인 것을 알 수 있는 말씀인 것입니다. 부처를 찾고, 공자를 찾고, 알라를 찾고 심지어 하나님을 찾고 있는 유대인들조차도 예수님을 믿지 않는 자들은 거짓을 믿고 허망한 것을 좇고 있는 불쌍한 영혼들인 것을 알 수 있는 말씀인 것입니다.

14절 말씀에서는 결론을 말씀하고 계십니다. "이는 우리의 기업에 보증이 되사 그 얻으신 것을 구속하시고 그의 영광을 찬미하게 하려 하심이라". 예수님을 믿는 하나님의 자녀들이 창세전부터 택하심을 받은 하나님의 자녀들은 궁극적으로 삶의 목적을 어디에다 두어야 의미가 있는 것이냐면 하나님의 영광을 나타내는 삶 예수님의 영광을 나타내는 삶을 살아야 된다는 뜻을 나타내고 있는 것입니다.

실로 바울의 삶은 예수님을 위해서 모든 것을 희생하면서 아낌없이 예수님의 사랑을 증거하시면서 사신 분으로 알고 있습니다. 저부터도 반성해야 할 것이 예수님을 믿는 자로서 예수님의 영광을 나타내며 잘 살고 있는지 다시 한번 돌이켜 보는 시간이 되었던 것 같습니다.

예수님 은혜에 감사드립니다. 아멘.

에베소서 2장

에베소서 2장 말씀에서는 예수님을 믿지 않았던 죄인들이 하나님의 은혜로 말미암아 구원에 이르는데 그 구원은 자신의 행위로 인해서 얻어지는 것이 아니라 오직 하나님의 은혜와 사랑으로 이루어진다는 것을 명백히 말씀하고 계십니다.

2절 말씀에 보면 "그 때에 너희가 그 가운데서 행하여 이 세상 풍속을 좇고 공중의 권세 잡은 자를 따랐으니 곧 지금 불순종의 아들들 가운데서 역사하는 영이라". 여기서 공중의 권세 잡은 자는 사탄을 뜻하는 것이고 불순종의 아들들은 불신자 즉 예수님을 믿지않은 자를 말씀하시는 것입니다.

3절 말씀에서는 이들을 본질상 진노의 자녀라고 말씀하고 계십니다. 즉 하나님, 예수님을 믿지 않은 자들은 사탄의 자녀들이고 진노의 자녀들인 것입니다. 한때 그 가운데서 영적으로 헤매고 있었던 저도 하나님의 은혜로 말미암아 8절 말씀처럼 하나님의 선물을 받고 예수님을 믿고 구원받았던 것입니다. 그리고 그 믿음은 나 자신의 행위로 얻어진 것이 아니기 때문에 누구든지 자랑치 못한다고 하십니다. 즉 내가 잘 나서 똑똑해서 돈이 많아서 착하게 살아서 선한 일들을 많이 해서 영적으로 구원받는 것이 아니라 5절 말씀 "허물로 죽은 우리를 그리스도와 함께 살리셨고 너희가 은혜로 구원을 얻은 것이라". 8절 말씀 "너희가 그 은혜를 인하여 믿음으로 말미암아 구원을 얻었나니 이것이 너희에게서 난 것이 아니요 하나님의 선물이라"라고 말씀하고 계십니다.

즉 하나님의 선물 은혜가 있어야 구원을 받을 수 있다는 말씀인 것입니다. 다시 말씀드리면 에베소서 1장 4절 말씀에서 창세전에 그리스도 안에서 택함을 받은 자들인 것입니다. 하나님의 선물 은혜의 선물을 받은 구원받은 자들은 왜 구원을 받았는지 10절 말씀에서 "우리는 그의 만드신 바라 그리스도 예수님 안에서 선한 일을 위하여 지으심을 받은 자니 이 일은 하나님이 전에 예비하사 우리로 그 가운데서 행하게 하려 하심이니라"라고 말씀하고 계십니다.

예. 그렇습니다. 구원받은 자들은 다 그리스도 예수님 안에서 선한 일을 위하여 지으심을 받은 자인 것입니다. 여기서 선한 일이란 예수님을 증거하는 삶, 예수님의 영광을 나타내는 삶, 하나님의 말씀을 증거하는 삶, 아직 구원받지 못한 잃어버린 영혼들을 찾아서 예수님의 복음을 전하는 삶, 구원받은 성도들과의 화평의 삶, 성령님의 열매를 맺는 삶을 말씀하는 것입니다.

13절 말씀에서 "이제는 전에 멀리 있던 너희가 그리스도 예수님 안에서 그리스도의 피로 가까워졌느니라". 구원받기 전의 자녀들은 그리스도 예수님과 떨어져 있었는데 때가 됨에 하나님의 은혜로 그리스도 예수님 안에서 그리스도의 피 보혈의 능력을 믿음으로 말미암아 예수님을 믿지 않았던 죄를 용서하여 주시고 하나님과 하나가 될 수 있도록 하나님과 단절되어 있었던 중간의 담을 허물어 주시고 하나님과 화평케 하여 주신 것입니다.

 17절 말씀에서 "또 오셔서 먼 데 있는 너희에게 평안을 전하고 가까운데 있는 자들에게 평안을 전하셨으니"와 13절 말씀 "이제는 전에 멀리 있던 너희가 그리스도 예수님 안에서 그리스도의 피로 가까와졌느니라"으로 비춰 볼 때 먼데 있는 너희와 가까운데 있는 자들을 모두 성도들을 나타내는 것입니다. 왜냐하면 17절 말씀에 둘 다 예수님께서 평안을 전한다고 하셨기 때문입니다. 14절 말씀과 15절 말씀, 16절 말씀에서 "그는 우리의 화평이신지라 둘로 하나를 만드사 중간에 막힌 담을 허시고 원수된 것 곧 의문에 속한 계명의 율법을 자기 육체로 폐하셨으니 이는 이 둘로 자기의 안에서 한 새 사람을 지어 화평하게 하시고 또 십자가로 이 둘을 한 몸으로 하나님과 화목하게 하려 하심이라 원수된 것을 십자가로 소멸하시고"의 말씀에서 둘로 하나를 만드사, 이는 이 둘로 자기의 안에서 둘의 표현과 이 둘을 한 몸으로 표현에서 둘은 하나님아버지와 구원받은 성도를 말씀하시는 것입니다.

 골로새서 1장 20절 말씀에서 "그의 십자가의 피로 화평을 이루사 만물 곧 땅에 있는 것들이나 하늘에 있는 것들을 그로 말미암아 자기와 화목케 되기를 기뻐하심이라"라고 말씀하고 계십니다. "땅에 있는 것들이나"에서 땅에 있는 것은 구원받은 성도들이고 하늘에 있는 것들은 하나님아버지로 예수님으로 말미암아 화목케 되기를 기뻐하신다고 하신 말씀이 14절, 15절, 16절 말씀과 같기 때문에 14절, 15절, 16절 말씀에서의 "둘"의 뜻은 하나님아버지와 구원받은 성도인 것을 확신할 수 있습니다.

에베소서 1장 10절 말씀에서도 하늘에 있는 것이나 땅에 있는 것이 다 그리스도 안에서 통일되게 하려 하심이라 라는 말씀에서도 예수님 안에서 구원받은 성도와 하나님아버지와 하나가 되고 통일되고 화목한다고 표현한 것이 에베소서 2장 14절, 15절, 16절 말씀과 동일한 것을 확신할 수 있으므로 에베소서 2장 14절, 15절, 16절에 나와 있는 둘은 즉 하나님아버지와 구원받은 성도인 것을 확실히 믿을 수 있게 되었습니다.

그리고 18절 말씀에서 "이는 저도 말미암아 우리 둘이 한 성령님 안에서 아버지께 나아감을 얻게 하려 하심이라". 19절 말씀에서 "그러므로 이제부터 너희가 외인도 아니요 손도 아니요 오직 성도들과 동일한 시민이요 하나님의 권속이라"라고 하셨습니다. 18절말씀에서 우리 둘을 19절 말씀에서는 "오직 성도들과 동일한 시민이다"라고 하고 계십니다.

먼 데 있는 자를 이방인으로 보고 가까이 있는 자를 유대인으로 보면 성경말씀으로 이해가 안 되는 부분입니다. 왜냐하면 유대인들도 예수님을 믿지 않으면 구원을 받을 수 없기 때문인 것입니다. 그렇습니다. 모든 유대인들이 다 구원을 받고, 이방인들이라 해서 이방인 모두 구원을 받지 못하는 것이 아니기 때문인 것입니다. 에베소서 1장 4절 말씀에서 창세전에 그리스도 안에서 택함을 받은 자들은 유대인 이거나 이방인이거나 구원을 받는 사실에는 변함이 없기 때문인 것입니다. 아울러 에베소서 2장에서 바울은 먼 데 있는 자를 이방인 가까이 있는 자를 유대인이라고 하지도 않았기 때문입니다.

이방인은 예수님을 믿지 않은 자들은 다 이방인입니다. 그래서 바울은 에베소서 3장에서 이 이방인들을 위해서 기도하고 복음을 전하는 의무가 있다고 하셨습니다.

그래서 저는 먼데 있는 자는 이제 막 구원을 받은 자(또는 구원받을 자) 사탄에 사로 잡혀 있다가 구원받은 자로 그리고 가까이 있는 자는 이미 구원을 받은 믿음의 성도라고 믿습니다. 그래야 둘 다 성도이기 때문에 예수님으로부터 평안을 받을 수 있다고 봅니다.

13절에서는 먼데 있는 자를 어떻게 표현하셨냐면 "이제는 전에 멀리 있던 너희가 그리스도 예수님 안에서 그리스도의 피로 가까워졌느니라". 한때는 이방인으로 예수님을 배척하고 예수님을 부정하고 예수님을 믿지 않았을 때가 있었지만 하나님의 은혜로 구원을 받아 예수님의 자녀로 예수님의 품 안에서 평안을 누릴 수 있는 자가 된 것을 말씀하고 계십니다. 다시 말씀드리면 그 당시 에베소에 있는 유대인이라도 예수님을 믿지 않으면 구원을 받을 수 없는 사실이고 이방인이라고 해서 구원을 못 받는 것이 아니라 자신이 죄인임을 예수님께 회개하고 예수님의 십자가 보혈의 능력을 믿고 오직 예수님만을 영혼의 구세주로 모신 자는 구원을 받을 수 있기 때문에 17절 먼 데 있는 자를 이방인으로 가까운데 있는 자들을 유대인으로 해석하게 되면 성경말씀에 근본적으로 어긋나기 때문인 것입니다.

그리고 18절에서는 우리 둘이라고 표현하셨는데 우리 둘은 바로 위에서 설명 드린 성도들을 말하는 것입니다. 즉 유대인 중에서 구원받은 성도 이방인 중에서도 구원받은 성도들을 말씀하고 계신 것으로 믿어야 합니다.

그리고 19절 말씀에서는 그러므로 이제부터 너희가 외인도 아니요 손도 아니요 오직 성도들과 동일한 시민이요 하나님의 권속이라 말씀에서 "오직 성도들과 동일한 시민이요에서" 알 수 있듯이 성도라는 사실에 주목할 수 있습니다.

 20절에서는 예수님께서 건물 기둥의 모퉁이 돌이 되신다고 하셨습니다. 저는 며칠 전에 서울 잠실에 짓고 있는 제2롯데월드를 보았습니다. 아주 웅장하고 거대한 건물로 현재 대한민국을 대표하는 최대로 높은 빌딩(123층)으로 손색이 없이 보였습니다. 그런 건물에서 만약 모퉁이 돌이 부실하거나 문제가 있으면 어떻게 되겠습니까? 그것은 말도 할 것 없이 건물 전체가 무너진다고밖에 볼 수가 없습니다. 모퉁이 돌은 이처럼 아주 중요하고 소중한 돌인 것입니

 다. 예수님을 모퉁이 돌로 표현한 이유를 알 수 있을 것입니다. 여기에 성도들은 예수님을 모퉁이 돌로 안정된 상태에서 건물마다 서로 연결되어 예수님 안에서 성전이 되어가는 것이라고 21절 말씀에서 말씀하고 계신 것입니다.

 22절 말씀에서는 "너희도 성령님 안에서 하나님의 거하실 처소가 되기 위하여 예수님 안에서 함께 지어져 가느니라" 말씀하신 이유를 이해하실 수 있으리라 믿습니다. 아멘.

에베소서 3장

바울은 계속해서 이방인이었던 자가 구원받은 성도로 어떻게 담대히 하나님아버지께 나아갈 수 있는지에 대해서 결론적으로 에베소서 3장 18절~19절 말씀에서 알 수 있습니다.
"능히 모든 성도와 함께 지식에 넘치는 그리스도의 사랑을 알아 그 넓이와 길이와 높이와 깊이가 어떠함을 깨달아 하나님의 모든 충만하신 것으로 너희에게 충만하게 하시기를 구하노라"라고 말씀하고 계십니다.
예수님의 사랑을 알아 그 사랑의 넓이와 길이와 높이와 깊이가 얼마만큼 인지를 깨닫고, 충만케 되시기를 원하시고 계십니다. 육신도 처음 태어나서 어른 되기까지는 부모님의 사랑을 받고 성장해가듯이 영적으로도 다시 태어났을 때는 무엇을 먹어야 하고 어떻게 걸어야 하고 어떻게 배워야 하는지 많은 것을 배워야 하는 것을 깨닫게 해 주신 말씀이라고 생각됩니다.
이 모든 것을 영적으로 깨닫기 위해서는 성경말씀 밖에는 없습니다. 영적으로 성장하기 위해서는 하나님의 은혜, 사랑이 먼저이고 하나님의 사랑이 얼마인지를 말씀을 통해서 그 넓이와 길이와 높이와 깊이를 깨달아 영적으로 장성하여 하나님의 일들을 해 나아갈 수 있고 또한 담대히 당당히 하나님아버지께 나아갈 수 있다고 말씀하고 계신 것입니다. 우리 구원받은 자들이 구원받은 것으로만 만족하면 아무 의미가 없을 것으로 믿습니다. 사도 바울도 구원받기 전에는 예수님을 배척하고 예수님 믿는 성도들을 핍박했던 자가 하나님아버지의 은혜와 사랑으로 구원받고 예수님을 증거하는 삶을 죽기까지 예수님만을 위해서 살다가 하나님아버지 품으로 간 것을 잘 알고 있습니다.

그런 그분이 7절, 8절, 9절 말씀에서 자신이 구원받은 이유와 사명이 무엇인지를 말씀해 주시고 계십니다.

"이 복음을 위해서 그의 능력이 역사하시는 대로 내게 주신 하나님의 은혜의 선물을 따라 내가 일군이 되었노라 모든 성도 중에 지극히 작은 자보다 더 작은 나에게 이 은혜를 주신 것은 측량할 수 없는 그리스도의 풍성을 이방인에게 전하게 하시고 영원부터 만물을 창조하신 하나님 속에 감추었던 비밀의 경륜이 어떠한 것을 드러내게 하려 하심이라"라고 말씀하셨습니다.

그렇습니다. 구원받은 성도들 모두에게는 하나님아버지께서 구원시켜 주신 뜻이 다 있다고 믿고 영적으로 열심히 성장해서 장성한 일군이 되어 하나님아버지, 예수님을 증거하며 모든 영광을 돌리며 살아가야 합니다. 그러기 위해서 하나님 말씀 성경말씀을 더욱더 사랑하고 말씀에 순종하고 말씀을 읽고 말씀을 전파하며 살아가야 하는 것입니다.

오늘도 예배소서 3장 말씀을 읽고 말씀을 증거하면서 느낀 점은 하나님 말씀 읽기에 게으르지 않게 하여 주시기를 예수님께 바라며 기도합니다. 말씀을 읽을 때 마다 새로운 지혜와 지식을 주시고 새롭게 깨닫게 하여 주시는 것은 성령님께서 활동하셔서 가르쳐 주시고 기억나게 해 주신 은혜라고 믿습니다.

6절 말씀에서 "이는 이방인들이 복음으로 말미암아 그리스도 예수님 안에서 함께 후사(대를 잇는 자)가 되고 함께 지체가 되고 함께 약속에 참예하는 자가 됨이라"라고 말씀해 주시고 계십니다. 함께 지체가 된다는 설명이 4장 15절~16절에 자세히 표현되어 있습니다. "오직 사랑 안에서 참된 것을 하여 범사에 그에게까지 자랄찌라 그는 머리니 곧 그리스도라 그에게서 온 몸이 각 마디를 통하여 도움을 입음으로 연락하고 상합하여 각 지체의 분량대로 역사하여 그 몸을 자라게 하며 사랑 안에서 스스로 세우니라"

"약속에 참예하는 자가 됨이라"에서 약속은 반드시 있을 예수님의 재림 시 예수님 믿고 죽은 자가 먼저 공중에서 예수님을 영접하고 살아 있는 성도는 몸이 변화하여 공중에서 예수님을 영접한 후 이 세상에서는 7년 정도 대환란이 있은 후 예수님이 지상으로 내려오셔서 천년 왕국이 이루어지고 잠깐 사탄 마귀가 놓이는 곡과 마곡의 전쟁이 있은 후 백보좌심판에서 하나님의 자녀들은 천국행 심판을 받는 것이 약속인 것을 예수님을 믿는 믿음의 자녀들은 다 알고 있을 것입니다. 그리고 제가 재림에 대한 주제 말씀 때 설명 드렸는 데 참조하시기 바랍니다.

그렇습니다. 한때는 이방인이었던 저희들도 복음을 듣고 믿음으로 말미암아 죄를 사하여 주시고 하나님의 아들들이라 인침을 받고 예수님의 지체들로 예수님의 재림을 소망하며 예수님 재림시 공중에서 예수님을 영접하고 거룩한 새 예루살렘에 들어갈 것을 믿고 소망 가운데 살아가는 것에 감사합니다. 그리고 우리 믿음의 자녀들은 성경말씀을 더욱더 사랑하고 성경말씀을 읽고 깨달아 하나님의 사랑을 더 깊이, 더 높이, 더 길게, 더 넓게 깨달아 장성한 하나님의 자녀들로 성장하여 12절 말씀처럼 담대함과 당당히 하나님아버지께 나아갈 수 있는 자녀들이 되어야겠습니다.

에베소서 4장

　에베소서 4장부터 6장 말씀까지는 구원받은 자녀들이 육신적인 삶을 어떻게 살아가야 하는지를 말씀해 주시고 계십니다. 그 첫 말씀이 4장 2절 말씀에서 "모든 겸손과 온유로 하고 오래 참음으로 사랑 가운데서 서로 용납하고"라고 말씀하시고 계십니다. 여기서 사랑은 예수님의 사랑을 말씀하는 것입니다.
　예수님이 죄인된 우리를 용서하여 주신 사랑으로 우리도 예수님의 사랑 가운데서 겸손하고 온유하고 오래 참고 서로의 잘못을 용서하여 주시라는 말씀입니다. 겸손의 반대는 교만입니다. 그리고 온유의 반대는 포악인 것을 알고 있습니다. 그렇습니다. 예수님 믿기 전 삶이 교만한 삶이고 포악한 삶을 살았다면 그와 정반대인 삶, 겸손과 온유한 삶을 살아야 하는 것입니다. 또한 오래 참으며 예수님의 사랑 가운데서 너그러이 용서하고 받아들이는 삶을 살아야 하는 것입니다.
　25절 말씀부터는 "그런즉 거짓을 버리고 각각 그 이웃으로 더불어 참된 것을 말하라 이는 우리가 서로 지체가 됨이니라 분을 내어도 죄를 짓지 말며 해가 지도록 분을 품지 말고 마귀로 틈을 타지 못하게 하라 도적질하는 자는 다시 도적질하지 말고 돌이켜 빈궁한 자에게 구제할 것이 있기 위하여 제 손으로 수고하여 선한 일을 하라 무릇 더러운 말은 너희 입 밖에도 내지 말라 그 안에서 너희가 구속의 날까지 인치심을 받았느니라 너희는 모든 악독과 노함과 분냄과 떠드는 것과 훼방하는 것을 모든 악의와 함께 버리고 서로 인자하게 하며 불쌍히 여기며 서로 용서하기를 하나님이 그리스도 안에서 너희를 용서하심과 같이 하라"고 말씀한 것처럼 구원받은 성도의 삶으로 변화된 삶 즉 하나님아버지께서 기뻐하실 삶으로 바뀌어져야 한다는 것입니다.

그것은 24절 "하나님을 따라 의와 진리의 거룩함으로 지으심을 받은 새 사람을 입으라"는 말씀입니다. 여기서 의와 진리는 하나님의 뜻과 하나님의 말씀 성경을 말씀하는 것을 다 알고 계실 것입니다.

하나님의 뜻은 핵심교리 말씀에서도 설명을 드렸습니다. 그리하여 이제는 더 이상 구원받기 전의 삶 그것은 허망하고 총명이 없고 무지하고 방탕하고 더럽고 욕심으로 가득하고 유혹의 욕심을 따라 썩어져 가는 구습을 좇는 삶이 아닌 하나님 말씀으로 지혜롭고 총명하여져 사람의 궤술과 간사한 유혹과 교리에도 빠지지 않고 요동치 않는 삶으로 하나님께 기쁨과 영광을 돌릴 수 있는 삶으로 변화되어야 한다는 것을 말씀해 주시고 계십니다.

14절 말씀에서는 "우리가 이제부터 어린아이가 되지 아니하여"라고 하신 말씀은 영적으로 더 이상 어린아이가 되지 말라는 말씀입니다. 여기서 어린아이라고 표현한 것은 여러 가지로 미숙한 어린아이가 어른의 이런저런 말로 유혹되어 넘어가 잘못된 길로 가는 어리석은 자가 되지 말라는 말씀입니다.

7절 말씀에서는 예수님께서 "구원받은 각 사람에게 그리스도의 선물의 분량대로 은혜를 주셨나니"라고 말씀하셨고 11절~13절 말씀에서는 예수님께서 "혹은 사도로, 혹은 선지자로, 혹은 복음 전하는 자로, 혹은 목사와 교사로 주셨으니 이는 성도를 온전케 하며 봉사의 일을 하게 하며 그리스도의 몸을 세우려하심이라 우리가 다 하나님의 아들을 믿는 것과 아는 일에 하나가 되어 온전한 사람을 이루어 그리스도의 장성한 분량이 충만한 데까지 이르리니"라고 말씀하고 계십니다.

구원받은 자들은 다 이유가 있습니다. 자신만 구원받은 것에 만족하라는 말씀은 성경에 어느 곳에도 없습니다. 그들은 다 그리스도 예수님의 선물의 분량대로 받아 봉사의 일을 하게 하시는 것입니다.

에베소서 2장 10절 말씀에서도 확인할 수 있습니다. "우리는 그의 만드신 바라 그리스도 예수님 안에서 선한 일을 위하여 지으심을 받은 자니 이 일은 하나님이 전에 예비하사 우리로 그 가운데서 행하게 하려 하심이니라"에서 구원받은 자는 "그리스도 예수님 안에서 선한 일을 위하여 지으심을 받은 자"라고 말씀하고 계십니다.

그러면 그리스도 예수님 안에서 선한 일들은 무엇이겠습니까? 그것은 예수님의 복음을 바르게 전하고 하나님 말씀을 바르게 전하는 일입니다. 그래서 영혼들에게 영적으로나 육적으로 유익을 줄 수 있는 자가 되는 것입니다.

성도의 봉사란 여러 가지가 있을 수 있습니다. 11절~13절 말씀에 나온 봉사 이외에도 교회를 위해서 예수님의 영광을 나타내는 일들은 많이 있습니다. 예배를 위해서 준비하는 손길도 봉사요, 먼 길에서 오시는 성도를 차량으로 봉사하는 일도 봉사이고 교회에서 성도들에게 예배를 안내하는 것도 봉사인 것입니다. 이처럼 봉사란 스스로 자발적이고 예수님께 구원받은 것에 감사함으로 성도에게 영적으로나 육신적으로 유익이 될 수 있다면 다 봉사라고 볼 수 있습니다.

 우리 구원받은 자들은 이러한 봉사의 일을 하면서 성경말씀으로 다져지면서 그리스도의 장성한 분량이 충만한 데까지 이루기 위해 성장해 나아가야 하는 것을 에베소서 4장 말씀을 통해서 확실히 이해할 수 있게 되었음을 예수님의 이름으로 감사드립니다.

에베소서 5장

　에베소서 5장 2절 "그리스도께서 너희를 사랑하신 것같이 너희도 사랑 가운데서 행하라 그는 우리를 위하여 자신을 버리사 향기로운 제물과 생축(牲畜)으로 하나님께 드리셨느니라". 예수님께서는 인간의 죄를 대속하여 주기 위해서 흠 없으신 자신의 몸을 단번에 십자가에서 영원한 대제사장의 역할을 위해서 자신을 버리시고 향기로운 제물이 되어 주셔서 하나님께 드려 주신 그 사랑을 우리 믿음의 자녀들은 기억하며 살아가야 한다는 말씀입니다.
　예수님의 그러한 사랑을 마음에 간직하며 육신적이 삶을 살아갈 때 말과 행동으로 예수님의 사랑을 나타내는 삶을 살아가라는 말씀입니다.
　20절 말씀에서 "범사에 우리 주 예수 그리스도의 이름으로 항상 아버지하나님께 감사하며"라고 하셨습니다. 예수님 안에서 범사에 항상 하나님아버지께 감사할 줄 아는 그리스도의 자녀들은 말씀으로 무장하며 지혜롭게 살아가야 합니다. 15절 말씀에서 "그런즉 너희가 어떻게 행할 것을 자세히 주의하여 지혜 없는 자같이 말고 오직 지혜 있는 자같이 하여"라고 말씀하고 계십니다. 지혜가 무엇입니까? 그것은 하나님 말씀인 것을 잘 알고 있을 것입니다. 하나님께서는 하나님 말씀으로 무장하여 지혜로운 자가 되라고 말씀하고 계십니다.

그렇습니다. 세상의 그 무엇으로 무장한들 무슨 의미가 있고 완전하다고 할 수 있겠습니까? 돈으로 무장한들 안전하겠습니까? 권력으로 무장한들 안전하겠습니까? 아니면 세상지식으로 무장한들 안전하겠습니까? 이것들로는 세상풍파에 맞서 싸울 수 있는 무기가 될 수 없고 해결책이 될 수 없다는 것을 믿음의 자녀들은 잘 알고 있습니다. 그러면 무엇으로 점점 더 강박한 무리들과 싸워 이길 수 있겠습니까? 그것은 하나님 말씀밖에는 없다는 것입니다. 하나님 말씀으로 무장하면 지혜가 풍부해져서 지혜롭게 판단하고 결정할 수 있음으로 사탄 마귀의 시험에 빠지지 않는다는 것입니다. 세상의 뉴스를 보면 한결같이 돈 많고 권력 많은 자들이 탐심에 어두워져 사기 당하고 유혹에 빠져 죄를 짖는 것들을 많이 볼 수 있습니다.

하나님께서는 11절 말씀에서 "너희는 열매 없는 어두움의 일에 참예하지 말고 도리어 책망하라"고 하십니다. 10절 말씀에서는 "주님께서 기쁘시게 할 것이 무엇인지 시험하여 보라"고 말씀하고 계십니다. 하나님께서 기뻐하시는 열매 있는 일들을 하나님의 뜻을 이룩하려고 노력하는 마음과 행동을 하는 것이 진정한 그리스도인의 자세인 것입니다.

그리스도인은 음행을 해서도 안 되며 온갖 더러운 것과 탐욕에 빠져서도 안 되며 누추함과 어리석은 말이나 희롱의 말도 해서는 안되는 것입니다. 왜냐하면 5장 5절 말씀에서 "너희도 이것을 정녕히 알거니와 음행하는 자나 더러운 자나 탐하는 자 곧 우상 숭배자는 다 그리스도와 하나님 나라에서 기업을 얻지 못하리니"라고 말씀하셨기 때문입니다. 6절 말씀 "누구든지 헛된 말로 너희를 속이지 못하게 하라 이를 인하여 하나님의 진노가 불순종의 아들들에게 임하나니"에서 헛된 말이란 하나님말씀 성경을 가지고 거짓되게 가르치거나 거짓되게 전파하는 것을 말합니다. 예를 들면 "종교는 다 똑같다"라고 주장하는 것 어떻게 해서 종교가 다 똑 같습니까? 예수님 믿는 믿음과 부처를 믿는 믿음이 어떻게 같다고 주장하는 것입니까? 하나님께서는 나 이외에 다른 신들을 섬기지 말라고 십계명 첫째 계명에 확실히 있는데 인간의 생각과 철학으로 종교는 다 똑같다고 주장하는 목사들과 그 무리들은 하늘나라에서 저주를 받을 것입니다.

예수님을 믿지 않고는 하나님아버지께로 갈 자가 없다고 하셨습니다. 그리고 또 조상 제사를 지내도 문제없다고 하는 자들도 성경말씀을 가지고 거짓말 하는 자입니다. 제사를 지내는 것은 하나님아버지 외에 다른 신을 섬기는 것과 같은 것입니다. 따라서 우리 믿음의 자녀들은 조상 제사를 지내서도 안 되고 또한 거기에 참여하는 자도 되어서는 안 되는 것입니다. 또 이런 거짓말도 있습니다. 꿈속에서 하나님께서 그러시는데 어디에 새 교회를 거창하게 세우는데

헌금을 많이 하면 자신뿐만 아니라 후손 대대 복을 받는 다고 거짓말 하는 작자들도 하나님의 진노가 임한다고 하셨습니다.

믿음의 자녀들은 이러한 거짓 속임수에서 벗어날 수 있는 방법은 하나님말씀 즉 성경말씀을 잘 읽고 사랑하는 가운데서 지혜를 얻어 판단과 결정을 하나님아버지께서 기뻐하실 것으로 결정하는 것입니다.

22절부터 33절 말씀까지는 아내와 남편에게 주시는 말씀인데 서로

영적으로든 육적으로든 예수님 사랑 안에서 서로 사랑하라는 말씀입니다. 남편이 혹은 아내가 예수님을 믿지 않을 경우 영적으로 더욱더 남편과 아내를 사랑하고 전도로 믿을 수 있는 남편과 아내로 만들라는 말씀인 것입니다. 육적으로만 남편과 아내를 사랑하라는 말씀이 아닌 것입니다. 왜냐하면 21절 말씀에서 "그리스도를 경외함으로 피차 복종하라"라고 말씀하셨기 때문입니다.

에베소서 6장

1절 말씀 "자녀들아 너희 부모를 주님 안에서 순종하라 이것이 옳으니라". 여기서 하나님아버지께서는 바울을 통해서 하나님 자녀들에게 말씀해 주시고 있는 핵심은 주님 안에서 부모님을 순종하라고 하십니다. 그렇습니다. 세상에는 부모님들이 예수님을 안 믿어도 자식은 하나님의 은혜를 받아 예수님 믿고 구원받은 경우도 있을 것입니다. 부모님은 예수님을 안 믿는 관계로 자식한테 예수님 믿지 말고, 주일날에도 교회 가지 말라고 명령하는 부모님의 말씀에 순종할 수 있습니까? 아닙니다. 순종할 수 없는 것입니다.

 예수님을 믿는 자식은 부모님의 그 말씀에 순종해서도 안 되고 그럴수록 더욱더 열심히 믿음 생활을 해야 하고 또한 기회가 된다면 부모님을 전도해서 구원받게 해야 되는 것입니다. 그렇습니다. 영적인 면에서는 부모님과 타협해서는 절대 안 되며 그러나 영적인 면을 떠나서 육신적인 면에서는 부모님을 존중하고 공경해야 한다는 뜻입니다.

 이런 자식일수록 더욱더 육신적으로는 부모님을 사랑하고 부모님의 건강과 부모님께 더 잘해드려야 할 것입니다. 그래서 하나님께서는 주님 안에서 부모님을 순종하라고 하신 것입니다. 하나님께서는 절대적으로 위대하시고 만유를 통일하시는 하나님인 것이 틀림없음을 확신합니다. 인간의 간사함과 나약함을 아시고 1절 말씀에서 핵심을 빼놓으시지 않고 주님 안에서라는 제약을 걸어 놓으신 것을 보시면 모든 것을 다 아시는 하나님아버지이신 것을 또 한 번 깨닫습니다.

4절 말씀에서는 부모들도 자식들을 가르칠 때 주님의 교양과 훈계로 양육하라고 말씀하셨습니다. 세상지식으로 양육하라고 하신 것이 아니고 세상철학으로 양육하라고 하신 것도 아닙니다. 하나님말씀으로 가르치라는 말씀인 것입니다. 그 이유는 6장 10절에서 17절 말씀에 명확히 나와 있기 때문인 것입니다.

10절 "종말로 너희가 주님 안에서와 그 힘의 능력으로 강건하여지고"

11절 "마귀의 궤계를 능히 대적하기 위하여 하나님의 전신 갑주를 입으라"

12절 "우리의 씨름은 혈과 육에 대한 것이 아니요 정사와 권세와이 어두움의 세상 주관자들과 하늘에 있는 악의 영들에게 대함이라"라고 말씀하고 계십니다. 즉 이 말씀은 모든 인간들은 하늘에 있는 악의 영들과 정사와 권세와 세상 주관자들과 싸울 수밖에 없는데 택함받은 구원받은 성도들이 그 싸움에서 이기기 위해서는 하나님 말씀으로 무장하라 말씀을 가지라 말씀을 마음 판에 새겨 말씀에서 떠나 생활하지 말라는 뜻인 것입니다.

17절 말씀에서도 "구원의 투구와 성령님의 검 곧 하나님의 말씀을 가지라"고 명령하고 계신 것입니다. 17절 구원의 투구와 성령님의 검, 16절 믿음의 방패, 15절 평안의 복음, 14절 의의 흉배가 어디서부터 나오는 것인가 하면 14절 진리로 너희 허리띠를 띠고 라고 말씀하고 계십니다. 여기서 진리란 하나님의 말씀이라는 것을 잘 알고 있습니다. 하나님의 말씀으로 무장하는 것이 모든 무기에 맞서 싸워 이길 수 있다는 것을 확실히 말씀해 주시고 있는 것입니다.

　에베소서 1장서부터 6장 말씀까지 말씀의 뜻을 새기면서 다시 한번 하나님의 말씀 성경말씀이 세상에서 가장 중요함을 깨닫게 됩니다. 예수님을 믿는 믿음의 자녀들은 하늘에 있는 악의 영들과 정사와 권세와 이 어두움의 세상 주관자들과 싸워 승리하기 위해서는 반드시 하나님 말씀으로 무장되어 있어야 한다는 것입니다. 여기서 싸운다는 것은 몸으로 싸운다는 것이 아니라 영적인 싸움을 말하는 것입니다. 세상의 그 무엇이 무기가 될 수 없고 방패가 될 수 없는데 오직 성경말씀은 창과 방패가 될 수 있으니 얼마나 감사한 일이 아니겠습니까? 믿음의 자녀들은 하나님 말씀으로 무장하여 믿음의 확신 속에서 하루하루 하나님께 영광 돌리는 일에 최선을 다해야 한다고 믿습니다.

- 요한복음 -

요한복음 1장

2017년 1월 1일(주일) 첫 주일날 주일 예배를 하나님아버지께 드렸습니다.

요한복음 1장 말씀을 읽으면서 말씀의 은혜를 받은 구절을 정리해 보았습니다. 1절 말씀 "태초에 말씀이 계시니라 이 말씀이 하나님과 함께 계셨으니 이 말씀은 곧 하나님이시니라". 2절 말씀 "그가 태초에 하나님과 함께 계셨고". 14절 말씀 "말씀이 육신이 되어 우리 가운데 거하시매 우리가 그 영광을 보니 아버지의 독생자의 영광이요 은혜와 진리가 충만하더라". 말씀이 하나님이라고 하셨고 그 하나님께서 육신의 몸을 입으시고 성육신으로 이 땅에 오셨다고 했으니 예수님을 말씀하고 계신 것을 알 수 있습니다.

다시 말해서 예수님은 하나님아버지인 것을 확신할 수 있는 구절인 것입니다. 하나님아버지께서는 인간들의 죄를 사해 주시기 위해서 즉 택한 받은 하나님의 백성들의 죄를 대속하여 주시고 영적인 구원을 위해서 성육신의 몸으로 오셔서 십자가에 피 흘려 돌아가심으로 영원한 대제사장의 역할을 하시고 부활 승천하셔서 하늘나라에 계시고 온 우주 만물들을 주관하고 계신 것입니다.

 예수님만 믿으면 하나님의 자녀가 되는 권세를 주셨다고 12절에 말씀하고 계십니다. "영접하는 자 곧 그 이름을 믿는 자들에게는 하나님의 자녀가 되는 권세를 주셨으니". 13절 "이는 혈통으로나 육정으로나 사람의 뜻으로 나지 아니하고 오직 하나님께로서 난 자들이니라". 예수님을 믿고 구원받은 성도들은 반드시 알아야 하고 바르게 전도할 것은 하나님께서 택하여 주셨기 때문에 예수님을 믿고 영적으로 구원받을 수 있는 것임을 명백히 알고 있어야 합니다.

 13절 말씀에서 혈통으로나 육정으로나 사람의 뜻으로 나지 아니하고 오직 하나님께로서 난 자들이 예수님을 믿는 것임을 확실히 알 수 있습니다.

 하나님께로서 난 자들은 하나님의 사랑을 받은 자들로 17절 말씀에서는 하나님의 사랑을 은혜로 표현되어 있으며 진리는 하나님의 말씀 성경말씀을 말씀하는데 이 두 가지 모두가 예수 그리스도로 말미암아 온 것이라고 했으며 18절 말씀에서는 예수 그리스도 하나님 품속에 있는 독생하신 하나님이 나타내셨다고 했습니다.

 "율법은 모세로 말미암아 주신 것이요 은혜와 진리는 예수 그리스도로 말미암아 온 것이라 본래 하나님을 본 사람이 없으되 아버지 품속에 있는 독생하신 하나님이 나타내셨느니라". 예수님을 다른 표현으로 하나님의 어린양 29절, 36절에 나와 있고 메시아(구세주, 구원자) 표현은 41절에 나와 있으며 49절에는 이스라엘 임금님과 하나님의 아들로 표현되어 있습니다. "이튿날 요한이 예수님께서 자기에게 나아오심을 보고 가로되 보라 세상 죄를 지고 가는 하나님의 어린양이로다", "예수님의 다니심을 보고 말하되 보라 하나님의 어린양(자

녀)이로다",

"그가 먼저 자기의 형제 시몬을 찾아말하되 우리가 메시아를 만났다 하고 메시야는 번역하면 그리스도라", "나다나엘이 대답하되 랍비여 당신은 하나님의 아들이시오 당신은 이스라엘의 임금이로소이다", 33절 "나도 그를 알지 못하였으나 나를 보내어 물로 침례를 주라 하신 그이가 나에게 말씀하시되 성령님이 내려서 누구 위에든지 머무는 것을 보거든 그가 곧 성령님으로 침례를 주는 이인 줄 알라 하셨기에"

요한복음 2장

예수님께서 혼인잔치에서 물로 포도주를 만드시는 표적을 행하시는 과정에서 4절에 보시면 "예수님께서 말씀하시대 여자여 나와 무슨 상관이 있나이까 내 때가 아직 이르지 못하였나이다". 예수님께서 육신의 어머니에게 어머니라고 호칭하지 않고 " 여자여"라고 호칭하고 있습니다. 여기서 알 수 있는 것은 하나님의 아드님이신 예수님 아니 예수님은 하나님이심으로 육신적인 인간에게 존중과 공경을 하는 것이 아니라 반대로 존중과 공경을 받으셔야 하실 분임을 확실히 알 수 있습니다. 믿음의 자녀들인 우리는 반드시 잊어서는 안 되는 것이 하나님을 제해 버리고 인간을 우상화한다거나 또는 다른 무엇이든지 하나님 예수님보다 더 소중히 여기고 경배해서는 안 된다는 것입니다.

예수님은 1장에서도 말씀했듯이 하나님의 독생하신 분으로 말씀이 성육신되어 죄인 된 인간의 죄를 대속해 주시기 위해서 이 땅에 오신 것입니다. 그런 예수님과 예수님을 낳으셨다고 해서 육신의 어머니인 마리아를 우상화한다든지 하나님 예수님보다 더 사랑하거나 경배해서는 안 된다는 것입니다. 마리아도 예수님의 어머니이기 전에 죄인인 것입니다. 마리아도 예수님을 하나님으로 믿고 예수님을 경배하고 사랑하지 않으면 마리아도 구원을 받을 수 없는 것입니다. 단지 예수님을 낳으신 어머니이기 때문에 예수님이 당연히 구원시켜 주실 것이다 라고 믿으면 안 된다는 것입니다.

마리아도 예수님 앞에서는 겸손해야 하고 예수님을 하나님으로 또 하나님의 아드님으로 섬기며 예수님이 영혼의 구세주, 메시아, 그리스도로 섬겨야지만 구원받을 수 있는 것입니다. 예수님은 그런 마리아 육신의 어머니에게 어머니라는 존칭의 호칭을 사용치 않고 "여자여"라는 호칭을 사용한 것입니다.

예수님의 자녀들, 하나님아버지의 자녀들은 예수님께서 마리아에게 "여자여"라는 호칭을 사용한 것에 당연하다고 생각하며 또 그런 이유를 100% 알고 있으며 이러한 말씀의 은혜를 받고 더욱더 예수님을 의지하게 되고 예수님을 하나님으로 믿고 반드시 예수님은 재림하시고 예수님의 자녀들은 예수님과 함께 영원한 영생의 삶을 살아갈 것에 소망하며 예수님을 존귀히 섬기며 예수님께만 경배하고 살아가야 됨을 확신합니다.

인간은 어느 누구도 신격화 될 수 없으며 인간은 어느 누구도 신의 영역에 있을 수 없으며 인간은 모두 죄인에 불과한 존재인 것입니다. 14절~16절

"성전 안에서 소와 양과 비둘기 파는 사람들과 돈 바꾸는 사람들의 앉은 것을 보시고 노끈으로 채찍을 만드사 양이나 소를 다 성전에서 내어 쫓으시고 돈 바꾸는 사람들의 돈을 쏟으시

며 상을 엎으시고 비둘기 파는 사람들에게 이르시되 이것을 여기서

가져가라 내 아버지의 집으로 장사하는 집을 만들지 말라 하시니"

 하나님의 자녀가 되는 것은 돈과 명예와 권력과 지식 등이 그에게 있어 자녀가 되는 것이 아닙니다. 우리는 요한복음 1장 12절~13절 말씀에서 "영접하는 자 곧 그 이름(예수님)을 믿는 자들에게는 하나님의 자녀가 되는 권세를 주셨으니 이는 혈통으로나 육정으로 나 사람의 뜻으로 나지 아니하고 오직 하나님께로서 난 자들이니라" 통해서 확실히 믿을 수 있습니다.

 하나님의 택함을 받은 자녀들이 예수님을 구세주 메시아로 믿고 죄 용서를 받고 하나님의 자녀로 인치심을 받은 자들이 영혼의 구원을 받을 수 있는 것이지 비싼 소와 양과 비둘기를 받쳐서 죄 용서함을 받을 수 있는 것은 아닌 것입니다. 거룩한 성전에서 예수님을 증거하고 하나님 말씀을 증거하는 곳으로 신성시 되어야 하는데 바리세인들과 서기관 들은 자신들이 배만 채우기 위해서 성전에서 장사를 한 것에 예수님은 화를 낼 수밖에 없었던 것입니다.

 예수님께서 이 땅에 오시기 전에는 흠없는 짐승을 번제로 하나님께 드리고 죄 용서함을 받았으나 이제는 예수님만 믿기만 하면 죄용서함을 받을 수 있기 때문에 예수님께서는 성전 안에서 이러한 짐승을 판매하는 것에 더 이상 의미가 없다는 것을 자녀들에게 보여 주시는 것이고 또한 거룩한 성전 안에서 인간들의 탐욕스러운 것들이 함께 할 수 없다는 것을 보여 주는 것입니다.

 하나님의 자녀들은 잘 알고 있습니다. 물질이나 착한 일을 많이 한다고 해서 자신의 영혼이 구원받는 것이 아니고 예수님만을 구세주 하나님으로 믿고 예수님만을 영혼의 구세주로 증거하고 전도할 때에 하나님께서 택함 받은 백성들을 구원 시켜 주신다는 진리를 믿고 있습니다. 절대로 목사, 전도사, 권사, 집사, 성도가 한 영혼을 구원시키는 것이 아니라 진리의 말씀과 예수님의 복음만 바르게 전도하는 일을 할 때에 하나님께서 구원시킬 영혼은 구원시킨다는 진리에 100% 확신하고 믿어야 하는 것입니다.

 하나님의 자녀들은 이 말씀을 읽고 명심해야 하는 것은 교회 안에서 장사를 해서도 안 되고 또한 물질로 영혼들을 구원시킬 수 있다는 마음도 먹어서는 안 되는 것입니다. 하나님아버지께서는 교회가 웅장하고 시설이 좋아야만 그곳에 모인 성도들을 사랑하고 은혜를 주시는 것이 아니라 교회가 소박하고 시설이 안 좋아도 진정한 하나님의 자녀들이 모여 예수님을 찬양하며 바르게 전도하고 진리의 말씀만을 바르게 전할 때 하나님아버지께서는 이런 교회와 성도들을 사랑해 주신 다는 것에 명심해야 할 것입니다.

 예수님께서는 이제는 더 이상 율법으로만 완성될 수 없다는 사실을 알려 주시기 위해서 이러한 사건을 일으키시고 성경말씀으로 증거해주시고 계신 것입니다.

 돈과 명예로 혈연과 육정으로 살 수 없는 영혼구원의 티켓을 오직 예수님만을 영혼의 메시아로 믿고 섬길 때 받을 수 있는 것입니다.

 그래서 더 이상 성전에서 소와 양과 비둘기를 팔 필요도 없고 그것을 하나님께 받친다고 해서 구원의 역사가 이루어지지 않는다는 것을 가르쳐 주시기 위해서 보여 주신 것입니다.

 교회에서 증거해야 할 하나님의 일은 오직 예수님이 하나님이시고 예수님을 통하지 않고는 어느 누구도 하나님 앞에 나아갈 수 없고 구원받을 수 없다는 진리를 증거하는 것입니다.

 18절 "이에 유대인들이 대답하여 예수님께 말하기를 네가 이런 일을 행하니 무슨 표적을 우리에게 보이겠느뇨", 19절 "예수님께서 대답하여 말씀하시대 너희가 이 성전을 헐라 내가 사흘 동안에 일으키리라". 이 뜻을 모르는 유대인은 다시 20절 "유대인들이 가로되 이 성전은 사십륙 년 동안에 지었거늘 네가 삼 일 동안에 일으키겠느뇨 하더라". 이에 예수님께서는 21절, 22절 "그러나 예수님은 성전된 자기 육체를 가리켜 말씀하신 것이라 죽은 자 가운데서 살아나신 후에야 제자들이 이 말씀하신 것을 기억하고 성경과 및 예수님의 하신 말씀을 믿었더라"에서 알 수 있듯이 예수님은 하나님의 아드님, 메시아, 그리스도로 이 땅에 오셔서 사람들에게 표적과 기적을 보이시면서 자신을 믿으면 영원히 죽지 않고 죄 사함을 받고 하나님아버지와 영원히 살 수 있다는 것을 하나님의 자녀들에게 가르치시고 믿게 하여 주시고 계신 것을 알 수 있습니다.

요한복음 3장

 3절 "예수님께서 대답하여 말씀하시대 진실로 진실로 네게 이르노니 사람이 거듭나지 아니하면 하나님 나라를 볼 수 없느니라", 5절 "예수님께서 대답하시되 진실로 진실로 네게 이르노니 사람이 물과 성령으로 나지 아니하면 하나님 나라에 들어갈 수 없느니라"
 여기서 물은 육을 가리키는 것으로 육체의 몸으로 태어난 사람을 말하는 것이고 성령으로 난다는 뜻은 자신이 죄인임을 예수님께 진심으로 회개하고 예수님의 보혈의 능력만을 믿음만으로 죄를 사함 받은 자에게는 예수님이 십자가에 돌아가시기 전에 제자들에게 말씀해 주신 것으로(요한복음 14장). 죄 사함 받은 자를 고아와 같이 내버려 두지 않고 하나님아버지께서 예수님의 이름으로 보내 주신 성령님이 영원토록 함께 있게 하신다고 하신 그 성령님께서 성경을 가르쳐 주시고 예수님께서 말한 모든 것을 생각나게 하시고 평안을 끼쳐주시는 성령님을 자신의 영혼의 구세주로 마음에 모신 자들에게는 하나님 나라에 들어갈 수 있는 특권을 부여 받는다는 뜻인 것입니다. 따라서 육신의 몸만 가지고는 천국에 갈 수 없고 또한 예수님 이

외의 다른 신을 믿어서도 성령으로 날 수 없기 때문에 천국에 즉 하나님 나라에 갈 수 없지만 예수님만 믿고 구원받은 하나님의 자녀들은 물과 성령으로 난 자들이라 하나님아버지 나라에 들어갈 수 있다는 진리의 말씀인 것입니다.

6절 "육으로 난 것은 육이요 성령으로 난 것은 영이니" 말씀에서 물은 육신적인 탄생을 나타내는 것이고 성령은 영적인 것으로 예수님 믿고 죄 사함 받은 구원받은 자로 성령님을 자신의 마음에 모신 자를 말씀하신 것입니다. 따라서 하늘나라 천국에서 하나님아버지와 함께 할 자는 육신적인 몸을 가지고 태어난 자가 자신이 죄인이었음을 예수님께 회개하고 예수님만을 구세주로 섬기는 자들인 것입니다. 예수님께서는 이러한 표현으로 사람이 거듭나야 한다고 하셨던 것입니다.

16절 "하나님이 세상을 이처럼 사랑하사 독생자를 주셨으니 이는 저를 믿는 자마다 멸망치 않고 영생을 얻게 하려 하심이니라", 17절 "하나님이 그 아들을 세상에 보내신 것은 세상을 심판하려 하심이 아니요 세상이 구원을 받게 하려 하심이라", 18절 "저를 믿는 자는 심판을 받지 아니하는 것이요 믿지 아니하는 자는 하나님의 독생자의 이름을 믿지 아니하므로 벌써 심판을 받은 것이니라"

여기서 "세상"은 택함 받은 하나님의 자녀를 말씀하시는 것입니다. 하나님아버지께서 독생자 예수님을 이 땅에 보내 주셔서 죄인된 하나님의 자녀들이 예수님을 구세주로 믿고 구원을 받도록 인도하여 주시고 하나님의 자녀들이 아닌 자들은 예수님을 하나님의 아들로 믿지도 않고 구세주로 믿지 않는다 하여 심판에 이른다고 하신 것입니다.

여기서 심판에 이른다고 하신 뜻은 영혼이 영원히 지옥에 갇혀 영벌을 받는다는 뜻인 것입니다. 36절 "아들을 믿는 자는 영생이 있고 아들을 순종치 아니하는 자는 영생을 보지 못하고 도리어 하나님의 진노가 그 위에 머물러 있느니라"에서 말씀하셨듯이 하나님의 아들 예수님을 하나님으로 믿고 예수님을 사랑하는 자들에게는 영생이 있고 예수님을 하나님으로 또는 하나님의 아드님으로 믿지 않는 자들에게는 영벌의 심판을 받는 하나님의 진노가 영원히 있다는 뜻인 것입니다.

19절~21절 "그 정죄는 이것이니 곧 빛이 세상에 왔으되 사람들이 자기 행위가 악하므로 빛보다 어두움을 더 사랑한 것이니라 악을 행하는 자마다 빛을 미워하여 빛으로 오지 아니하나니 이는 그 행위가 드러날까 함이요 진리를 좇는 자는 빛으로 오나니 이는 그 행위가 하나님 안에서 행한 것임을 나타내려 함이라 하시니라"

여기서 빛은 예수님을 말씀하시는 것이고 어두움은 사탄 마귀를 말씀하시는 것입니다. 예수님보다 사탄 마귀를 더 사랑하여 하나님 말씀이 안 믿어지고 예수님이 하나님의 아드님이시고 하나님이신 것을 부정하게 만든 것입니다. 그러나 예수님을 사랑하는 자는 하나님 말씀이 믿어지고 예수님이 내 영혼의 구세주이심을 확실히 믿어지고 하나님 말씀을 좇는 자가 될 수 있는 것입니다.

하나님의 자녀들은 삶의 목적이 무엇이냐면 다른 것 없습니다. 하나님아버지의 인치심을 받은 자로서 예수님 믿고 구원받은 자로써 열심히 예수님만 증거하며 하나님 말씀에 순종하며 살아가는 것입니다. 아멘.

요한복음 4장

 예수님께서 유대를 떠나 갈릴리로 가실새 사마리아로 통행하는 길에서 사마리아 여자를 만나서 복음을 전해서 많은 사마리아인들도 예수님을 믿고 영혼의 구세주이심을 알게 한 것입니다. 물을 길러 온 사마리아 여자에게 물을 좀 달라 하시면서 13절~15절 "예수님께서 대답하여 말씀하시대 이 물을 먹는 자마다 다시 목마르려니와 내가 주는 물을 먹는 자는 영원히 목마르지 아니하리니 나의 주는 물은 그 속에서 영생하도록 솟아나는 샘물이 되리라 여자가 가로되 주님 이런 물을 내게 주사 목마르지도 않고 또 여기 물 길러 오지도 않게 하옵소서"
 여기서의 물은 생명수, 성령님, 영생수, 진리, 말씀, 복음 등으로 해석할 수 있습니다. 유대인들은 사마리아인들과 상종치 아니했다고 말씀에 나와 있는데 예수님께서는 사마리아인에게 물을 달라고 하면서 예수님이 어떤 분이신가를 증거하고 또한 이를 믿는 사마리아인들이 많도록 해 주셨습니다. 유대인들은 사마리아인들을 이방인으로 취급했습니다. 그러나 예수님께서는 예수님을 믿지 않는 자들이 이방인이고 예수님을 믿는 자들은 하나님아버지의 자녀들로 정하신 구분을 예수님 믿고 구원받은 자들과 아닌 자들로 구분하였던 것입니다.

21절~24절 "예수님께서 말씀하시대 여자여 내 말을 믿으라 이산에서도 말고 예루살렘에서도 말고 너희가 아버지께 예배할 때가 이르리라 너희는 알지 못하는 것을 예배하고 우리는 아는 것을 예배하노니 이는 구원이 유대인에게서 남이니라 아버지께 참으로 예배하는 자들은 신령과 진정으로 예배할 때가 오나니 곧 이때라 아버지께서는 이렇게 자기에게 예배하는 자들을 찾으시느니라 하나님은 영이시니 예배하는 자가 신령과 진정으로 예배할지니라". 여기서 신령은 "영"으로 진정은 "진리(성경말씀)"로 바꾸어서 읽고 의미 또한 "영"과 진리로 믿어야 합니다. 하나님아버지께 예수님을 영혼의 구세주로 모신 영이 진리로 예배를 드릴 때 하나님아버지께서는 기쁘게 예배를 받으신다는것입니다.

"영"과 진리(말씀)가 빠진 예배는 아무런 의미가 없다고 보시면 되겠습니다. 성령님이 예배에 함께 하신다는 뜻은 구원받은 성도들 두세 사람이 예수님의 이름으로 모인 곳에는 예수님도 그들 중에 있느니라(마태복음 18장 20절) 즉 예수님께서 함께 하신다는 뜻으로 예배에는 구원받은 성도들이 참여해서 예수님을 찬양하고 예수님께 기도드리고 예수님을 증거하면서 진리의 말씀 하나님말씀을 가르치고 증거하는 예배가 되어야 하는 것입니다.

예수님께서 함께 하신다는 뜻은 "영"께서 함께 하신다는 뜻과도 같습니다. 요한복음 14장 16절에서 예수님께서는 십자가에 돌아가시기 전에 제자들에게 하나님아버지께서 예수님의 이름으로 보내실 성령님. 이 성령님께서 구원받은 하나님의 자녀들과 영원토록 함께 하신다고 하셨기 때문에 구원받은 성도들이 없는 예배는 예배가 아닌 것입니다. 언젠가는 재림하실 예수님 이 예수님께서 오실 때까지 믿음의 형제자매들 속에는 성령님께서 함께 하시고 활동하심으로 예수님 오실 때까지 예수님을 증거하고 예수님께 영광 돌리는 삶을 살아가야 할 것입니다.

"진정으로 예배할지니라"에서 진정은 진리 즉 하나님말씀으로만 예배 드려야 한다는 뜻인 것입니다. 진리의 말씀이 예배에 함께 했다는 뜻은 예배가 진리의 말씀으로만 드려진다는 뜻인 것입니다. 하나님말씀이 빠진 예배는 참 예배가 아닌 것입니다.

예수님의 복음과 예수님의 십자가의 죽으심의 의미가 빠진 예배는 예배가 아닌 것입니다. 인간의 철학과 인간의 개인사의 내용으로 예배 시간을 채운다면 아무런 의미가 없는 예배인 것입니다.

구원받은 성도들의 모여서 성경말씀의 내용을 가르치고 전파하고 사탄 마귀와 싸워서 이길 수 있도록 성경말씀으로 무장하는 것이 예배이고 하나님아버지와 예수님만을 찬양하고 그 분들에게만 모든 영광을 돌리는 예배가 진정한 예배인 것입니다.

그래서 "신령"과 "진정"으로는 "영"과 "진리(성경말씀)"로 바꿔서 읽고 또한 그렇게 믿고 그 뜻을 바르게 전해야 하는 것입니다.

요한복음 5장

말씀 중에 19절, 24절, 25절에 반복해서 기록되어 있는 진실로 진실로 말씀에 은혜를 받았습니다. 예수님께서는 얼마나 답답하시고, 안타까운 마음이셨으면 이렇게 진실이라는 단어를 반복해서 쓰셨고, 또한 3번에 걸쳐서 강조하신 것은 그만큼 택한 받은 백성 중에서도 예수님을 반신반의하는 자들이 있다는 것을 알 수 있었으며 예수님께서도 5장 끝에서(40절, 43절, 44절, 47절) 이를 잘 표현하고 있는 것을 알 수 있습니다.

47절 "그러나 그의 말도 믿지 아니하거든 어찌 내 말을 믿겠느냐하시니라"라고 하고 계신 것으로 봐서도 잘 알 수 있는 것입니다.

이 말씀에서 문득 생각나는 것이 예수님 공중재림 후 무덤에 잠자는 자들이 먼저 예수님을 만나고 살아서 구원받은 성도가 몸이 변화되어 예수님을 공중에서 만나고 이 지구상에는 7년 정도의 대환란 시기가 있고 그 시기에 환란성도가 구원받는 말씀이 성경에 나오는 것이 아마도 반신반의 하는 자들이 뒤늦게 회개하고 힘들게 구원을 받는 것이 아닌가 생각이 듭니다. 육신의 세상에서도 자식들이 부모님의 말을 안 듣고 자신의 고집을 내세우며 생활하는 것을 부모님들이 볼 때는 얼마나 답답하고 마음이 아프고 애절하지 않습니까? 영적인 것도 똑 같을 것입니다. 영적인 부모님이신 예수님을 하나님으로 영혼의 심판주이시고 구세주이심을 깨닫지 못하고 이단과 사탄의 노예가 되어 허우적대는 모습의 택한 백성들에게서 받는 예수님의 안타까움이란 똑같은 마음일 것입니다.

성경말씀은 택함 받지 못한 하나님의 자녀들에게 주시는 말씀이 아닙니다. 성경말씀은 이미 태초전 생명책에 기록되어 있는 하나님의 자녀들에게 주시는 말씀인 것입니다.

원래는 하나님의 자녀인데 잠시 사탄 마귀에 노예되어 종노릇 하고 있는 자녀들이 하나님의 은혜로 때가 됨에 예수님을 구세주로 모심으로 성령님이 그 들 마음에 자리잡는 것입니다. 해서 하나님의 자녀들마다 다 똑같을 수는 없을 것입니다. 어느 누구는 하나님의 말씀을 깨닫고 일찍이 말씀에 적극적으로 준행하는 자들도 있을 것이고 그와 반대로 예수님의 마음을 아프게 하는 자녀들도 있을 것이라고 생각합니다.

저 또한 예수님의 마음을 아프게 한 자로 생각합니다. 예수님을 하나님의 아드님으로 믿고 또한 하나님으로 확신을 갖은 믿음이 얼마 되지 않았기 때문입니다. 이 확신의 믿음을 갖기 전까지 저도 많이 많이 예수님을 힘들게 했을 것으로 생각합니다. 교회를 다니고 봉사를 하고 성도들 간의 교제도 하면서 정작 하나님 말씀과는 가까이 지내지 못한 점 말씀을 사랑하지 않은 점, 복음을 간절히 전하지 못한 점, 영혼을 사랑하지 못한 점 들이 지금에서야 예수님께서 나를 보실 때 많이 마음 아파했을 것으로 생각되어집니다. 아니 5장 47절 말쏨이 저를 두고 하신 말씀인 것 같습니다.

 진실이라는 말 자체도 거짓이 없고 참인 것인데 이 말을 두 번 반복하고도 부족해서 세 구절까지나 반복해서 말씀하신 것은 택한 받은 백성들이 깨달아 주기를 간절히 바라고 계실 것이라고 믿습니다.

 19절 "그러므로 예수님께서 저희에게 이르시되 내가 진실로 진실로 너희에게 이르노니 아들이 아버지의 하는 일을 보지 않고는 아무것도 스스로 할 수 없나니 아버지께서 행하시는 그것을 아들도 그와 같이 행하느니라", 24절 "내가 진실로 진실로 너희에게 이르노니 내 말을 듣고 또 나 보내신 이를 믿는 자는 영생을 얻었고 심판에 이르지 아니하나니 사망에서 생명으로 옮겼느니라", 25절 "진실로 진실로 너희에게 이르노니 죽은 자들이 하나님의 아들의 음성을 들을 때가 오나니 곧 이때라 듣는 자는 살아나리라", 29절 "선한 일을 행한 자는 생명의 부활로 악한 일을 행한 자는 심판의 부활로 나오리라". 여기서 선한 일이란 육신적인 선한 일이 아닌 것입니다. 착하게 살았고, 봉사도 많이 했고, 어려운 이웃을 도왔다고 그가 생명의 부활로 심판을 받는 것이 아닙니다.

 그럼 선한 일을 행한 자는 누구를 두고 하신 말씀이겠습니까? 그것은 자신을 죄인임을 예수님께 회개하고 예수님이 하나님의 아드님이심을 믿고 예수님이 죄인 된 인간의 죄를 대속해 주시기 위해서 십자가에서 피 흘려 돌아가시고 3일 만에 부활 승천하셔서 영원한 대제사장의 역할을 하신 분으로 믿고 예수님은 반드시 천군천사들을 대동하시고 재림하시는 분이시고 영혼의 구세주 되신 분으로 확실히 믿고 이러한 믿음을 영혼들에게 거짓없이 성경에 있는 말씀만 바르게 전하는 일에 충성을 다한 자녀들이 선한 일을 행한 자인 것입니다.

 전에도 말씀 드렸듯이 목사라고 해서, 전도사라고 해서, 권사라고 해서, 집사라고 해서, 성도라고 해서 모두가 구원받는 것이 아닌 것입니다. 마태복음 7장 21절 "나더러 주님 주님 하는 자마다 천국에 다 들어갈 것이 아니요 다만 하늘에 계신 아버지의 뜻대로 행하는 자라야 들어가리라", 22절 "그날에 많은 사람이 나더러 이르되 주님 주님 우리가 주님의 이름으로 선지자 노릇하며 주님의 이름으로 귀신을 쫓아내며 주님의 이름으로 많은 권능을 행치 아니하
 였나이까 하리니", 23절 "그 때에 내가 저희에게 밝히 말하되 내가 너희를 도무지 알지 못하니 불법을 행하는 자들아 내게서 떠나가라 하리라"
 이 말씀에서 우리는 알 수 있는 것입니다 하나님의 뜻대로 행한 자 말씀대로 행한 자 만이 천국에 갈 수 있다는 것입니다. 목사라고 해도 말씀에 어긋나는 타 종교를 인정하면서 예수님 이외에도 영혼의 구세주로 인정하는 자들은 결코 생명의 부활로 심판 받을 수 없고 그는 지옥 즉 영벌의 심판을 받는 것입니다.
 그리고 예수님은 영혼의 심판주이심을 5장 22절 "아버지께서 아무도 심판하지 아니하시고 심판을 다 아들에게 맡기셨으니"에 확실히 말씀하고 계시며 이는 계시록에 기록되어 있는 말씀을 보시면 예수님께서 심판하심을 확실히 알 수 있습니다. 요한계시록 22장 12절 "보라 속히 오리니 내가 줄 상이 내게 있어 각 사람에게 그의 일한 대로 갚아주리라". 13절 "나는 알파와 오메가요 처음과 나중이요 시작과 끝이라". 14절 "그 두루마기를 빠는 자들은 복이 있으니 이는 저희가 생명나무에 나아가며 문들을 통하여 성에 들어갈 권세를 얻

으려 함이로다". 15절 "개들과 술객들과 행음자들과 살인자들과 우상 숭배자들과 및 거짓말을 좋아하며 지어내는 자마다 성밖에 있으리라". 16절 "나 예수는 교회들을 위하여 내 사자를 보내어 이것들을 너희에게 증거하게 하였노라 나는 다윗의 뿌리요 자손이니 곧 광명한 새벽 별이라 하시더라"

요한복음 6장

32절~35절 "예수님께서 이르시되 내가 진실로 진실로 너희에게 이르노니 하늘에서 내린 떡은 모세가 준 것이 아니라 오직 내 아버지가 하늘에서 내린 참 떡을 너희에게 주시나니 하나님의 떡은 하늘에서 내려 세상에게 생명을 주는 것이니라 저희가 가로되 주님이 떡을 항상 우리에게 주소서 예수님께서 말씀하시대 내가 곧 생명의 떡이니 내게 오는 자는 결코 주리지 아니할 터이요 나를 믿는 자는 영원히 목마르지 아니하리라", 47절~51절 "진실로 진실로 너희에게 이르노니 믿는 자는 영생을 가졌나니 내가 곧 생명의 떡이로라 너희 조상들은 광야에서 만나를 먹었어도 죽었거니와 이는 하늘로서 내려오는 떡이니 사람으로 하여금 먹고 죽지 아니하게 하는 것이니라 나는 하늘로서 내려온 산 떡이니 사람이 이 떡을 먹으면 영생하리라 나의 줄 떡은 곧 세상의 생명을 위한 내 살이로라 하시니라", 53절~58절 "예수님께서 말씀하시대 내가 진실로 진실로 너희에게 이르노니 인자의 살을 먹지 아니 아니하고 인자의 피를 마시지 아니하면 너희 속에 생명이 없느니라 내 살을 먹고 내 피를 마시는 자는 영생을 가졌고 마지막 날에 내가 그를 다시 살리리니 내 살은 참된 양식이요 내 피는 참된 음료로다 내 살을 먹고 내 피를 마시는 자는 내 안에 거하고 나도 그 안에 거하나니 살아 계신 아버지께서 나를 보내시매 내가 아버지로 인하여 사는 것같이 나를 먹는 그 사람도 나로 인하여 살리라 이것은 하늘로서 내려온 떡이니 조상들이 먹고도 죽은 그것과 같지 아니하여 이 떡을 먹는 자는 영원히 살리라"

여기서 말씀하시는 예수님의 살과 피는 무엇을 말하는 것인지는 63절 "살리는 것은 영이니 육은 무익하니라 내가 너희에게 이른 말이 영이요 생명이라"과 요한복음 15장 1절~10절 말씀과 연관시켜 말씀을 믿으면 확실히 알 수 있습니다.

또한 10절 말씀에서 알 수 있는 것은 하나님 말씀을 사랑하는 자, 그 말씀에 순종하고 전도하는 자라는 것을 확실히 알 수 있습니다.
"내가 참 포도나무요 내 아버지는 그 농부라 무릇 내게 있어 과실을 맺지 아니하는 가지는 아버지께서 이를 제해 버리시고 무릇 과실을 맺는 가지는 더 과실을 맺게 하려하여 이를 깨끗케 하시느니라 너희는 내가 일러 준 말로 이미 깨끗하였으니 내 안에 거하라 나도 너희 안에 거하리라 가지가 포도나무에 붙어 있지 아니하면 절로 과실을 맺을 수 없음같이 너희도 내 안에 있지 아니하면 그러하리라 나는 포도나무요 너희는 가지니 저가 내 안에 내가 저 안에 있으면 이 사람은 과실을 많이 맺나니 나를 떠나서는 너희가 아무것도 할 수 없음이라 사람이 내 안에 거하지 아니하면 가지처럼 밖에 버리워 말라지나니 사람들이 이것을 모아다가 불에 던져 사르느니라 너희가 내 안에 거하고 내 말이 너희 안에 거하면 무엇이든지 원하는 대로 구하라 그리하면 이루리라 너희가 과실을 많이 맺으면 내 아버지께서 영광을 받으실 것이요 너희가 내 제자가 되리라 아버지께서 나를 사랑하신 것같이 나도 너희를 사랑하였으니 나의 사랑 안에 거하라 내가 아버지의 계명을 지켜 그의 사랑 안에 거하는 것같이 너희도 내 계명을 지키면 내 사랑 안에 거하리라"

 그렇습니다. 하나님 말씀 안에서 말씀의 양식으로 영양분을 공급받으며 예수님과 함께 살아가야만 즉 예수님께 붙어 있어야만 영적으로 풍성한 열매를 맺으며 마지막 심판 날에 영벌의 심판이 아니라 영생의 심판을 받고 새 하늘과 새 땅 새 예루살렘 성에 들어갈 수 있다는 것입니다. 예수님의 살과 피는 하나님의 말씀인 것입니다. 하나님 말씀을 사랑하고 그 말씀을 지키려고 노력하고 애 쓰는 자들은 하나님을 사랑하는 것이고 예수님도 하나님의 계명을 지켜

 하나님의 사랑 안에 거한다고 10절 말씀에 말씀하셨고 예수님을 믿고 구원받은 하나님의 자녀들도 하나님의 말씀을 지키면 예수님의 사랑 안에 거한다고 말씀하셨습니다.

 예수님의 사랑 안에 거한다는 것이 예수님의 살과 피를 먹고 마시며 예수님께 붙어 있는 자로 즉 포도나무로 비유하면 말라 비뚤어진 가지가 아니라 영양분과 물을 땅속 깊은 곳에서 빨아들여 공급 받는 가지로 붙어 있는 하나님의 자녀들이 풍성한 열매를 맺으며 살아갈 수 있는 것처럼 예수님께 붙어 있는 자는 예수님께서 마지막 날에 다시 살리신다는 말씀인 것입니다. 그리고 이것이 하나님아버지의 뜻을 이루기 위해서 예수님께서 하늘에서 이 땅에 오신 것입니다.

 요한복음 6장 37절~40절 "아버지께서 내게 주시는 자는 다 내게로 올 것이요 내게 오는 자는 내가 결코 내어 쫓지 아니하리라 내가 하

늘로서 내려온 것은 내 뜻을 행하려 함이 아니요 나를 보내신 뜻을 행하려 함이니라 나를 보내신 이의 뜻은 내게 주신 자 중에 내가 하나도 잃어버리지 아니하고 마지막 날에 다시 살리는 이것이니라 내 아버지의 뜻은 아들을 보고 믿는 자마다 영생을 얻는 이것이니 마지막 날에 내가 이를 다시 살리라 하시니라"

 예수님께서는 하나님아버지의 뜻을 이루시기 위해서 하늘로서 내려온 하나님아버지의 아드님이신 것입니다. 하나님아버지의 뜻은 예수님께 보내 주신 하나님의 백성들을 마지막 날에 다시 살리는 것이라고 했습니다.

 심판의 권한을 예수님께 맡기신 내용으로 성경말씀이 요한계시록 22장 12절~16절에 잘 나타내고 계신 것입니다. "보라 내가 속히 오리니 내가 줄 상이 내게 있어 각 사람에게 그의 일한 대로 갚아주리라 나는 알파와 오메가요 처음과 나중이요 시작과 끝이라 그 두루마기를 빠는 자들은 복이 있으니 이는 저희가 생명나무에 나아가며 문들을 통하여 성에 들어갈 권세를 얻으려 함이로다 개들과 술객들과 행음자들과 살인자들과 우상 숭배자들과 및 거짓말을 좋아하며 지어내는 자마다 성 밖에 있으리라 나 예수님은 교회들을 위하여 내 사자를 보내어 이것들을 너희에게 증거하게 하였노라 나는 다윗의 뿌리요 자손이니 곧 광명한 새벽 별이라 하시더라", 요한계시록 22장 14절 "그 두루마기를 빠는 자들은 복이 있으니 이는 저희가 생명나무에 나아가며 문들을 통하여 성에 들어갈 권세를 얻으려 함이로다". 예수님의 두루마기를 빤다는 뜻이 무엇인지를 잘 알 수 있을 것입니다. 그 뜻은 실제로 예수님께서 입으신 옷을 빤다는 뜻이 아니라 예수님 안에서 구원받은 자들로 하나님말씀에 순종한자 하나님말씀을 사랑하고 그 말씀을 성경말씀 그대로 전도한 자 성경말씀에 없는 것을 더 하거나 또는 말씀에 있는 것을 뺀다거나 하지 아니한 자라만 예수님의 사랑 안에 거하고 그 예수님이 그자의 마음 안에 거한 자가 새 하늘과 새 땅 새 예루살렘성에 즉 천국에서 영원히 하나님아버지와 함께 살 수 있다는 것입니다.

 그리고 이러한 예수님 안에 거한 자들만이 성찬식에 참여하여 예수님의 살과 피로 상징하는 떡과 포도주를 만들어서 먹고 마시며 예수님이 재림하실 때까지 기념하고 예수님을 증거하는 삶을 살아가는 것입니다.

 고린도전서 11장 23절~29절 말씀 "내가 너희에게 전한 것은 주님께 받은 것이니 곧 주 예수님께서 잡히시던 밤에 떡을 가지사 축사하시고 떼어 말씀하시대 이것은 너희를 위하는 내 몸이니 이것을 행하여 나를 기념하라 하시고 식후에 또한 이와 같이 잔을 가지시고 말씀하시대 이 잔은 내 피로 세운 새 언약이니 이것을 행하여 마실 때마다 나를 기념하라 하셨으니 너희가 이 떡을 먹으며 이 잔을 마실 때마다 주님의 죽으심을 오실 때까지 전하는 것이니라 그러므로 누구든지 주님의 떡이나 잔을 합당치 않게 먹고 마시는 자는 주님의 몸과 피를 범하는 죄가 있느니라 사람이 자기를 살피고 그 후에야 이 떡을 먹고 이 잔을 마실찌니 주님의 몸을 분변치 못하고 먹고 마시는 자는 자기의 죄를 먹고 마시는 것이니라"

요한복음 7장

14절~21절 "이미 명절의 중간이 되어 예수님께서 성전에 올라가사 가르치시니 유대인들이 기이히 여겨 가로되 이 사람은 배우지 아니하였거늘 어떻게 글을 아느냐 하니 예수님께서 대답하여 말씀하시대 내 교리(가르침, 말씀)는 내 것이 아니요 나를 보내신 이의 것이니라 사람이 하나님의 뜻을 행하려 하면 이 교리가 하나님께로서 왔는지 내가 스스로 말함인지 알리라 스스로 말하는 자는 자기 영광만 구하되 보내신 이(하나님)의 영광을 구하는 자는 참되니 그 속에 불의가 없느니라 모세가 너희에게 율법을 주지 아니하였느냐 너희 중에 율법을 지키는 자가 없도다 너희가 어찌하여 나를 죽이려 하느냐 무리가 대답하되 당신은 귀신이 들렸도다 누가 당신을 죽이려 하나이까 예수님께서 대답하여 말씀하시대 내가 한 가지 일을 행하매 너희가 다 이를 인하여 괴이히 여기는 도다". 요한복음 5장 1~8절, 16~18절에서 38년 된 병자를 안식일에 낫게 해 준 것과 또한 하나님을 자기의 즉 예수님의 친아버지라 하여 예수님을 하나님과 동등으로 삼으심을 가지고 유대인들은 예수님을 죽이려 했던 것입니다. 이것을

23절에 예수님께서 말씀해 주시고 계십니다.

요한복음 7장 22절~24절 "모세가 너희에게 할례를 주었으니 (그러나 할례는 모세에게서 난 것 아니요 조상들에게서 난 것이라) 그러므로 너희가 안식일에도 사람에게 할례를 주느니라 모세의 율법을 폐하지 아니하려고 사람이 안식일에도 할례를 받는 일이 있거든 내가 안식일에 사람의 전신(육체 및 영혼)을 건전케 한 것으로 너희가 나를 노여워하느냐 외모(육체)로 판단하지 말고 공의(하나님말씀)의 판단으로 판단하라 하시니라" 예수님께서는 이렇게 예수님이 하신 사역들이 결국은 하나님의 일을 하시기 위해서 하나님께서 보내 주신 것임을 요한복음 7장 28절~29절, 33절~34절에서 말씀하고 계십니다. "예수님께서 성전에서 가르치시며 외쳐 말씀하시대 너희가 나를 알고 내가 어디서 온 것도 알거니와 내가 스스로 온 것이 아니로라 나를 보내신 이는 참이시니 너희는 그를 알지 못하나 나는 아노니 이는 내가 그에게서 났고 그가 나를 보내셨음이니라 하신대", "예수님께서 이르시되 내가 너희와 함께 조금 더 있다가 나를 보내신 이에게로 돌아가겠노라 너희가 나를 찾아도 만나지 못할 터이요 나 있는 곳에 오지도 못하리라 하신대"

요한복음 7장 33절~34절 말씀은 요한복음 14장 1절~3절 말씀을 비교해 보면 예수님을 믿지 않는 자들과 예수님 믿고 구원받은 자들과의 차이를 확실히 알 수 있습니다. 요한복음 7장 33절~34절 말씀 "예수님께서 이르시되 내가 너희와 함께 조금 더 있다가 나를 보내신 이에게로 돌아가겠노라 너희가 나를 찾아도 만나지 못할 터이요 나 있는 곳에 오지도 못하리라 하신대". 이 말씀은 예수님을 잡으러 온 바리새인과 유대인들에게 해 주신 말씀입니다. 예수님께서 조금 더 있다가 하나님나라 천국으로 갈 것인데 예수님을 잡으로 온 바리새인과 유대인들 즉 예수님 믿지 않은 자들은 예수님 있는 곳에 가지 못한다고 말씀하셨습니다.

그런데 요한복음 14장 1절~3절 말씀에서는 예수님의 제자들에게 예수님께서 어떻게 말씀하셨냐면 "너희는 마음에 근심하지 말라 하나님을 믿으니 또 나를 믿으라 내 아버지 집에 거할 곳이 많도다 그렇지 않으면 너희에게 일렀으리라 내가 너희를 위하여 처소를 예비하러 가노니 가서 너희를 위하여 처소를 예비하면 내가 다시 와서 너희를 내게로 영접하여 나 있는 곳에 너희도 있게 하리라"라고 말씀하셨습니다. 즉 예수님 믿고 구원받은 자들에게는 천국에서 예수님과 함께 영원히 살 수 있다는 것이고 예수님 믿지 않고 구원받지 못한 자들에게는 그와 반대로 예수님 있는 곳에 함께 있을 수 없고 지옥에서 영원히 갇혀 있을 수밖에 없다는 것을 확실히 알 수 있는 말씀 구절인 것입니다.

예수님께서는 하나님의 명령을 준행하기 위해서 즉 택함 받은 백성들의 영혼 구원을 구원시켜 주시기 위해서 몸소 십자가에서 피흘려 돌아가시고 부활 승천하심을 말씀해 주시고 있는 것입니다.

예수님은 예수님을 믿는 자들에게 즉 예수님이 하나님의 아드님이시고, 메시아이시고, 영혼의 구세주 되심을 믿는 자들에게는 영원히 멸망치 않으리라고 요한복음 7장 37절~38절에서 말씀하고 계신 것입니다 "명절 끝날 곧 큰 날에 예수님께서 서서 외쳐 말씀하시대 누구든지 목마르거든 내게로 와서 마시라 나를 믿는 자는 성경에 이름과 같이 그 배에서 생수의 강이 흘러 나리라 하시니"

요한복음 7장 39절 "이는 그를 믿는 자의 받을 성령님을 가리켜 말씀하신 것이라 예수님께서 아직 영광을 받지 못하신 고로 성령님이 아직 저희에게 계시지 아니하시더라"이 성령님에 대해서는 요한복음 14장에 자세히 설명이 되어지고 있습니다. 성령님은 예수님께서 직접 제자들 앞에서 하나님의 자녀들에게 하나님아버지께서 예수님의 이름으로 보내 주실 또 다른 보혜사로 성령님으로 말씀하고 있는 것입니다.

 그 성령님께서는 예수님 믿고 구원받은 자들을 고아와 같이 내버려 두지 않고 사탄 마귀로부터 보호해 주시고 지켜 주실 뿐만 아니라 예수님께서 당시 제자들에게 가르친 것 모든 것을 기억나게 해주시고 가르쳐 주신다고 했으며 또한 그 성령님께서 죄에 대해서 의에 대해서 심판에 대해서 세상을 책망하시리라고 말씀하고 계시고 그 성령님께서 하나님 자녀들에게 평안을 주심으로 마음에 근심도 말고 두려워하지도 말라고 하신 이유는 이 성령님은 예수님 믿고 구원받은 하나님의 자녀들 마음에 영원히 함께하시기 때문인 것입니다.

 예수님께서 십자가에서 돌아가시기 전에 살아서 사역하고 계실 때에는 아직 성령님께서 하나님의 제자들 즉 자녀들에게 계시지 아니하시더라고 하신 것입니다. 그러나 이 성령님께서 활동은 사도행전에 잘 설명되어지고 있습니다. 사도행전의 핵심은 사도행전 1장 8절 말씀"오직 성령님이 너희에게 임하시면 너희가 권능을 받고 예루살렘과 온 유대와 사마리아와 땅 끝까지 이르러 내 증인이 되리라 하시니라". 땅 끝까지 누구의 증인이 되신다고 했습니까? 바로 예수님의 증인이 된다고 하셨습니다. 아멘.

 예수님 믿고 구원받은 자들에게는 영혼의 평안함 속에서 예수님을 증거하는 삶을 예수님 만나는 날까지 성경말씀 안에서 온전히 살아가며 행해야 할 것입니다. 이러한 삶을 살아가도록 예수님께 기도하면서 승리하는 삶으로 예수님께 영광 돌리며 살아갑시다.

요한복음 8장

요한복음 8장 3절 서기관들과 바리새인들이 간음 중에 잡힌 여자를 끌고 와서 가운데 세우고 예수님을 시험하고자 모세는 율법에 이러한 여자를 돌로 치라 명하였다 하면서 예수님에게는 어떻게 하겠는지 묻자 이는 예수님을 고소할 조건을 만들고자 했으나 예수님은 이를 다 아시고 그들에게 죄 없는 이가 먼저 돌로 치라 했는데 이 말을 들은 그들이 양심의 가책을 받아 어른으로 시작해서 젊은이까지 하나씩 하나씩 나가고 예수님과 여자만 남았다고 성경에서 말씀하고 계신 것은 인간은 모두가 죄인임을 알 수 있으며 죄인 된 인간은 모두가 죽는다고 했습니다.

24절 말씀 "이러므로 내가 너희에게 말하기를 너희가 너희 죄 가운데서 죽으리라 하였노라 너희가 만일 내가 그인 줄 믿지 아니하면 너희 죄 가운데서 죽으리라". 말씀 내용의 뜻에는 두 가지 사실을 알 수 있습니다. 모든 인간은 죄인이기 때문에 죽는다 그러나 예수님을 하나님의 아드님으로 믿고 구세주로 믿는 자들은 영원한 삶을 살 수 있다는 뜻도 있는 것입니다. 만일 내가 그인 줄 믿지 아니하면 너희 죄 가운데서 죽으리라 말씀에서 반대로 만일 내가 그인 줄 믿으면 죄 가운데서 있던 자들이 다시 살 수 있다는 뜻을 알 수 있는 것입니다. 그래서 51절 말씀 "진실로 진실로 너희에게 이르노니 사람이 내 말을 지키면 죽음을 영원히 보지 아니하리라". 말씀에서도 알 수 있는 것이 예수님을 하나님으로 예수님을 구세주로, 예수님의 보혈의 능력을 믿음만으로 예수님을 하나님의 아드님으로 믿는 자들에게는 육신의 몸은 죽을 수밖에 없지만 영혼은 영원히 살 수 있는 길을 열어 주신다는 말씀임을 깨달을 수 있는 것입니다.

이러한 하나님의 말씀을 깨달을 수 있는 것은 나 자신이 똑똑해서 잘 나서 깨달을 수 있는 것이 아니라 42절 말씀 "예수님께서 말씀하시대 하나님이 너희 아버지였으면 너희가 나를 사랑하였으리니 이는 내가 하나님께로 나서 왔음이라 나는 스스로 온 것이 아니요 아버지께서 나를 보내신 것이니라", 47절 말씀 "하나님께 속한 자는 하나님의 말씀을 듣나니 너희가 듣지 아니함은 하나님께 속하지 아니하였음이로다", 44절 "너희는 너희 아비 마귀에게서 났으니 너희 아비의 욕심을 너희도 행하고자 하느니라 저는 처음부터 살인한 자요 진리가 그 속에 없으므로 진리에 서지 못하고 거짓을 말할 때마다 제 것으로 말하나니 이는 저가 거짓말장이요 거짓의 아비가 되었음이니라", 45절 "내가 진리를 말하므로 너희가 나를 믿지 아니하는도다"라고 말씀하신 것입니다.

예수님의 말씀을 믿을 수 있는 자들과 믿지 아니하는 자들을 나누는 것은 단 한 가지 하나님의 자녀들은 예수님의 말씀을 믿는 것이 하나님의 자녀들이 아닌 자들은 예수님을 믿지 않는다는 것입니다.

예수님의 말씀이 전부 믿어지는 것에 감사합니다. 하나님아버지 저희들을 하나님의 자녀들로 삼아 주시고 거룩한 주일을 지키며 말씀을 읽으며 말씀의 지혜와 은혜를 주신 것에 감사합니다. 이렇게 저희들에게 은혜를 주심은 나 자신만 믿고 구원받으라는 것이 아니라 아직 구원받지 못한 하나님의 자녀들에게 복음을 전하고 예수님을 증거하고 하나님의 말씀을 바르게 증거하라는 뜻으로 믿습니다. 하나님의 명령에 순종하고 복종하는 저희들이 될 수 있도록 인도하여 주시고 함께 하여 주셔서 하나님아버지의 영광만이 나타나게 하여 주시옵기를 간절히 바라옵고 원하옵길 예수님의 이름으로 기도드립니다. 아멘.

29절 말씀에서 "나를 보내신 이가 나와 함께하시도다 내가 항상 그의 기뻐하시는 일을 행하므로 나를 혼자 두지 아니하셨느니라"

그렇습니다. 하나님의 일을 하는 자 들에게는 하나님아버지께서 그와 함께하시고 그와 함께 동행함으로 든든하고 힘들지 아니하고 위로와 힘을 주시고 지혜와 감사와 기쁨을 주시는 것입니다. 하나님께서 기뻐하시는 일들이 무엇이겠습니까? 그것은 여러분들이 잘 알고 있듯이 아직 영혼구원을 받지 못한 주변의 영혼들에게 예수님의 복음을 전하고 하나님의 말씀을 증거하고 살아가는 것입니다.

이러한 삶을 살아가는 자들에게 하나님아버지 성령님께서 함께해 주셔서 구원받을 하나님의 자녀들에게는 구원받게 해 주시고 그 구원에 참여하는 자들에게는 영원한 복을 주셔서 영혼의 죽음을 맛보지 않고 영생의 삶을 살아갈 수 있게 하는 것입니다.

함께 하여 주시는 하나님아버지 감사합니다. 성령님께서 함께하심에 감사드리고 저희들 용기 잃지 않고 예수님의 재림의 날까지 열심히 하나님의 일 하면서 예수님을 만날 수 있도록 인도하여 주시기를 간절히 기도드립니다. 예수님을 하나님으로 믿을 수 있는 은혜를 주시고 요한복음 8장 말씀의 지혜를 받을 수 있도록 인도하여 주신 예수님께 감사드립니다.

 요한복음 8장 29절 말씀과 51절 말씀을 마음판에 새기며 열심을 하나님을 기쁘시게 해드리며 살아가는 자녀들로 인도하여 주시옵시고 하나님의 영광만 나타나게 하여 주시옵소서 예수님의 이름으로 기도드립니다. 아멘.

요한복음 9장

날 때부터 소경된 자를 안식일 날 눈 뜨게 했다는 핑계로 바리새인들이 예수님을 잡아 넣으려고 했지만 아직 때가 아닌 것을 알 수 있고 또한 예수님은 하나님으로서 불가능한 일도 가능케 할 수 있다는 것을 소경된 자를 다시 눈을 뜨게 해서 보게 할 수 있는 것으로 확실히 알 수 있습니다. 예수님께서는 9장을 통해서 믿음의 자녀들에게 주시는 말씀의 지혜는 영적이든 육적이든 교만하지 말고 겸손하라고 말씀하고 계십니다.

소경된 자만이 구원받고 소경이 아닌 정상인은 구원을 못 받고 하는 것이 아니라 영적으로 소경된 자처럼 자신을 의지하지 말고 예수님만 의지해야 구원받을 수 있다는 뜻인 것입니다.

39절~41절 "예수님께서 말씀하시대 내가 심판하러 이 세상에 왔으니 보지 못하는 자들은 보게 하고 보는 자들은 소경되게 하려 함이라 하시니 바리새인 중에 예수님과 함께 있던 자들이 이 말씀을 듣고 가로되 우리도 소경인가 예수님께서 말씀하시대 너희가 소경되었더면 죄가 없으려니와 본다고 하니 너희 죄가 그저 있느니라" 이 말씀에서

"너희가 소경되었더면"의 뜻은 영적으로 "겸손했더면"으로 해석할 수 있고 "본다고 하니"의 뜻은 영적으로 "교만하니"로 해석할 수 있습니다.

 소경된 자가 33절에서 예수님을 "하나님께로부터 오지 아니하였으면 아무 일도 할 수 없으리이다"라고 말씀하신 것과 34절 소경된 자에게 "네가 인자를 믿느냐" 질문했을 때 36절 "대답하여 가로되 주님 그가 누구시오니이까 내가 믿고자 하나이다", 37절 "예수님께서 말씀하시대 네가 그를 보았거니와 지금 너와 말하는 자가 그이니라", 38절 "가로되 주님 내가 믿나이다 하고 절하는지라"

 소경된 자는 위의 말씀처럼 눈을 뜨고 난 후 예수님을 하나님께서 보내신 인자로 믿고 예수님께 절했다고 했습니다. 이처럼 소경된 자가 예수님을 믿고 구원받을 수 있었던 것은 영적으로 오직 예수님만 하나님의 아드님으로 그리고 예수님을 하나님께서 보내신 것을 의심치 않고 담대히 믿었기 때문에 영적으로 구원받을 수 있었던 것입니다.

 이처럼 영적으로 교만하지 않고 자기 자신을 겸손히 예수님께만 의지했을 때 하나님아버지께서는 그를 자녀 삼아 주시고 구원시켜 주시는 것입니다. 그렇지만 반대로 바리새인처럼 영적으로 교만한 자들은 예수님을 하나님의 아드님으로 영혼구원의 구세주로 섬기지 않고 예수님을 감옥에 처 넣을 궁리만하고 그렇게 행동으로 옮기는 자들은 영적으로 교만하여 구원받을 수 없다는 것을 명백히 알 수 있는 말씀인 것입니다.

 하나님의 자녀들은 요한복음 9장 말씀을 통해서 영적으로 확실히 겸손한 자가 되어야겠으며, 또한 육신적인 면에서도 교만하지 않고 겸손해야 한다는 것을 알 수 있었습니다. 영적으로 겸손한 자들은 육신적인 면에서도 겸손할 수밖에 없습니다. 예수님을 온전히 믿고 구원받은 자들은 육신적인 면에서도 하나님 말씀대로 겸손한 마음으로 살아가는 것입니다. 그래서 예수님 믿는 자들로 예수님의 향기를 내면서 믿음의 본을 보이며 살아가는 것입니다. 이처럼 예수님의 향기를 내는 자들에게 하나님께서는 그들을 보호해 주시고 그들을 통해서 하나님의 일들을 해 가고 있는 것입니다.

요한복음 9장 말씀을 통해서 알 수 있듯이 교만이 얼마나 무서운 적인가를 알 수 있습니다. 잠언 18장 12절 말씀에서도 "사람의 마음의 교만은 멸망의 선봉이요 겸손은 존귀의 앞잡이니라"라고 말씀하고 있듯이 교만이 얼마나 무서운 적인지 알 수 있고 겸손이 얼마나 소중한 것인지를 알 수 있습니다. 하나님께서는 성경말씀 곳곳에서 교만하지 말라고 강조하고 계십니다.

신명기 8장 13~14절 "또 네 우양이 번성하며 네 은금이 증식되며 네 소유가 다 풍부하게 될 때에 두렵건대 네 마음이 교만하여 네 하나님 여호와를 잊어버릴까 하노라 여호와는 너를 애굽 땅 종 되었던 집에서 이끌어 내시고", 잠언 16장 19절 "겸손한 자와 함께하여 마음을 낮추는 것이 교만한 자와 함께 하여 탈취물을 나누는 것보다 나으니라", 잠언 29장 23절 "사람이 교만하면 낮아지게 되겠고 마음이 겸손하면 영예를 얻으리라"

요한복음 10장

요한복음 10장은 예수님께서 양과 목자를 비유로 들면서 예수님이 하나님이시고 하나님이 예수님이신 것을 설명하고 있습니다. 여기서 양은 택함 받은 하나님의 자녀들이고 목자는 예수님인 것을 알 수 있습니다. 하나님의 자녀 즉 택함 받은 자녀들은 예수님을 하나님으로 믿고 의지하며 따르지만 하나님의 자녀가 아니면 예수님의 말을 알아들을 수도 없으며 예수님을 하나님으로 믿지도 않는다는 말씀입니다.

26절 "너희가 내 양이 아니므로 믿지 아니하는도다", 27절 "내 양은 내 음성을 들으며 나는 저희를 알며 저희는 나를 따르니라" 여기서 양들이 예수님을 따른다고 하지 않고 저희가 예수님을 따른다고 했습니다. 즉 양은 하나님의 택함 받은 자녀들을 말씀하고 있는 것을 알 수 있습니다. 양들은 목자가 없이는 살아갈 수가 없습니다.

목자가 없는 양들은 이리와 늑대들에게 잡혀 먹혀 살 수 없습니다. 양은 오직 목자의 보호 속에 있어야 살아갈 수 있듯이 택함 받은 백성은 오직 예수님께만 의지하고 예수님 말씀만 믿고 살아가야지 영생을 살 수 있는 것입니다. 11장 25절~26절 말씀을 보면 25절 "예수님께서 말씀하시대 나는 부활이요 생명이니 나를 믿는 자는 죽어도 살겠고", 26절 "무릇 살아서 나를 믿는 자는 영원히 죽지 아니하리니 이것을 네가 믿느냐". 살아서 예수님을 믿는 자는 영원히 죽지 않는다고 말씀하셨듯이 하나님의 자녀들은 예수님만 믿고 의지해야지 예수님 외에 다른 신을 인정하고 믿고 의지하면 영혼이 사탄 마귀에 사로 잡혀 먹혀 지옥에 떨어져 버리는 것입니다.

양은 목자만 바라보고 목자의 음성에만 반응하며 목자만 따를 수밖에 없듯이 하나님의 택함 받은 백성은 예수님만 바라보고 예수님의 말씀만 믿고 의지하며 예수님의 복음을 전파하는 하나님의 자녀들이 되어야 합니다.

왜냐하면 그런 자들에게만 28절 "내가 저희에게 영생을 주노니 영원히 멸망치 아니할 터이요 또 저희를 내 손에서 빼앗을 자가 없느니라", 29절 "저희를 주신 내 아버지는 만유보다 크시매 아무도 아버지 손에서 빼앗을 수 없느니라", 30절 "나와 아버지는 하나이니라 하신대"에서 영원한 영생의 선물이 기다리고 있고 하나님아버지의 보호를 받을 수 있다는 것을 확신할 수 있기 때문입니다.

예수님께서는 요한복음 10장 말씀에서 양과 목자의 비유를 들어가면서 그 당시 택한 받은 백성들에게 예수님을 증거하고 있습니다. 저는 오늘 요한복음 10장 말씀을 이렇게도 깨닫는 은혜를 받았습니다. 그 당시 성경이 완성되기 전과 지금의 성경말씀이 완성된 이후에 이 요한복음 10장 말씀 내용을 인용하여 본다면 택한 받은 백성 즉 하나님아버지 백성들은 성경말씀을 듣고 읽고 이해할 수 있는 귀를 주시고 마음을 주심으로 말씀의 은혜를 받을 수 있도록 하나님아버지께서 인도하여 주신다고 믿습니다. 하나님 말씀 즉 성경말씀을 온전히 바로 믿고 순종하는 자들에게는 하나님아버지께서 보호해 주시고 바른 길 영원한 생명의 길로 인도하여 주신다고 믿습니다.

 목자가 양을 이리와 늑대 등 삯군으로부터 보호해 주시듯 택한 받은 백성들이 성경말씀으로 무장하고 성경말씀을 사랑하고 성경말씀에 순종하고 성경말씀에 의지하고 성경말씀으로 힘을 받고 성경말씀이 곧 하나님아버지시고 예수님이시고 성령님이신 것을 확신하고 믿고 의지할 때에 하나님아버지께서 영혼과 육신의 삶을 보호해 주시고 인도해 주실 것으로 믿습니다.

요한복음 11장

나사로가 죽은 지 사흘 만에 사시 살아날 수 있었던 것은 예수님께서 4절 말씀에서 말씀하셨듯이 "예수님께서 들으시고 말씀하시대 이 병은 죽을 병이 아니라 하나님의 영광을 위함이요 하나님의 아들로 이를 인하여 영광을 얻게 하려 함이라 하시더라"
 하나님의 영광을 위함이요 예수님이 하나님의 아들임을 증명해 주시고 예수님을 통해서 영광 받으시길 원한 것입니다.
 죽었던 나사로가 하나님의 자녀가 아니었다면 예수님께서 다시 살려 주시지 않았을 것입니다. 예수님께서 나사로 대해서 말씀하시기를 5절 말씀에서 "예수님께서 본래 마르다와 그 동생과 나사로를 사랑하시더니" 나사로를 사랑했다고 말씀하고 계십니다. 예수님께서 사랑했다는 뜻은 하나님아버지도 사랑을 했을 것입니다. 하나님아버지의 사랑을 받은 자 다시 말하자면 하나님의 은혜를 받은 자들은 반드시 부활 영생 할 수 있다는 것을 나사로의 죽음과 부활로 확신할 수 있는 것입니다.

25절~26절 "예수님께서 말씀하시대 나는 부활이요 생명이니 나를 믿는 자는 죽어도 살겠고 무릇 살아서 나를 믿는 자는 영원히 죽지 아니하리니 이것을 네가 믿느냐". 아멘. 예수님 믿습니다. 예수님께서는 반드시 재림하실 것이고 재림시 1차로 예수님 믿고 무덤에 잠자던 자가 먼저 공중에서 예수님을 영접할 것이고 예수님 믿고 살아 있는 자들은 몸이 변화되어 2차로 예수님을 영접할 것을 확실히 믿습니다. 그리고 요한복음 11장 나사로의 부활을 제자들에게 보여 주시고 그 역사적인 사건을 성경말씀을 통해서 하나님의 자녀들에게 가르쳐 주시고 기억나게 해 주신 것에 감사합니다.

죽었던 나사로가 다시 살았습니다. 죽은 지 사흘이나 되었다고 했습니다. 아프리카에 죽은 동물을 볼 때 몇 시간도 안 되어서 장기가 썩고 파리가 꼬이고 냄새가 나서 짐승들이 그것을 먹는 것을 TV에서 볼 수 있었습니다. 사람도 마찬가지로 죽으면 이와 같을 것입니다. 그런 상태의 나사로를 예수님께서는 하나님께 의뢰하셔서 살리셨던 것입니다. 예수님은 이러한 분인 것입니다. 예수님이 하나님이 아니고서는 이러한 사역을 할 수가 없는 것입니다. 천지만물을 창조하시고 다스리시는 예수님이기 때문에 할 수 있는 것입니다.

능력의 하나님이 아니고서는 할 수 없는 것입니다. 죽은 자가 다시 살 수 있는 부활의 의미를 나사로를 통해서 보여 주시고 믿게 하여 주신 것입니다.

예수님 재림시 예수님 믿고 죽은 자들이 부활하고 또 예수님 믿고 살아 있는 자들이 몸이 변화되어 예수님을 만난다는 성경말씀을 100% 믿어 의심치 않습니다. 죽어서 하루가 되었든 100년이 되었든 천년이 되었든 죽은 것은 죽은 것입니다. 그런 죽은 자들 중에 예수님을 믿고 구원받았던 자들은 때가 되었을 때 다시 살 수 있는 것입니다. 왜냐하면 예수님께서 직접 말씀하시고 행동으로 보여 주셨기 때문입니다. 오직 예수님만이 하실 수 있는 것입니다. 세상의 다른 어떤 이들이 죽은 자를 살리시고 다시 재림한다고 했습니까?

아니 없습니다. 오직 예수님만이 할 수 있는 것입니다. 예수님 감사합니다.

죽었던 나사로의 죽음 보시고 눈물을 흘리신 예수님 35절 "예수님께서 눈물을 흘리시더라". 죽은 나사로가 얼마나 사랑스럽고 애처로웠으면 예수님께서 눈물을 흘리셨다고 말씀에 나와 있습니까?

그것은 나사로가 살아 있을 때 예수님을 하나님의 아드님으로 영혼의 구세주로 섬기며 예수님을 사랑했기 때문에 그것을 아시는 예수님이시기 때문에 예수님은 나사로의 죽음에 눈물을 흘려주신 것입니다. 예수님이 사랑치 않은 택함 받지 못한 백성을 위해서 사탄 마귀의 자녀를 위해서 눈물을 흘리고 죽은 자를 부활시켜 주신다는 말씀은 성경말씀 어느 구절에도 나와 있지 않습니다. 오직 택함 받은 하나님의 자녀들만이 부활하고 영혼의 구원을 받을 수 있는 것입니다. 이 진리에 다시 한번 하나님아버지께 감사드립니다.

서기관들과 바리새인들이 온갖 모략과 중상으로 예수님을 잡아넣으려고 해도 예수님께서는 제자들에게 증거하여 주시고 가르쳐 주신 것을 요한복음 말씀을 통해서 알 수 있습니다. 그리하여 성경말씀을 완성시켜 주시고 성령님을 보내 주셔서 이 시대를 살아가는 하나님의 자녀들과 예수님 재림시 때까지 하나님의 자녀들에게 가르쳐 주시고 믿게 하여 주시기 위해서 예수님께서는 하셔야 할 일들을 하나씩 하나씩 완성하셨구나 하는 것을 확신할 수 있었습니다. 예수님 감사합니다.

　요한복음 11장 말씀을 두 번째 주일날 말씀 주제로 가지고 말씀을 읽어나갈 때 하나님아버지께서 은혜를 주신 것을 정리해 보았습니다. 죽은 나사로의 부활을 통해서 지난번 시간에 우리 믿음의 자녀들은 나사로가 부활했던 것처럼 부활의 소망을 가질 수 있다고 했습니다. 예수님 재림시 무덤에서 잠자던 자들이 먼저 공중에서 예수님을 영접할 것이고 예수님 믿고 살아 있던 자들은 몸이 변화되어 두 번째로 예수님을 공중에서 영접할 수 있다는 소망을 가질 수 있다고 나사로의 부활의 사건을 들어서 설명을 드렸습니다.

　오늘 여기에 더해 주신 말씀의 은혜는 이것입니다. 이제 얼마 안 있어서 바리세인들과 서기관들에게 붙잡혀서 십자가에 피 흘려 돌아가시고 무덤에서 삼일 만에 부활하셔서 하늘나라에 계신 예수님을 떠 올릴 수 있었습니다. 마리아는 예수님께서 무덤에서 사라진 것을 걱정하고 확인하러 무덤에 갔을 때 두 천사들을 만나서 예수님께서 하늘나라 하나님아버지께로 간 사실을 듣고 이를 믿음의 형제들에게 전했습니다. 이 사실도 우리는 성경말씀을 통해서 믿을 수 있습니다.

　저는 요한복음 11장에서 나사로를 살려 주신 뜻으로 예수님께서 11장 4절에 말씀에서 "예수님께서 들으시고 말씀하시대 이 병은 죽을 병이 아니라 하나님의 영광을 위함이요 하나님의 아들로 이를 인하여 영광을 얻게 하려 함이라 하시더라"

　말씀하신 것처럼 하나님과 예수님이 영광을 받기 위함과 우리들 하나님의 자녀들에게는 믿음의 확신을 주시기 위함임을 깨달을 수 있었습니다.

하나님아버지께서 예수님을 하나님의 아드님으로 믿고 예수님을 영혼의 구세주로 믿고, 예수님을 하나님으로 믿고, 예수님을 다시 재림하실 분으로 믿고, 예수님을 사랑하는 자들에게 부활할 수 있는 권세를 주신 다는 것을 나사로를 통해서 확신 시켜 주신 것입니다. 그렇다면 예수님 자신도 십자가에 돌아가시고 무덤에 계셨을 때 하나님아버지께서 다시 살려 주신 것은 명백하다고 할 수밖에 없습니다. 그래서 무덤에 안 계시고 하나님 나라로 가신 것입니다.

예수님께서는 하나님께서 명령하신 대로 모든 것을 마치시고 십자가에 피 흘려 돌아가시고 영원한 대제사장이 되시고 모든 것을 다 이루었다고 하시고 십자가에 돌아가신 예수님을 하나님께서는 얼마나 가슴 아파하시면서 다시 살려 주셔서 하늘나라로 부르셨을 것이라고 믿습니다. 그래서 예수님께서는 무덤에 계시지 않았고 두 천사들이 부활하신 예수님을 마리아에게 알려 주신 것입니다. 모든 것을 다 이루신 예수님께서는 더 이상 이 땅에 계실 필요가 없었고

또한 예수님을 믿고 구원받은 하나님의 자녀들의 천국 처소를 마련해 주시기 위해서 하나님아버지께로 가신 것입니다. 그리고 언젠가는 다시 재림하실 때를 보고 계실 것입니다.

그리고 여기서 하나님의 자녀들에게 희망을 주신 말로는 예수님을 믿고 구원받은 자들의 죽음을 예수님께서는 표현을 무덤에서 잠자는 자들로 표현하고 있다는 것입니다. 육신은 생명을 다해서 흙으로 돌아가지만 영혼은 죽은 것이 아니라 다시 살아서 하나님 나라로 새 하늘과 새 땅 새 예루살렘으로 들어가는 특권을 부여 받은 하나님의 자녀들은 죽음이 죽음이 아니라 잠시 무덤에서 잠자고 있다가 예수님께서 재림하실 때 공중에서 영접하는 것을 명백히 확신할 수 있는

것에 예수님께 감사드립니다.

 11장 11절~14절 "이 말씀을 하신 후에 또 말씀하시대 우리 친구 나사로가 잠들었도다 그러나 내가 깨우러 가노라 제자들이 가로되 주님 잠들었으면 낫겠나이다 하더라 예수님은 그의 죽음을 가리켜 말씀하신 것이나 저희는 잠들어 쉬는 것을 가리켜 말씀하심인줄 생각하는지라 이에 예수님께서 밝히 이르시되 나사로가 죽었느니라"

요한복음 12장

23절~24절 "예수님께서 말씀하시대 인자의 영광을 얻을 때가 왔도다 내가 진실로 진실로 너희에게 이르노니 한 알의 밀이 땅에 떨어져 죽지 아니하면 한 알 그대로 있고 죽으면 많은 열매를 맺느니라". 예수님께서 자기 백성들을 구원시키기 위해서 십자가의 죽으심을 표현한 것으로 요한복음 11장 50절~52절 말씀에 잘 설명되어 있습니다. "한 사람이 백성을 위하여 죽어서 온 민족이 망하지 않게 되는 것이 너희에게 유익한 줄을 생각지 아니하는도다 하였으니 이 말은 스스로 함이 아니요 그해에 대제사장이므로 예수님께서 그 민족을 위하시고 또 그 민족만 위할 뿐 아니라 흩어진 하나님의 자녀를 모아 하나가 되게 하기 위하여 죽으실 것을 미리 말함이러라". 여기서 한 사람은 예수님을 지칭하는 것이고 "백성을 위하여"에서 백성은 택한 받은 하나님의 자녀들을 말하는 것이고 "흩어진 하나님의 자녀"는 잃어버린 양 즉 아직 예수님을 믿지 않고 구원받지 못한 하나님의 자녀들을 하나님아버지 백성으로 구원시키는 것을 말하는 것입니다.

예수님은 죄와 흠이 하나도 없으신 분으로 자신을 십자가에서 죽으심으로 말미암아 자신의 백성들을 구원시킨다는 표현으로 한 알의 밀로 들어서 설명하고 계신 것입니다. 예수님이 아니고서는 하나님의 자녀들을 구원시킬 수 없고 또한 하나님의 자녀들을 위해서 자신의 몸을 바쳐서까지 죽을 자가 없는데 예수님은 아낌없이 자기 백성들을 구원시켜 주시기 위해 자신의 육신을 헌신하여 주신 것입니다. 그리하여 죄로 인해 죽을 수밖에 없었던 하나님의 자녀들은 예수님의 보혈의 능력을 믿기만 하면 죄 사함을 받고 영혼의 구원을 선물로 받고 하나님의 자녀로 살아갈 수 있는 것입니다. 예수님께서는 하나님으로부터 이 사명을 부여 받고 이 땅에 오셔서 이 사명을 이루고자 하는 것을 11장 27절 말씀을 통해서도 알 수 있습니다. "지금 내 마음이 민망하니 무슨 말을 하리요 아버지여 나를 구원하여 이때를 면하게 하여 주옵소서 그러나 내가 이를 위하여 이때에 왔나이다"

영원한 대제사장이 되시기 위해서 십자가에 돌아가시고 부활 승천하시고 다시 재림하실 예수님을 믿으면 하나님을 믿는 것이고 예수님을 보는 자는 예수님을 보내신 하나님아버지를 보는 것이고 그들을 어두움에 거하지 않게 한다고 44절~46절 말씀에서 알 수 있습니다.

"예수님께서 외쳐 말씀하시대 나를 믿는 자는 나를 믿는 것이 아니요 나를 보내신 이를 믿는 것이며 나를 보는 자는 나를 보내신 이를 보는 것이니라 나는 빛으로 세상에 왔나니 무릇 나를 믿는 자로 어두움에 거하지 않게 하려 함이로라" 이 진리의 말씀을 믿는 자들이 있고 또 믿지 못 하는 자들이 있는데 믿지 못하는 자들에게 하신 말씀으로 40절 말씀에 "저희 눈을 멀게 하시고 저희 마음을 완고하게 하셨으니 이는 저희로 하여금 눈으로 보고 마음으로 깨닫고 돌이켜 내게 고침을 받지 못하게 하려 함이니라"고 하셨습니다. 즉 진리의 말씀을 깨닫고 믿을 수 있는 자들은 하나님아버지께 택함을 받은 자라야만 진리의 말씀, 성경말씀이 믿어지고 예수님을 영적인 구세주로 섬길 수 있는 것입니다.

이 말씀은 마태복음 13장 10절~15절 말씀에도 잘 나와 있습니다.
"대답하여 말씀하시대 천국의 비밀을 아는 것이 너희에게는 허락되었으나 저희에게는 아니되었나니 무릇 있는 자는 받아 넉넉하게 되되 무릇 없는 자는 그 있는 것도 빼앗기리라 그러므로 내가 저희에게 비유로 말하기는 저희가 보아도 보지 못하며 들어도 듣지 못하며 깨닫지 못함이니라 이사야의 예언이 저희에게 이루었으니 일렀으되 너희가 듣기는 들어도 깨닫지 못할 것이요 보기는 보아도 알지 못하리라 이 백성들의 마음이 완악하여져서 그 귀는 듣기에 둔하고 눈은 감았으니 이는 눈으로 보고 귀로 듣고 마음으로 깨달아 돌이켜 내게 고침을 받을까 두려워함이라"

그런데 42절~43절 말씀에 보시면 "그러나 관원 중에도 저를 믿는 자가 많되 바리새인들을 인하여 드러나게 말하지 못하니 이는 출회를 당할까 두려워함이라 저희는 사람의 영광을 하나님의 영광보다 더 사랑하였더라"라고 말씀하고 계십니다. 이 뜻은 유대교에서 쫓겨날 것을 두려워한 관원 중에 예수님 믿는 것을 드러내고 증거하지 못하고 인정하지 못하는 자들을 두고 말씀하신 것으로 하나님의 영광보다 사람의 영광을 취한다고 하였습니다. 예수님을 믿는 것이 부끄럽거나 자신에게 손해가 처해진다고 해서 또한 예수님을 믿어 죽음에 처할 수 있는 사태라도 하나님과 예수님을 부정하면 안되는 것입니다. 예수님을 믿는 것을 자랑스럽게 내세우고 예수님을 증거하는 일에 더욱더 힘을 쏟을 수 있는 자가 되어 하나님아버지께 영광을 돌릴 수 있어야 합니다.

3절 말씀 "마리아는 지극히 비싼 향유 곧 순전한 나드 한 근을 가져다가 예수님의 발에 붓고 자기 머리털로 그의 발을 씻으니 향유냄새가 집에 가득하더라". 마리아의 아낌없이 모든 정성으로 예수님을 섬길 수 있는 자녀가 진정으로 하나님께 영광을 돌리며 살아가는 자일 것입니다. 자기 머리털로 예수님의 발을 씻을 수 있는 마음과 예수님에 대한 사랑을 예수님을 믿는 저희들도 본받아야 할 것이고 이러한 마음과 믿음으로 예수님을 섬길 수 있도록 예수님께 기도드립니다.

3절~6절 "마리아는 지극히 비싼 향유 곧 순전한 나드 한 근을 가져다가 예수님의 발에 붓고 자기 머리털로 그의 발을 씻으니 향유 냄새가 집에 가득하더라 제자 중 하나로서 예수님을 잡아 줄 가룟 유다가 말하되 이 향유를 어찌하여 삼백 데나리온에 팔아 가난한 자들에게 주지 아니하였느냐 하니 이렇게 말함은 가난한 자들을 생각함이 아니요 저는 도적이라 돈궤를 맡고 거기 넣는 것을 훔쳐 감이러라". 여기 말씀 구절에서 말씀의 은혜를 받은 것은 예수님을 믿는 자녀들은 마리아 같은 자녀들이 되어야지 가룟 유다 같은 자가 되어서는 안 된다는 것입니다.

이 말씀의 뜻을 잘 이해하지 못하면 오히려 가룟 유다가 말한 것처럼 가난한 자들을 생각해서 말한 것이 낫지 않을까 하고 생각할 수 있을지 모르겠지만 이는 절대적으로 잘못된 생각입니다. 마리아는 분에 넘치게 비싼 향유를 사다가 예수님의 발을 씻기우셨을까?

그냥 물로 씻기우셔도 되지 않았을까? 하는 생각에 빠질 수도 있을 것입니다. 하지만 이러한 생각은 인간적인 생각으로 하나님 말씀에 비쳐 보면 잘못된 생각인 것을 바로 알 수 있는 것입니다.

하나님의 자녀들은 하나님아버지인 예수님께 바칠 때 가장 소중하고 귀중한 것을 아낌없이 정성을 다해서 바쳐야 되고 그와 관련된 모든 영광도 다 예수님께서 받으셔야 하는 것입니다. 마리아는 그런 마음으로 비싼 향유를 사서 예수님 발에 바르고 자신의 머리털로 씻기우신 것입니다. 마리아 자신의 생활에 비해서 사치스러울 정도의 비싼 향유를 사면서까지 자신이 드릴 수 있는 최상의 것으로 정성스럽게 마음을 다해서 예수님께 헌신해야 한다는 것을 예수님이 이 사건을 통해서 말씀해 주시고 있는 것입니다. 또한 예수님께서는 마리아가 그렇게 행동하도록 만들었을 것입니다.

이제 얼마 안 있으면 예수님은 하나님의 자녀들의 영혼 구원을 위해서 지난 시간에 말씀 드렸듯이 자신의 몸을 바쳐서 십자가에 죽음을 당해야 합니다. 이제 시간이 정말로 얼마 남지 않았습니다. 예수님께서는 요한복음 전체 장에서 하나님의 자녀들에게 보여 줄 모든 것을 보여 주시고 가르쳐주실 모든 것을 가르쳐 주시고 하나님께 부여 받은 모든 것을 완전히 이루시고 하늘나라로 가시는데 그중에 자녀들에게 가르쳐 주실 내용 중에 하나인 것입니다.

예수님은 마리아에게 지극 정성으로 받으실 만한 분이시고 다시 말씀드려서 꼭 그렇게 받으셔야 하는 것입니다. 7절 말씀에서 "예수님께서 말씀하시대 저를 가만 두어 나의 장사할 날을 위하여 이를 두게 하라 가난한 자들은 항상 너희와 함께 있거니와 나는 항상있지 아니하리라 하시니라". 여기서 나의 장사할 날을 위하여 이를 두게 하라고 말씀하고 계십니다. 이제 얼마 남지 않아서 예수님은 십자가에 피 흘리시고 돌아가시고 삼일 만에 부활하셔서 하늘나라
 아버지께로 가실 것을 다 예비하시고 마리아가 하는 행동을 그냥 두라고 말씀하신 것입니다. 마리아처럼 모든 정성을 다해서 예수님을 섬기고 받들어야 하는 것을 가르쳐 주시고 있는 것입니다.
 하나님의 자녀들은 하나님께 바치는 것에 아깝거나 아무렇게나 하는 것이 아니고 자신이 가진 것 중에서 소중하고 귀중한 것으로 예수님께 바쳐야 한다는 것을 가르쳐 주시고 있는 것입니다. 하나님의 자녀들이 하는 십일조도 마찬가지로 내가 번 돈 중에서 가장 먼저 십분의 일을 하나님께 먼저 바칠 것을 빼놓고 그 나머지를 써야 하는 것처럼 자신의 마음이 하나님을 먼저 생각하고 하나님께 소중한 것을 바치려 마음가짐이 있는 것과 없는 차이는 하늘과 땅 차이인 것입니다.
 가룟 유다는 말은 번지르르하게 말하지만 속은 음흉한 마음을 가지고 있어 사심과 사욕으로 가득한 인간으로 성도들이 헌금한 돈궤를 맡은 자로써 하나님께 받친 헌금을 빼돌려서 자신이 사용한 자였던 것입니다. 가룟 유다 자신은 자기가 하는 짓을 예수님이 모른다고 생각하고 있을지 모르지만 예수님은 다 아시고 그의 마음이 어떤 마음을 갖고 있으며 어떻게 행동하는지 다 알고 계신 분인 것입니다.
 하나님의 자녀들인 우리는 요한복음 12장 말씀에서 가르쳐 주시는 은혜의 말씀에 명심하고 예수님께 바치는 모든 것에 마리아가 예수님께 하듯 해야 한다는 것을 잊어서는 안 되는 것입니다.

요한복음 13장

　손수 제자들의 발을 씻기시면서까지 제자들의 사랑을 몸소 보여주시고 그의 사랑을 느끼게 해 주시고 그런 사랑을 형제자매들에게 나누어 주시기를 명령하시고 계십니다.
　3절~15절 "저녁 먹는 중 예수님은 아버지께서 모든 것을 자기 손에 맡기신 것과 또 자기가 하나님께로부터 오셨다가 하나님께로 돌아가실 것을 아시고 저녁 잡수시던 자리에서 일어나 겉옷을 벗고 수건을 가져다가 허리에 두르시고 이에 대야에 물을 담아 제자들의 발을 씻기시고 그 두르신 수건으로 씻기기를 시작하여 시몬 베드로에게 이르시니 가로되 주여 주께서 내 발을 씻기시나이까 예수님께서 대답하여 말씀하시대 나의 하는 것을 네가 이제는 알지 못하나 이 후에는 알리라 베드로가 가로되 내 발을 절대로 씻기지 못하시리이다 예수님께서 대답하시되 내가 너를 씻기지 아니하면 네가 나와 상관이 없느니라 시몬 베드로가 가로되 주님 내 발뿐 아니라 손과 머리도 씻겨 주옵소서 예수님께서 말씀하시대 이미 목욕한 자는 발밖에 씻을 필요가 없느니라 온몸이 깨끗하니라 너희가 깨끗하나다는 아니니라 하시니 이는 자기를 팔 자가 누구인지 아심이라 그러므로 다는 깨끗지 아니하다 하시니라 저희 발을 씻기신 후에 옷을 입으시고 다시 앉아 저희에게 이르시되 내가 너희에게 행한 것을 너희가 아느냐 너희가 나를 선생이라 또는 주라 하니 너희 말이 옳도다 내가 그러하다 내가 주와 또는 선생이 되어 너희 발을 씻기는 것이 옳으니라 내가 너희에게 행한 것같이 너희도 행하게 하려 하여 본을 보였노라"

 예수님께서는 제자들을 사랑하는 마음으로 그 귀하신 몸으로 제자들의 발을 씻어 주셔서 제자들을 감동하게 만드시고 제자들도 또한 그렇게 사랑을 받은 것을 세상에 나아가서 예수님의 사랑을 전하기를 명령하고 계십니다. 예수님께서 십자가에 돌아가시기 전에 행하신 사건으로 7절에서는 시몬 베드로에게 지금 알지는 못하나 이후에는 알리라 말씀하고 계십니다. 베드로는 그 당시 예수님께서 보여주신 행동을 잘 이해하지 못하였을 것이나 실제로 예수님께서 가시면류관을 쓰시고 십자가를 메고 골고다를 향하는 예수님을 보고 또 십자가에서 죄인된 인간들의 죄 값을 대신하여 주시기 위해서 영원한 대제사장이 되시기 위해서 십자가에 돌아가신 예수님을 보고 예수님께서 자신을 얼마나 사랑해 주신 것을 느끼고 깨달았을 때 예수님께서 발을 씻겨 주실 때 하시던 말씀을 기억하고 많은 눈물을 흘렸을 것이라 보고 자신도 그런 예수님의 사랑을 나타내며 살았을 것이라 생각됩니다.

 자기의 더러운 발을 씻겼을 때 그 뜻을 깨닫지 못하고 발을 씻지 않으면 예수님과 상관없다 했을 때 자신의 손과 머리도 씻겨 달라고 했을 때는 아마도 예수님께서 하신 말씀을 충분히 알지 못하고 그런 말을 했을지 모릅니다. 예수님께서 이후에 이 감정을 알 수 있다고 했을 때 베드로는 예수님의 돌아가시고 안 계셨을 때 예수님이 자신에게 베풀어 주신 사랑을 절실히 깨닫고 예수님을 그리워했을 것이고 또한 예수님처럼 살아야겠다고 생각을 더 했을 것이라 생각됩니다. 인생 삶에서 부모 입장이 되었을 때 부모님이 얼마나 많은 사랑으로 자신을 키웠는지를 알 수 있는 것처럼 예수님이 돌아가시고 세상에 안 계셨을 때 제자들은 예수님께서 보여 주신 사랑을 생각했을 것입니다. 그리고 자신들의 제자들에게도 예수님이 아낌없이 주셨던 사랑을 나누어 주었을 것이라고 믿어 의심치 않습니다.

우리 믿음의 하나님의 자녀들은 34절에서 말씀하신대로 살아야 하는 것입니다. 새 계명을 주셨는데 그것은 사랑입니다. 하나님께서 죄인 된 우리를 사랑하시고 구원시켜 주신 것처럼 구원받은 하나님의 자녀들은 하나님의 사랑 예수님의 사랑을 나누어 주며 살아가야 하는 것입니다. 즉 예수님의 향기를 내며 살아가야 합니다.

"새 계명을 너희에게 주노니 서로 사랑하라 내가 너희를 사랑한 것 같이 너희도 서로 사랑하라 너희가 서로 사랑하면 이로써 모든 사람이 너희가 내 제자인줄 알리라". 그리고 10절 말씀 "예수님께서 말씀하시대 이미 목욕한 자는 발밖에 씻을 필요가 없느니라 온몸이 깨끗하니라 너희가 깨끗하나 다는 아니니라 하시니"를 설명드리면 "이미 목욕한 자는"의 의미는 이미 영적으로 구원받은 사람을 가리키는 것입니다. 그리고 후반절의 "너희가 깨끗하나 다는 아니니라"의 뜻은 영적으로 구원받지 못한 사탄의 자식 가룟 유다를 두고 말씀하신 것입니다.

13장에서도 예수님께서는 가룟 유다가 자신을 바리새인들에게 팔 자임을 아시고 제자들에게 설명을 해 주었으나 제자들이 그 당시에는 눈치를 채지 못하였습니다. 예수님은 모든 것을 아시고 하나님이 명령하신 대로 모든 것을 다 마치시고 십자가에 돌아가신 것입니다.

또한 13장 말씀을 통해서 깨닫는 말씀은 36절~38절 말씀입니다.

하나님의 자녀들은 영적으로 겸손해야 하며 하나님께나 예수님께나 어떠한 내용이든 맹세를 해서는 안 되는 것입니다. 인간은 죄인들이 때문에 하나님과 예수님 앞에서 맹세를 할 수 없음을 깨닫게 해주시는 말씀 구절인 것입니다.

예수님을 쫓아다니며 예수님께 직접 배운 시몬 베드로도 예수님 앞에서 죽기를 각오하는 맹세를 했지만 예수님은 시몬 베드로가 예수님을 부정할 것을 다 아시고 세 번 예수님을 부정한다고 기록되어 있는 것입니다.

"시몬 베드로가 가로되 주님 어디로 가시나이까 예수님께서 대답하시되 나의 가는 곳에 네가 지금은 따라올 수 없으나 후에는 따라오리라 베드로가 가로되 주님 내가 지금은 어찌하여 따를 수 없나이까 주님을 위하여 내 목숨을 버리겠나이다 예수님께서 대답하시되 네가 나를 위하여 목숨을 버리겠느냐 내가 진실로 진실로 네게 이르노니 닭 울기 전에 네가 세번 나를 부인하리라". 예수님께서 말씀하시대로 시몬 베드로는 닭 울기 전에 예수님을 세번 부인 한 사실이 성경에 나옵니다.(마가복음 14장 68절~72절)

20절 말씀 "내가 진실로 진실로 너희에게 이르노니 나의 보낸 자를 영접하는 자는 나를 영접하는 것이요 나를 영접하는 자는 나를 보내신 이를 영접하는 것이니라". 하나님의 자녀들은 요한복음 13장 20절에 말씀을 상기하면서 믿음의 형제자매들을 영적으로 사랑할 뿐만 아니라 세상에 살면서 예수님의 사랑을 증거하며 살아야 할 것입니다.

요한복음 14장

 성경말씀 전체가 다 중요한 말씀입니다만 요한복음 14장 말씀 내용은 아주 중요한 말씀이고 믿음의 자녀들이 어떻게 성경말씀을 통해서 자신들이 깨달을 수 있고 또 가르침을 받고 이해할 수 있는지를 알 수 있는 장이라 할 수 있습니다.
 그것은 다름 아닌 성령님께서 활동하고 계심으로 가능할 수 있다는 것을 확신할 수 있었습니다. 성령님에 대해서는 제가 성령님에 대해서 말씀을 정리할 때 요한복음 14장 말씀들을 많이 인용해서 설명을 드렸습니다. 하나님, 예수님, 성령님께서는 한 분의 하나님으로써 과거나 현재나 미래나 다 활동하고 계시고 있음을 깨달을 수 있는 장인 것입니다.
 예수님께서는 하나님의 자녀들의 처소를 예비하러 가시고 다시 재림하실 것을 요한복음 14장에서 나타나 있습니다. 1절~4절 "너희는 마음에 근심하지 말라 하나님을 믿으니 또 나를 믿으라 내 아버지 집에 거할 곳이 많도다 그렇지 않으면 너희에게 일렀으리라 내가 너희를 위하여 처소를 예비하러 가노니 가서 처소를 예비하면 내가 다시 와서 너희를 내게로 영접하여 나 있는 곳에 너희도 있게 하리라 내가 가는 곳에 그 길을 너희가 알리라". 그리고 예수님을
 통하지 않고는 하나님아버지께 갈 자가 없고 반드시 예수님을 믿고 예수님을 통해서 하나님께 갈 수 있다고 6절 말씀에 나타나 있습니다.
"예수님께서 말씀하시대 내가 곧 길이요 진리요 생명이니 나로 말미암지 않고는 아버지께로 올 자가 없느니라". 그리고 믿음의 자녀들에게 힘을 주시는 은혜의 말씀 구절은 18절 말씀입니다.
"내가 너희를 고아와 같이 버려두지 아니하고 너희에게로 오리라". 예수님을 믿고 구원받은 자들은 영적으로 고아가 아닌 것입니다.
 이 말씀은 다시 말해서 예수님을 믿지 않는 자들은 다 영적으로 고아인 것을 알 수 있습니다. 결국 누구를 믿고 의지하는 것에 따라서 하나님의 자녀가 될 수 있고 못 되고 하는 것을 알 수 있는 말씀인 것입니다. 다행히 구원받은 하나님의 자녀들은 예수님을 믿음으로 말미암아 다시 오실 예수님을 소망하며 천국 처소에 들어갈 것을 소망하며 살아갈 수 있는 것입니다. 그리고 예수님께서는 하나님의 자녀들을 보살펴 주실 성령님을 하나님께서 예수님의 이름으로 보내 주신다고 말씀하고 계십니다.
 16절~17절 "내가 아버지께 구하겠으니 그가 또 다른 보혜사를 너희에게 주사 영원토록 너희와 함께 있게 하시리니 저는 진리의 영이라 세상은 능히 저를 받지 못하나니 이는 저를 보지도 못하고 알지도 못함이라 그러나 너희는 저를 아나니 저는 너희와 함께 거하심이요 또 너희 속에 계시겠음이라", 26절~17절 "보혜사 곧 아버지께서 내 이름으로 보내실 성령님 그가 너희에게 모든 것을 가르치시고 내가 너

희에게 말한 모든 것을 생각나게 하시리라 평안을 너희에게 끼치노니 곧 나의 평안을 너희에게 주노라 내가 너희에게 주는 것은 세상이 주는 것 같지 아니하니라 너희는 마음에 근심도 말고 두려워하지도 말라"

　예수님을 믿고 구원받은 자들에게는 성령님께서 그 안에 계셔서 활동하심으로 말미암아 성경말씀도 가르쳐 주시고 영적으로도 평안함을 받을 수 있게 보호하여 주시는 것입니다.

　예수님이 눈에 보이지 않고 귀로도 들리지 않는다고 해서 예수님이 활동하고 계시지 않는 것이 아니라 예수님은 지금도 앞으로도 영원히 하나님의 자녀들을 위해서 성령님을 통해서 활동하고 계심을 확신할 수 있는 말씀 구절인 것입니다.

　여기서 평안을 너희에게 끼치노니 곧 나의 평안을 너희에게 주노라 예수님께서 우리들에게 예수님이 가지시는 평안을 주신다고 하셨습니다. 이 평안은 육신적으로 잘 먹고 잘 사는 평안이 아니라 영적인 평안함을 주신다는 뜻으로 사탄 마귀에 사로잡히지 않아 영적이든 육신적이든 평안함을 받고 살아갈 수 있다는 뜻입니다. 그리고 이런 평안함을 누리고 사는 자들에게 예수님께서는 명령하고 계신 구절이 21절 말씀인 것입니다. "나의 계명을 가지고 지키는 자라야 나를 사랑하는 자니 나를 사랑하는 자는 내 아버지께 사랑을 받을 것이요 나도 그를 사랑하여 그에게 나를 나타내리라". 여기서 나의 계명은 성경말씀인 것입니다.

　성경말씀을 사랑하고 성경말씀을 지키는 자들은 하나님과 예수님을 사랑하는 것이고 그리하여 하나님과 예수님의 사랑을 받을 수 있다는 말씀인 것입니다. 결국 성경말씀 안에서 살아가는 자들은 하나님의 사랑을 받을 수밖에 없기 때문에 영적으로 평안한 삶을 살 수밖에 없는 것을 알 수 있습니다.

　세상이 점점 더 험악해지고 마음 놓고 살아가기 힘든 세상임을 잘 알고 있습니다. 이런 세상에서 자신을 보호하고 가족을 보호하고 사회와 국가를 보호하고 살아갈 수 있는 길은 하나님 말씀밖에 없는 것입니다. 하나님의 말씀안에서 순종하며 말씀을 가르치고 증거하며 살아가는 민족과 백성들에게는 성령님하나님께서 보호해 주시고 바른 길로 인도해 주시고 악령과 악한 자들로부터 보호해 주시는 것입니다.

　우리 하나님의 자녀들은 더욱더 하나님말씀 의지하고 순종하면서 열심히 예수님 증거하며 살아갑시다. 아멘.

요한복음 15장

이 말씀 장은 예수님께서 포도나무 비유를 들어서 설명하신 유명하신 말씀 장으로 볼 수 있습니다. 8절~10절 "너희가 과실을 많이 맺으면 내 아버지께서 영광을 받으실 것이요 너희가 내 제자가 되리라 아버지께서 나를 사랑하신 것같이 나도 너희를 사랑하였으니 나의 사랑 안에 거하라 내가 아버지의 계명을 지켜 그의 사랑 안에 거하는 것같이 너희도 내 계명을 지키면 내 사랑 안에 거하리라",

12절 "내 계명은 곧 내가 너희를 사랑한 것같이 너희도 서로 사랑하라 하는 이것이니라". 예수님의 계명은 예수님이 하나님아버지의 자녀들을 사랑한 것같이 그의 자녀들이 믿음의 형제자매들을 서로 사랑하며 살아가는 것이 예수님 사랑 안에 거한다고 하셨습니다.

예수님 사랑 안에 거하며 살아갈 때에 풍성한 성령님의 열매를 맺으며 하나님아버지께 나아갈 수 있는 것입니다. 포도나무에 풍성한 포도열매를 맺기 위해서 농부가 쓸모없는 가지를 잘라 불에 사르는 것처럼 예수님을 믿고 구원받은 자녀들은 예수님 안에서 하나님말씀 가지고 말씀 위주로 예수님을 사랑하고 믿음의 형제자매들을 사랑하고 위로하고 격려해 주고 살아가며 말씀에 순종하며 살아갈 때에 영적으로나 육신적으로 풍성한 결실을 맺으며 살아갈 수 있다는 것입니다.

 예수님께서는 예수님의 제자들을 사랑하셨지 예수님을 믿지 않은 자녀들도 사랑하셨다는 말씀은 없습니다. 여기서 우리는 명심해야 할 것은 "모든 종교는 다 똑같다 종교와 믿음은 하나다"라고 주장하는 자들을 철저히 대적하고 그들과 마음과 육신을 함께 같이 해서는 안 된다는 것입니다. 예수님만을 믿고 의지하고 구세주로 섬기는 자들만이 예수님의 사랑을 받을 수 있고 믿음의 형제자매들의 사랑을 받을 수 있는 것입니다.

 또한 예수님의 자녀들은 각자가 영혼의 가지치기를 잘 해야 한다고 생각합니다. 영적으로 하나님 말씀 아래에서 만나야 할 사람과 만나지 말아야 할 사람을 잘 분별해서 사귀며 도와주고 도움을 받고 서로 위로해 주고 격려해 주고 살아가야 하는 것입니다. 4절 "내 안에 거하라 나도 너희 안에 거하리라 가지가 포도나무에 붙어 있지 아니하면 절로 과실을 맺을 수 없음같이 너희도 내 안에 있지 아니하면 그러하리라". 이 말씀 구절에서 확실히 말씀하시기를 예수님 안에 거하는 자만이 살아남아 절로 과실을 맺으며 살아갈 수 있다고 했습니다.

 즉 예수님 이외에 다른 어떤 이로는 과실을 맺으며 살아갈 수 없다는 얘기와 같은 것입니다. 예수님을 영혼의 구세주로 모시고 예수님을 사랑하고 예수님을 하나님아버지의 아드님으로 모시고 예수님을 심판주로 모시고 예수님이 내 영혼의 죄를 사해 주시기 위해서 십자가에 피 흘려 돌아가시고 삼일 만에 부활하시고 하늘나라에서 하나님과 함께 계시고 언젠가는 재림하셔서 무덤에서 잠자던 자를 먼저

공중에서 영접해 주시고 예수님 믿고 살아 있는 자들은 변
화시켜 두 번째로 공중에서 영접해 주실 자로 믿는 자들 그리고 그 것들을 증거하며 믿음의 형제자매들을 사랑하며 살아가는 자들에게 풍성한 결실을 맺을 수 있도록 해 주신다는 말씀이고 그러한 자들이 원하는 대로 구하면 다 이루어 주신다고 7절 말씀에 말씀하고 계십니다.

"너희가 내 안에 거하고 내 말이 너희 안에 거하면 무엇이든지 원하는 대로 구하라 그리하면 이루리라", 16절 말씀에서 "너희가 나를 택한 것이 아니요 내가 너희를 택하여 세웠나니 이는 너희로 가서 과실을 맺게 하고 또 너희 과실이 항상 있게 하여 내 이름으로 아버지께 무엇을 구하든지 다 받게 하려 함이니라" 예수님께서 택하여 주신 자만이 예수님 안에 거할 수 있는 것입니다.

내가 내 의지로 예수님을 믿고 예수님 안에 거한다고 거할 지는 것이 아닌 것을 알 수 있는 것입니다. 하나님의 은혜 말씀에 대해서 설명해 드릴 때 하나님의 사랑 즉 하나님의 은혜가 나를 택하여 주시지 않으면 예수님을 믿을 수 없고 구원받을 수 없는 것처럼 예수님이 하나님이시기 때문에 16절 말씀에서 예수님이 택하여 주시지 않으면 즉 하나님이 택하여 주시지 않으면 그 영혼은 예수님 안에 거할 수 없는 것입니다.

또 중요한 말씀은 우리 믿음의 자녀들이 오직 예수님만 구세주시고 예수님 외에 다른 어떤 이로는 영혼을 구원받고 하나님아버지께로 갈 수 없다고 주장하는 자들은 20절 말씀에서 핍박을 받는다고 했습니다. 그 이유는 21절~22절 말씀에서 핍박하는 자들은 하나님아버지와 예수님을 알지 못하기 때문이라고 명백히 말씀하고 있기 때문입니다.

"내가 너희더러 종이 주인보다 더 크지 못하다 한 말을 기억하라 사람들이 나를 핍박하였은즉 너희도 핍박할 터이요 내 말을 지켰은즉 너희 말도 지킬 터이라", 21절 "그러나 사람들이 내 이름을 인하여 이 모든 일을 너희에게 하리니 이는 나 보내신 이를 알지 못함이라", 23절 "나를 미워하는 자는 또 내 아버지를 미워하느니라"

우리 믿음의 자녀들은 다 알 수 있는 것이 이 세상 모든 사람이 하나님아버지께 갈 수 없다는 것입니다. 왜냐하면 21절~23절 말씀에서도 나와 있듯이 하나님을 미워하고 예수님을 미워하는 자들이 어떻게 포도나무의 가지에 붙어 있어서 풍성한 열매를 맺고 살아갈 수 있겠습니까 그렇지 못 하다는 것을 확실히 알 수 있는 것입니다.

15장 마지막절 26절~27절 말씀에서 믿음의 자녀들이 확실한 진리와 진실을 알 수 있는 것은 예수님의 이름으로 보내 주신 성령님께서 가르쳐 주시고 인도하여 주시고 기억나게 해 주시기 때문이라고 말씀하고 계신 것입니다. 내가 똑똑해서 내가 권력과 돈이 많아서 알 수 있는 것이 아니라 예수님께서 택하여 주시고 성령님께서 인도하여 주시고 모든 것을 기억나게 해 주시기 때문인 것이라 믿고 의지할 수 있는 것입니다. 26절 "내가 아버지께로서 너희에게 보낼 보혜사 곧 아버지께로서 나오시는 진리의 성령님이 오실 때에 그가 나를 증거하실 것이요", 27절 "너희도 처음부터 나와 함께 있었으므로 증거하느니라"

예수님 감사합니다. 진리를 바로 알게 하여 주시고 택하여 주신 은혜로 말미암아 예수님 안에서 성령님의 열매를 맺고 살아갈 수 있고 예수님을 만날 소망을 가지고 살아갈 수 있도록 인도하여 주신 은혜에 감사드립니다. 아멘.

요한복음 16장

예수님과 하나님을 알지 못 하는 자들이 예수님을 믿는 자들을 괴롭히고 죽이고 해를 가한다고 예수님은 말씀해 주시고 있습니다.

사실 이러한 일들이 과거뿐만 아니라 현재에도 있고 예수님 재림시까지 있을 것입니다. 예수님께서는 28절 말씀에서 "내가 아버지께로 나와서 세상에 왔고 다시 세상을 떠나 아버지께로 가노라 하시니". 이제 얼마 남지 않은 시간에 예수님께서는 영원한 대제사장이 되시기 위해서 즉 택함 받은 백성의 원죄를 사해 주시기 위해서 아무 죄도 없고 흠도 없으신 자신의 몸을 십자가에서 피 흘려 죽으심으로 말미암아 예수님의 사랑을 나타내어 주시고 삼일 만에 부활하셔서 하나님이 계신 곳으로 가실 것을 자세히 말씀해 주시고 있는 것입니다. 그리고 예수님이 하나님아버지께로 가서 보혜사 성령님을 보내 주셔서 하나님의 백성들을 진리 가운데로 인도 하신다고 했습니다.

진리는 성경말씀인 것으로 예수님이 이 세상에 안 계셔도 진리의 성령님께서 택함 받은 백성들에게 가르쳐 주시고 기억나게 해 주시고 예수님께로 인도하여 주셔서 예수님 안에 거하고 또 예수님께서 그 안에 계셔서 하나님이 예수님을 사랑한 것처럼 예수님 안에 있는 자녀들에게 함께 하신다고 하셨습니다.

예수님을 사랑하고 예수님께서 하나님으로부터 오신 것을 믿고 전할 때 세상은 즉 예수님을 믿지 않고 하나님을 믿지 않는 자들은 예수님 믿는 자들을 박해하지만 세상은 승리하지 못하고 예수님 믿는 자들이 승리하고 예수님 자신이 세상을 이기고 승리한다고 했습니다. 33절 "이것을 너희에게 이름은 너희로 내 안에서 평안을 누리게 하려 함이라 세상에서는 너희가 환난을 당하나 담대하라 내가 세상을 이기었노라 하시니라"

이 세상에서 예수님을 이길 수 있는 것은 존재하지 않습니다. 하나님의 사랑을 막을 자는 그 누구도 없습니다. 하나님의 자녀들은 예수님을 통해서 하나님의 사랑 하나님의 은혜를 받아 예수님이 하나님의 아드님으로 믿고 예수님이 이 세상 오신 이유가 하나님의 자녀들의 원죄를 사해 주시고 자녀들이 하나님과 함께할 수 있는 통로를 만들어 주셔서 하나님아버지와 함께 영원히 살아갈 수 있도록 만들어 주시는 것입니다.

7절 말씀부터 11절 말씀에서 보혜사 성령님께서 이 세상에 어떻게 오시는지와 하시는 일에 대해서 자세히 적혀 있습니다. "그러하나 내가 너희에게 실상을 말하노니 내가 떠나가는 것이 너희에게 유익이라 내가 떠나가지 아니하면 보혜사가 너희에게로 오시지 아니할 것이요 가면 내가 그를 너희에게로 보내리니 그가 와서 죄에 대하여 의에 대하여 심판에 대하여 세상을 책망하시리라 죄에 대하여라 함은 저희가 나를 믿지 아니함이요 의에 대하여라 함은 내가 아버지께로 가니 너희가 다시 나를 보지 못함이요 심판에 대하여라 함은 이 세상 임금이 심판을 받았음이니라".

 9절에 죄에 대한 설명을 주시고 있습니다 예수님을 믿지 않은 자들이 죄인인 것입니다. 예수님이 하나님이시고, 심판주이시고, 구세주이시고, 하나님의 아드님이시고, 성령님이신 것을 믿지 않는자들은 모두 죄인인 것입니다.

 10절에 의에 대한 설명을 주시고 있습니다. 의는 하나님의 의인 것입니다. 하나님의 의에 대한 설명을 할 때에도 설명을 드렸습니다만 요한복음 16장 10절 말씀에서는 예수님께서 의에 대한 설명으로 예수님 자신이 하나님아버지께로 가는 것이 하나님의 의라고 말씀하고 계십니다.

 예수님 말씀이 진리인 것입니다. 예수님께서 하나님아버지로 가시지 못하면 하나님의 의가 나타나지 못한 것인데 예수님은 하나님아버지께로 가셨습니다. 하나님아버지께서 예수님을 사랑해 주셨기 때문에 갈 수 있는 것이고 또한 예수님을 사랑하고 예수님을 구세주로 믿는 자들도 하나님아버지께 갈 수 있다는 것을 확신시켜 주시기 위해서 이렇게 말씀해 주시고 있는 것입니다.

 14장 2절~3절 말씀에서 하나님의 친 백성들의 하늘나라 처소를 마련해 주시기 위해서 예수님께서 하나님께로 가시는 것입니다. 그것이 하나님의 의인 것입니다. 죄인 된 인간과 하나님과의 사이에 막혔던 담을 허무시고 하나님께로 나갈 수 있도록 예수님께서는 다리의 역할을 하신 것입니다. 예수님을 믿어야만 하나님아버지께로 갈 수 있는데 예수님께서는 16절 10절 말씀에서는 의에 대한 표현을 예수님 자신이 하나님아버지께로 가신다는 표현을 들어 주신 것입니다.

그렇습니다. 예수님께서 하나님아버지께로 가시지 못하고 다시 재림하지 못하실 분이라면 그것은 죄인 된 하나님 백성들에게 의미가 없고 희망도 없는 것인데 이와 반대로 예수님께서는 십자가에서 피 흘려 돌아가시고 삼일 만에 부활 승천하셔서 다시 재림하실 분으로 하나님아버지와 함께 하늘나라에서 그때만을 준비하고 계신 것입니다.

오늘도 요한복음 16장 말씀을 읽으면서 예수님께서 말씀해 주시고 계신 말씀의 은혜를 받을 수 있었던 것에 감사드립니다. 특히 하나님아버지의 "의"에 대한 표현 10절 말씀을 알아들을 수 있도록 인도하여 주신 성령님께 감사드립니다.

11절 말씀에 "심판에 대하여라 함은 이 세상 임금이 심판을 받았음이니라" 있듯이 이 세상 임금(적그리스도)이 그리스도 행세를 하면서 하나님 말씀에 벗어난 각종 일들을 벌리고 사탄 마귀의 행세를 하면서 예수님을 부정하고 예수님 믿는 자들을 박해하고 핍박하고 진리에 거슬리는 일들을 만드나 결국은 예수님 앞에 무릎을 꿇고 폐하게 되어 있는 것입니다. 세상 끝날 승리하시는 예수님 편에서 있는 하나님의 자녀들은 승리자들이고 하나님아버지와 영원히 새 하늘과 새 땅 새 예루살렘성에서 영원히 함께 사는 것이기 때문에 세상이 박해하거나 고난이 따르더라도 담대한 믿음으로 살아가야 할 것입니다.

23절~24절 "그날에 너희가 아무것도 내게 묻지 아니하리라 내가 진실로 진실로 너희에게 이르노니 너희가 무엇이든지 아버지께 구하는 것을 내 이름으로 주시리라 지금까지는 너희가 내 이름으로 아무것도 구하지 아니하였으나 구하라 그리하면 받으리니 너희 기쁨이 충만하리라". 예수님께서는 예수님의 이름으로 하나님아버지께 구하라고 말씀하고 계시며 그리하면 하나님께서 예수님의 이름으로 주시고 기쁨이 충만하다고 하셨습니다 그렇습니다. 하나님 백성들은 하나님아버지께 기도할 때 예수님의 이름으로 기도하는 것입니다. 그러면 하나님아버지께서 성경말씀 안에서 구하는 모든 것을 아낌없이 주신다는 것입니다.

33절 말씀 "이것을 너희에게 이름은 너희로 내 안에서 평안을 누리게 하려 함이라 세상에서는 너희가 환난을 당하나 담대하라 내가 세상을 이기었노라 하시니라"에서 우리 믿음의 자녀들은 알고 있습니다.

예수님을 믿고 예수님만이 구세주이시고 예수님만이 내 영혼을 책임지시고 영생의 심판으로 인도해 주시고 새 하늘과 새 땅 새 예루살렘에서 영원히 하나님과 함께 살 수 있는 특권을 부여 받은 자들로서 예수님 안에서 평안을 누릴 수 있으며 또 이러한 진리를 담대히 세상에 살면서 증거하며 전도하며 살아가야 하는 것입니다.

요한복음 17장

요한복음 17장은 예수님의 기도 말씀입니다. 기도의 내용을 보면 예수님은 하나님께 기도드린 내용이 100% 완벽하고, 위대하며, 예수님만이 하실 수 있는 기도라는 것을 실감할 수 있었습니다. 예수님은 하나님으로부터 부여받은 명령을 100% 완수하고 십자가에서 죽으시기 전에 해야 할 일들을 100% 완수하시고 하나님아버지께 기도를 드리신 것인데 예수님 자신을 위해서 기도한 것이 아니라 택함 받은 백성들 즉 하나님아버지의 자녀들을 위해서 기도해 주시고 있다는 사실인 것에 얼마나 감사하고 위대하고 완벽한지를 세삼 깨달을 수 있었습니다.

3절 말씀에 "영생은 곧 유일하신 참 하나님과 그의 보내신 자 예수 그리스도를 아는 것이니이다"라고 적혀 있습니다. 여기서 알 수 있는 것은 참 하나님만 적혀 있지 않고 또한 예수 그리스도만 적혀 있지 않고 두 분을 다 같이 알아야 하는 것이라고 했습니다. 하나님만 찾아도 안 되는 것을 택함 받은 우리 백성들은 잘 알고 있습니다. 예수 그리스도를 믿어야만 하나님께로부터 오신 자 하나님과 하나님 백성을 연결시켜 주실 수 있는 오직 구세주 되시고 심판주 되신 예수님을 믿지 않으면 하나님으로 갈 자가 없는 사실을 잘 알고 있고 그러한 내용을 기도에 자세히 나와 있다는 것에 또 한번 예수님은 완벽한 분임을 알 수 있었습니다.

　예수님이 17장에서 이러한 기도를 하나님께 하실 수 있는 것은 16장 30절 말씀에서 제자들이 예수님이 하나님으로부터 오신 것을 깨닫고 고백한 말씀 구절이 있기 때문에 이제는 예수님께서 하나님께로 가셔도 되심을 알고 기도하신 내용으로 믿습니다.

　"우리가 지금에야 주님께서 모든 것을 아시고 또 사람의 물음을 기다리시지 않는 줄 아나이다. 이로써 하나님께로서 나오심을 우리가 믿삽나이다"

　17장 7절~8절 말씀 "지금 저희는 아버지께서 내게 주신 것이 다 아버지께로서 온 것인 줄 알았나이다 나는 아버지께서 내게 주신 말씀들을 저희에게 주었사오며 저희는 이것을 받고 내가 아버지께로부터 나온 줄을 참으로 아오며 아버지께서 나를 보내신 줄도 믿었사옵나이다". 예수님께서 말씀하신 내용은 전부 100% 진실입니다. 제자들이 100% 예수님께서 하신 사역들이 가르쳐 주신 말씀들이 전부 다 하나님께서 주신 것이고 하나님으로부터 오신 것을 100% 믿고 알고 있기 때문에 8절 말씀에서 참으로 알았다고 말씀하고 계신 것입니다.

　이제 예수님께서는 이러한 사실들을 하나님께 기도로 말씀 드리고 예수님은 십자가에서 피 흘려주시기 위해서 또 부활해서 하나님께로 가시기 위해서 그리고 언젠가는 재림하시기 위해서 또한 택함 받은 백성들의 하늘나라 처소를 예비해 주시기 위해서 그 위대한 일을 치르기 위해서 영원한 대제사장이 되시기 위해서 택함 받은 백성들이 앞으로 신실한 믿음 안에서 성경말씀을 잘 증거하면서 예수님 안에서 하나가 되라는 뜻에서 하나님께 기도해 주시는 것입니다.

11절 말씀에서 "나는 세상에 더 있지 아니하오나 저희는 세상에 있사옵고 나는 아버지께로 가옵나니 거룩하신 아버지여 내게 주신 아버지의 이름으로 저희를 보전하사 우리와 같이 저희도 하나가 되게 하옵소서". 이제 예수님께서 하나님아버지께로 가셔도 그의 제자들이 하나님과 예수님을 증거하는데 아무런 부족함이 없는 것을 다 아시고 예수님은 하나님아버지께로 가시고자 기도하고 계신 것입니다.

13절 말씀에서 "지금 내가 아버지께로 가오니 내가 세상에서 이 말을 하옵는 것은 저희로 내 기쁨을 저희 안에 충만히 가지게 하려 함이니이다". 그렇습니다. 예수님이 하나님아버지께로 가시기 때문에 슬퍼할 것이 없습니다. 하나님의 자녀들은 예수님께서 십자가에서 피 흘려 돌아가시고 부활 승천하신 사실에 기쁘게 받아들이고 자신들도 예수님 믿고 언제간은 육신의 삶이 다해 죽음에 이를 때에 슬퍼할 것이 없고 이제 하나님아버지께 간다는 100% 믿음으로 감사와 기쁨으로 받아 들여야 하고 또한 그들의 가족들도 기쁘게 받아 들여야 한다는 것입니다. 그렇기 때문에 예수님을 믿는 믿음의 자녀들은 죽음에 대한 공포가 있으면 안되는 것입니다. 죽음 앞에서도 담대히 예수님을 증거하고 예수님 밖에 우리를 구원시켜 주실 분이 없고 예수님만이 인간의 영혼을 구원시킬 구세주임을 담대히 세상에서 전하며 살아가야 한다는 것을 14절 말씀에서도 알 수 있는 것입니다. "내가 아버지의 말씀을 저희에게 주었사오매 세상이 저희를 미워하였사오니 이는 내가 세상에 속하지 아니함같이 저희도 세상에 속하지 아니함을 인함이니이다".(여기서 세상은 사탄 마귀, 이단 등 예수님과 하나님을 믿지 않는 모든 종교를 말하는 것입니다.)

16절 "내가 세상에 속하지 아니함같이 저희도 세상에 속하지 아니하였삽나이다". 예수님이 세상에 속하지 않았다고 하셨습니다. 그렇기 때문에 하나님의 백성들도 세상에 속하면 안 되고 오직 구원받은 성도들은 타 종교를 인정하면 안 되고 오직 예수님, 하나님 만을 인정해야 하는 것을 알 수 있는 것입니다.

이렇게 될 수 있는 것은 오직 진리의 말씀 성경말씀으로 무장하고 있어야 한다는 것을 17절 말씀을 통해서 알 수 있는 것입니다.

"저희를 진리로 거룩하게 하옵소서 아버지의 말씀은 진리니이다". 예수님은 진리 안에 있는 제자들은 세상에 보내어 예수님이 하신 일들을 하게끔 말씀하고 계십니다.

18절 "아버지께서 나를 세상에 보내신 것같이 나도 저희를 세상에 보내었고 또 저희를 위하여 내가 나를 거룩하게 하오니 이는 저희도 진리로 거룩함을 얻게 하려 함이니이다". 그리고 예수님은 하나님께 비는 것이 예수님의 제자들만이 구원받는 것이 아니라 제자들을 통해서 구원받을 자들도 구원받고 거룩해지기를 원하시는 기도가 20절에 나와 있습니다. "내가 비옵는 것은 이 사람들만 위함이 아니요 또 저희 말을 인하여 나를 믿는 사람들도 위함이니"

예수님 재림시까지 있을 택함 받은 하나님의 백성들이 하나님의 진리의 말씀을 깨닫고 자신이 죄인임을 예수님께 회개하고 예수님의 십자가 보혈의 능력을 믿음만으로 구원받는 자들이 성경말씀 안에서 진리를 바르게 전파하고 진리 안에서 살아가는 모든 자들에게 주시는 기도인 것입니다. 그런 자들이 하나님과 예수님과 하나가 되어 하나님의 사랑 안에서 살아갈 수 있는 것입니다.

 예수님은 하나님의 택함 받은 백성들이 물질이 풍성하게 해 주시고 권력을 소유할 수 있고 육신적으로 건강히 살라고 하나님께 기도하신 것이 아님을 확실히 알 수 있습니다.

 예수님 믿음 안에서 하나님과 하나 되어 하나님의 사랑에 거할 수 있도록 기도하고 계신 것입니다. 그리고 그런 사랑을 세상에 나아가서 택함 받은 백성들에게 하나님 말씀을 증거하며 열심히 살기를 원하시는 기도인 것입니다.

 21절 "아버지께서 내 안에 내가 아버지 안에 있는 것같이 저희도 다 하나가 되어 우리 안에 있게 하사 세상으로 아버지께서 나를 보내신 것을 믿게 하옵소서"

 23절 "곧 내가 저희 안에 아버지께서 내 안에 계셔 저희로 온전함을 이루어 하나가 되게 하려 함은 아버지께서 나를 보내신 것과 또 나를 사랑하심같이 저희도 사랑하신 것을 세상으로 알게 하려 함이로소이다"

 24절 "아버지여 내게 주신 자도 나 있는 곳에 나와 함께 있어 아버지께서 창세 전부터 나를 사랑하시므로 내게 주신 나의 영광을 저희로 보게 하시기를 원하옵나이다". 예수님은 제자들이 세상의 불신자들처럼 있지 않고 예수님을 하나님으로부터 오신 분임을 알고 있다는 것을 마지막 기도에서 보여 주시고 있고 또한 요한복음 16장 30절 말씀을 통해서 알 수 있는 것입니다.

 25절~26절 "의로우신 아버지여 세상(불신자)이 아버지를 알지 못하여도 나는 아버지를 알았삽고 저희도 아버지께서 나를 보내신 줄 알았삽나이다 내가 아버지의 이름을 저희에게 알게 하였고 또 알게 하리니 이는 나를 사랑하신 사랑이 저희 안에 있고 나도 저희 안에 있게 하려 함이니이다". 예수님 믿고 구원받은 택함 받은 백성들은 전에도 말씀 드렸지만 자신들이 똑똑해서 지혜가 많아서 돈과 명예가 있어서 구원받은 것이 아니라 예수님이 택하여 주시지 않고 하나님이 태초에 택하여 주시지 않았으면 예수님 믿고 구원받을 수 없었다는 사실을 명백히 알 수 있는 기도인 것입니다. 이러한 은혜를 오직 예수님과 하나님께만 감사하시고 진리의 말씀 안에서 열심히 예수님을 증거하며 하나님과 예수님의 사랑에 거하며 살아가시기를 예수님의 이름으로 축원 드리면서 진리를 진리 그대로 깨닫고 믿고 전파하며 살아갈 수 있도록 인도하여 주신 하나님의 은혜에 감사를 드립니다. 아멘.

요한복음 18장

오늘 18장 말씀을 읽으면서 은혜 받은 말씀 내용을 적어 봅니다.

36절 "예수님께서 대답하시되 내 나라는 이 세상에 속한 것이 아니라 만일 내 나라가 이 세상에 속한 것이었더면 내 종들이 싸워 나로 유대인들에게 넘기우지 않게 하였으리라 이제 내 나라는 여기에 속한 것이 아니니라". 말씀이 마음에 와 닿습니다. 예수님이 계실 곳은 이 땅이 아니라 하늘나라 하나님의 나라이시고 새 하늘과 새 땅, 새 예루살렘으로서 인간의 눈으로 볼 수 없는 나라인 것입니다.

우리 하나님의 자녀들도 이 땅에서 영원히 사는 게 아니라 예수님께서 처소를 예비해 두신 곳으로 갈 것이며 아무런 미련 없이 이 땅에서의 모든 것을 내려놓고 예수님이 불러 주시면 그 곳으로 가면 되는 것입니다.

예수님은 십자가에 피 흘려 돌아가시고 부활 승천하시기 위해서 즉 하나님아버지의 명령을 준행하시기 위해서 대제사장들과 바리새인들에게서 얻은 하속들에게 잡혀 가십니다. 이 와중에서 베드로는 대제사장의 종을 쳐서 오른편 귀를 베어 버리는데 예수님께서는 베로의 그와 같은 행동에 책망하십니다. "예수님께서 베드로 더러 이르시되 검을 집에 꽂으라 아버지께서 주신 잔을 내가 마시지 아니하겠느냐 하시니라". 여기서 잔의 뜻은 예수님께서 십자가의 죽으심을 말씀하시는 것입니다. 인간의 어떠한 것으로도 예수님께서 하시고자 하는 것을 막을 수는 없다는 뜻도 되겠습니다. 베드로는 예수님의 12제자 중 한 사람으로 예수님을 지키기 위해서 한 행동이겠지만 예수님의 크신 뜻은 알지 못하고 이러한 행동을 했고 또한 하나님아버지께서 자녀들에게 교리의 말씀을 주시기 위해서 베드로를 통해서 주시고 있다고도 생각됩니다.

요한복음 13장 37절~38절 말씀에서 "베드로가 가로되 주님 내가 지금은 어찌하여 따를 수 없나이까 주님을 위해서 내 목숨을 버리겠나이다 예수님께서 대답하시되 네가 나를 위하여 네 목숨을 버리겠느냐 내가 진실로 진실로 네게 이르노니 닭 울기 전에 네가 세 번 나를 부인하리라". 예수님은 베드로가 이렇게 할 일들을 미리 알고 베드로에게 주신 말씀이 18장 17절, 25절, 26절, 27절 말씀에 나와 있습니다. "문 지키는 여종이 베드로에게 말하되 너도 이 사람

의 제자 중 하나가 아니냐 하니 그가 말하되 나는 아니라 하고 시몬 베드로가 서서 불을 쬐더니 사람들이 묻되 너도 그 제자 중 하나가 아니냐 베드로가 부인하여 가로되 나는 아니라 하니 대제사장의 종 하나는 베드로에게 귀를 베어버리운 사람의 일가라 가로되 네가 그 사람과 함께 동산에 있던 것을 내가 보지 아니하였느냐 이에 베드로가 또 부인하니 곧 닭이 울더라"

여기서 우리 믿음의 자녀들은 알아야 할 것이 하나님과 예수님 앞에서 맹세를 하면 안 된다는 것을 알 수 있습니다. 마태복음 5장 34

절~37절 "나는 너희에게 이르노니 도무지 맹세하지 말찌니 하늘로도 말라 이는 하나님의 보좌임이요 땅으로도 말라 이는 하나님의 발등상임이요 예루살렘으로도 말라 이는 큰 임금의 성임이요 네 머리로도 말라 이는 네가 한 터럭도 희고 검게 할 수 없음이라 오직 너희 말은 옳다 옳다 아니라 아니라 하라 이에서 지나는 것은 악으로 좇아 나느니라"라고 말씀했듯이 하나님의 자녀들이 하나님과 예수님에게 맹세를 하면 안 된다는 것을 보여 준 것이라고 믿습니다.

베드로도 예수님 곁에서 예수님께 충성을 다하면서 예수님으로부터 진리를 배웠을 것이고 예수님을 따르는 자였을 것입니다. 그러나 그도 인간이다 보니 예수님을 잡아가는 자들에게 자신도 잡혀갈 것 같아서 예수님을 알지 못 한다고 하면서 "예수님의 제자가 아니다"

라고 거짓말을 했을 때 예수님이 말씀하신 대로 세 번 예수님을 부인했을 때 닭이 울었고 예수님이 예정하신 말씀이 그대로 이루어진 것입니다. 그러면 우리 믿음의 자녀들은 맹세를 하면 안되면 무엇을 할 수 있을 까요 그것은 성경말씀 안에서 다짐과 결심은 할 수 있습니다. 현재 자신의 모습이 말씀과 어긋나고 말씀에 못 미치는 생활을 하고 있다면 성경말씀 안에서 예수님께 또는 하나님께 말씀 안에서 순종하면서 하나님아버지께 영광 돌리며 살겠다는 다짐과 결심은 할 수 있는 것입니다. 인간은 신이 아니다 보니 실수할 수 있고 완벽할 수가 없는 것이기에 다짐과 결심으로 조금씩 조금씩 부족한 것을 말씀 안에서 좀 더 나은 모습으로 채워 가는 것입니다.

하나님의 자녀들은 예수님께서 말씀하신 36절 말씀을 항상 기억하면서 영원히 하나님아버지와 있을 곳이 이 지구가 아니라 하나님이 계시고 예수님이 계신 영원하신 나라(요한계시록 21장 1~2절 말씀

"또 내가 새 하늘과 새 땅을 보니 처음 하늘과 처음 땅이 없어졌고 바다도 다시 있지 않더라 또 내가 보매 거룩한 성 새 예루살렘이 하나님께로부터 하늘에서 내려오니 그 예비한 것이 신부가 남편을 위하여 단장한 것 같더라")인 것을 확신할 수 있고 그 곳의 왕

은 예수님이신 것을 38절 말씀을 통해서 알 수 있습니다. "빌라도가 가로되 그러면 네가 왕이 아니냐 예수님께서 대답하시되 네 말과 같이 내가 왕이니라 내가 이를 위하여 났으며 이를 위하여 세상에 왔나니 곧 진리에 대하여 증거하려 함이로라 무릇 진리에 속한 자는 내 소리를 듣느니라 하신대"

진리는 하나님, 예수님, 성경말씀인 것을 다 아실 것입니다. 따라서 하나님아버지에 속한 자 예수님에 속한 자, 성경말씀에 속한 자는 예수님의 소리를 듣고 성경말씀을 하나님 말씀으로 믿고 따르며 예수님을 새 하늘과 새 땅, 새 예루살렘의 왕으로 모시고 영원히 영생의 삶을 살 수 있는 것을 확신하며 또한 이를 소망하며 살아갈 수 있는 것입니다. 그리고 이러한 진리의 예수님을 증거하는 삶에 최선을 다하며 살아가는 자녀들이 되어야겠습니다.

요한복음 19장

하나님 말씀을 읽을 때 때로는 하나님께서 왜 이런 표현의 말씀으로 기록하셨을까 하는 말씀 구절이 가끔 접할 때가 있습니다. 그러나 그런 표현은 진정한 진리의 말씀을 표현하신 것이라는 것으로 믿을 때 믿음은 더욱 강해진다고 말씀 드릴 수 있습니다.

지난 번 요한복음 16장 10절 말씀 구절에서 의에 대한 표현을 예수님께서 하나님아버지께로 가신다는 표현으로 하나님의 의가 예수님을 비롯해서 하나님의 자녀들을 하나님아버지께로 불러 주셔서 함께 하신다는 뜻인 것을 알 수 있었습니다. 이처럼 말씀을 읽을 때 곰곰이 그 뜻을 새겨 봐야할 부분이 있으며 그 의미는 "아주 성경적이고 진리이다"라는 것을 확신할 수가 있습니다. 오늘 요한복음 19장에서도 그런 부분이 있어서 하나님의 진리를 하나님의 백성들은 잘 알아야 하고 또 그것을 잘 지키며 잘 전도해야 한다고 느껴서 이렇게 정리를 해 보았습니다.

26절 "예수님께서 그 모친과 사랑하시는 제자가 곁에 섰는 것을 보시고 그 모친께 말씀하시되 여자여 보소서 아들이니이다 하시고",

27절 "또 그 제자에게 이르시되 보라 네 어머니라 하신대 그때부터 그 제자가 자기 집에 모시니라". 여기서 예수님께서는 예수님을 낳으신 마리아 즉 어머니를 부를 때 어머니라고 하지 않고 "여자여"라고 말씀 하셨을까? 그리고 제자 요한에게는 이제는 네 어머니라고 하셨을까? 하는 것입니다. 저는 이 말씀 구절을 놓고 며칠 생각에 잠겼습니다. 왜 예수님은 이러한 표현으로 하나님의 자녀들에게 말씀하고 계신 것인가 분명히 그 뜻이 있기 때문에 이러한 표현을 하셨을 것이라고 며칠 고민을 했습니다. 며칠 동안 고민한 결과 성령님께서 그 뜻을 제에게 알려 주셨습니다. 예수님이 십자가에 돌아가시기 전 마지막으로 하신 말씀입니다. 이제 몇 시간 후면 예수님은 십자가에서 피 흘려 돌아가시고 하나님아버지 곁으로 가시는 것입니다. 하나님의 독생자 아드님으로 이 땅에 죄인들을 구원해 주시기 위해서 성육신되어 오신 예수님께서 십자가에서 죽으시고 부활 승천하심으로 그 사명을 다 하시고 하나님아버지 곁으로 가시는 것입니다.

 예수님은 하나님이신 것을 믿음의 자녀들은 잘 알고 있습니다. 이제 더 이상 이 세상에서 하실 일이 없고 다 이루었다 하신 것입니다. 하나님의 나라 천국에서는 하나님아버지가 왕이시고 예수님이 왕인 것입니다. 그 곳에는 인간 세상처럼 육신의 할아버지, 아버지, 나 그리고 아들 이러한 위계질서가 있는 것이 아닌 것입니다.

 남자가 있고 여자가 있고 이런 것이 아닌 것입니다. 즉 다시 말씀드리면 영의 세계인 것입니다. 마리아가 그 세계에서 예수님의 육신의 어머니로 대접받고 추앙 받는 그런 것이 아닌 것입니다. 단지 하나님아버지의 자녀의 한 사람으로 아니 예수님의 종의 한 사람인 것입니다. 종이라는 표현을 쓸 수 있는 것은 요한복음 18장 36절 말씀에서 "내 나라는 이 세상에 속한 것이 아니라 만일 내 나라가 이 세상에 속한 것이었더면 내 종들이 싸워 나로 유대인들에게 넘기우지 않게 하였으리라 이제 내 나라는 여기에 속한 것이 아니니라"에서 말씀했듯이 우리 하나님의 자녀들은 하나님, 예수님의 한낱 종에 불과한 것입니다.

그렇기 때문에 예수님께서는 마리아 보고 어머니라고 하지 않고 "여자여"라고 했고 제자 요한에게는 아직 육신의 삶에 있으니 이 세상에서 남은 일을 마치기 전까지 마리아를 어머니처럼 모시고 살라는 뜻에서 요한 더러는 네 어머니라고 표현을 한 것입니다. 이 얼마나 완벽한 진리의 말씀이 아니겠습니까? 인간으로써는 이러한 완벽한 말씀을 표현할 수가 없는 것입니다.

또 하나님의 자녀들은 절대 명심해야 할 것은 인간은 우상의 대상이 될 수 없다는 것입니다. 마리아가 예수님을 낳으셨지만 결국 마리아는 인간입니다. 그렇기 때문에 마리아를 우상화해서는 절대 안 되며 그런 곳에 참여해서도 안 되는 것입니다.

저는 이렇게도 생각을 해 보았습니다. 만약 성경에 예수님께서 마리아 보고 "어머니 나의 어머니 죄송합니다. 아들 예수는 먼저 하나님께 가 있겠습니다. 가서 어머니를 맞을 준비를 해 놓겠으니 이 세상에서 잘 있다가 오십시요 어머니"라고 기록되었다면 마리아를 우상화해도 상관이 없다고 볼 수 있습니다. 그렇지만 성경에는 이렇게 쓰여 있는 말씀 구절이 없다는 것입니다. "여자여 보소서 아들이니이다"

인간은 누구나 다 하나님, 예수님 앞에서는 종에 불과한 것입니다. 하나님보다 예수님보다 더 높여질 수도 없고 높아져서도 안 되는 것입니다 죄인 된 몸에서 구원받은 것만으로도 감사하게 생각하고 하나님, 예수님의 영광만을 나타내는 자라만이 하늘나라 천국에서 영원히 살 수 있는 것입니다. 또 여기서 알아야 할 것은 육신의 혈통이 아니더라고 예수님 믿음 안에서 진실로 하나인 형제자매들은 육신의 형제자매 이상이어야 한다는 것입니다. 27절 제자 요한에게 네 어머니라고 했을 때 요한이 자기 집에 모셨다고 쓰여 있습니다. 예수님으로부터 명령 받은 요한은 자신의 어머니처럼 마리아를 정성스럽게 모셨을 것입니다.

그렇습니다. 육신의 부모님은 살아 계실 때 잘 해드리는 것이지 죽은 후에 아무리 상다리 부러지게 제사상을 차리고 절하고 한다고 해서 죽은 부모님이 다시 돌아와서 그 제사상을 받는 것이 아니라 사탄마귀가 와서 그 가정의 영혼들을 가지고 농락하는 것뿐이라는 것을 절대 잊지 마시고 제사는 절대 드려서는 안 되고 또 그런 자리에 참석해서도 안 되는 것입니다. 왜냐하면 하나님께서는 십계명에 첫째 계명으로 말씀하셨습니다.

"너는 나 외에는 다른 신들을 네게 있게 말지니라". 아멘.

하나님아버지 감사합니다. 육신의 마리아를 우상화하지 않고 이렇게 요한복음 19장 26절~27절 말씀을 알아들을 수 있는 마음과 믿음을 주셔서 감사합니다. 오직 하나님아버지께만 영광 돌릴 수 있는 믿음으로 예수님을 섬기고 증거하는 삶 살다가 하나님께서 부르시면 하나님아버지 곁으로 갈 수 있도록 인도하여 주시옵소서. 예수님의 이름으로 기도드립니다. 아멘.

요한복음 20장

    요한복음 20장은 부활하신 예수님께서 제자들에게 나타나셔서 위로해 주시고 평안을 주시고 생명(영생)을 주시고 계시며 하나님께서 예수님을 세상에 보내어 하신 사역들을 예수님은 이제 제자들을 세상에 보내어 예수님을 증거하는 삶을 살아가도록 명령하고 계신 것입니다. 21절~22절 "예수님께서 또 말씀하시대 너희에게 평강이 있을 찌어다 아버지께서 나를 보내신 것같이 나도 너희를 보내노라 이 말씀을 하시고 저희를 향하사 숨을 내쉬며 말씀하시대 성령님을 받으라". 성령님에 대해서는 요한복음 14~16장에 예수님께서 제자들에게 자세히 설명해 주셨습니다.
    예수님께서 하나님아버지께로 가시기 앞서 제자들에게 위로해 주신 말씀으로 예수님이 이 세상에 육신의 몸으로 더 이상 계시지 않지만 하나님아버지께서 예수님의 이름으로 성령님을 보내 주실 것이다. 그 성령님께서 무슨 활동을 하시는지는 요한복음 14장 26절~27절에 자세히 설명되어 있고 또 요한복음 16장 8절~11절 말씀에 자세히 나와 있습니다. 그런 성령님을 예수님께서 부활하셔서 첫 번째로 제자들에게 나타나 성령님을 받으라고 말씀해 주시고 계신 것입니다.

하나님의 자녀들은 확실히 믿고 있는 것이 "하나님, 예수님, 성령님은 어느 것 하나 중요하지 않는 것이 없고 또 어느 것 하나 믿어지지 않는 것이 없이 이 세분이 하나인 하나님으로 온전히 믿고 또한 이를 증거하는 것이다"라는 것을 잘 알고 있습니다.

25절 도마가 부활하신 예수님을 만져 보고 또 보지 않으면 믿지 않겠다고 했는데 예수님께서는 그런 도마를 책망하시며 27절에서 믿음 없는 자가 되지 말고 믿는 자가 되라 말씀하셨습니다. 그리고는 29절 말씀에서는 "너는 나를 본 고로 믿느냐 보지 못하고 믿는 자들은 복 되도다 하시니라". 이런 말씀을 예수님께서 주신 것은 성경말씀을 통해서 예수님 믿고 구원받은 저희들에게 주시는 말씀인 것을 100% 확신합니다.

저희들이 예수님의 부활을 보지도 못하고 성경말씀을 통해서 예수님을 하나님의 아드님으로 또 하나님으로 믿을 수 있는 것은 저희들 각자가 똑똑해서 믿을 수 있었던 것이 아니라 21절 예수님께서 제자들을 세상에 보내 주셔서 복음의 말씀 성경말씀을 증거해 주시고 22절 성령님을 보내 주셔서 그 성령님을 통해서 가르침을 받고 성경말씀을 기억 나게 해 주심으로 믿을 수 있다는 것을 100% 믿습니다. 그리고 이러한 믿음을 가질 수 있었던 것은 먼저 하나님아버지께서 저희를 택하여 주신 하나님아버지의 은혜 사랑이 먼저 있었기 때문에 가능한 것임을 확실히 말씀 드릴 수 있습니다.

요한복음 14장에서 성령님에 대해서 자세히 제자들에게 설명해주신 이유가 요한복음 20장에 잘 나타나 있는 것입니다. 예수님 믿고 구원받은 저희들은 하나님, 예수님, 성령님 중 어느 것 하나 안 믿어지면 안 되고 또한 이 세분이 하나의 하나님이신 것을 100% 믿을 때 성경말씀이 하나님아버지이신 것을 온전히 믿어질 수 있는 것입니다.

 예전에 예수님을 믿지 않을 때 지금 생각해 보면 왜 예수님은 무엇이고 하나님은 무엇인가 왜 이를 둘로 나누어서 믿으라고 할까? 물론 성령님에 대해서는 전혀 알지도 못한 상태였습니다. 예수님에 대해서 성령님에 대해서 무지할 때와 지금의 저는 완전히 다르다는 것을 깨닫게 되었습니다.

 예수님을 모르고 성령님을 모르고 하나님에 대해서 모르는 자들은 성경말씀이 믿어지지 않고 성경말씀이 즉 하나님이신 것에 믿을 수가 없는 것입니다. 예수님께서는 십자가에 피 흘려 돌아가시고 부활하셔서 제자들에게 성령님을 받으라고 말씀하셨습니다. 예수님께서는 왜 제자들에게 성령님을 받으라고 말씀하셨는지를 저와 여러분들은 잘 알고 있으리라 믿습니다. 예수님은 하나님아버지의 자녀들을 구원시켜 주시기 위해서 십자가에 돌아가시고 부활 승천하셔서 하나님과 함께 계시지만 예수님의 제자들은 항상 곁에서 지켜주시고 위로해 주신 예수님이 안 계신 것을 제자들이 슬퍼하고 좌절하지 않게 하시기 위해서 성령님을 보내 주신 것입니다.

 예수님 제자들에게 또한 예수님 믿고 구원받은 하나님의 자녀들에게 예수님은 그 들 곁에서 말씀을 가르쳐 주시고 기억나게 해 주시고 위로해 주시고 힘주시고 사탄 마귀로부터 보호해 주시고 성경 말씀으로 인도해 주시고 영적으로 고아와 같이 내버려 두시지 않고 하나님의 사랑을 풍성히 주시기 위함으로 성령님을 보내 주신 것입니다. 예수님 감사합니다. 성령님을 이 죄인에게도 보내주셔서 위로 받게 해 주시고 구원시켜 주셔서 감사합니다.

성령님이 내 마음에 계시지 않는다는 것은 하나님 예수님이 계시지 않는다는 것과 똑 같고 성령님께서 계시지 않으면 성경말씀을 이해할 수 없고 믿을 수도 없기 때문에 마음의 평안을 누릴 수도 없고 또 영원한 생명을 누릴 수도 없는 것입니다. 이러한 믿음을 가질 수 있는 것은 예수님께서 요한복음 20장 19절~22절 말씀을 통해서 믿을 수 있다고 확신합니다.

"이 날 안식 후 첫날 저녁 때에 제자들이 유대인들을 두려워하여 모인 곳에 문들을 닫았더니 예수님께서 오사 가운데 서서 말씀하시대 너희에게 평강이 있을찌어다 이 말씀을 하시고 손과 옆구리를 보이시니 제자들이 주님을 보고 기뻐하더라 예수님께서 또 말씀하시되 너희에게 평강이 있을찌어다 아버지께서 나를 보내신 것같이 나도 너희를 보내노라 이 말씀을 하시고 저희를 향하사 숨을 내쉬며 말씀하시대 성령님을 받으라"

예수님 믿고 구원받은 성도들에게는 성령님께서 함께 하신 다는 것을 말씀을 통해서 확신 할 수 있는 것은 요한복음 20장 말씀에서 이러한 성령님을 보내 주신 것을 예수님께서 제자들에게 직접 나타나셔서 말씀해 주신 것을 믿기 때문이고 지금도 살아 계신 예수님께서 예수님 믿고 구원받은 자들에게는 성령님을 보내 주셔서 영적인 평안함과 영생의 생명을 주심을 100%로 확신할 수 있으며 이러한 성령님을 예수님께서는 하나님의 자녀들이 세상에 나아가 예수님을 증거하고 하나님을 증거하고 성령님을 증거하고 복음을 증거하고 성경말씀을 증거하고 예수님이 하나님의 아드님이시고 하나님이시고 예수님을 통하지 않고는 구원받을 수 없고 다른 어떤 이로서는 하나님아버지께 나아갈 수 없다는 것을 확고히 증거하시기를 명령하고 계신 것입니다.

31절 "오직 이것을 기록함은 너희로 예수님께서 하나님의 아들 그리스도이심을 믿게 하려 함이요 또 너희로 믿고 그 이름을 힘입어 생명(영생)을 얻게 하려 함이니라". 아멘.

요한복음 21장

처음 요한복음 말씀을 예배 시간에 설명할 때는 어떻게 어떤 말씀으로 설명할 수 있을까 걱정도 들었습니다만 금주와 다음 주를 끝으로 요한복음 1장부터 21장까지 설명과 정리를 할 수 있어서 예수님께 감사드립니다.

부족한 저에게도 하나님께서 은혜로 함께 해 주시고 말씀의 지혜를 한 없이 받을 수 있도록 인도해주시고 그 지혜의 말씀을 가족과 함께 예배드리면서 공유하고 또한 주변의 영혼들에게도 말씀을 보내고 하나님말씀을 증거하면서 살아갈 수 있도록 인도하여 주심에도 감사드립니다.

요한복음 21장은 부활하신 예수님께서 세 번째로 일곱 제자들에게 나타나셔서 제자들에게 증거해 주시고 있습니다. 더불어 육신적인 문제점도 해결해 주셔서 잡지 못한 물고기도 잡을 수 있도록 인도해 주시고 있습니다. 우리 믿음의 자녀들은 육신적인 삶의 문제도 하나님께서 다 아시고 해결해 주신다고 믿고 맡은 바 일들을 열심히 하면서 살아가야 하겠습니다. 요한복음 21장 15절~17절 말씀에 보시면 예수님을 세 번 부인했던 베드로에게 예수님께서는 하나님의 자녀들을 가르치고 보살피고 지키라는 명령을 하고 계십니다.

"저희가 조반 먹은 후에 예수님께서 시몬 베드로에게 이르시되 요한의 아들 시몬아 네가 이 사람들보다 나를 더 사랑하느냐 하시니 가로되 주님 그러하외다 내가 주님을 사랑하는 줄 주님께서 아시나이다 말씀하시되 내 어린양을 먹이라 하시고 또 두 번째 말씀하시되 요한의 아들 시몬아 네가 나를 사랑하느냐 하시니 가로되 주님 그러하외다 내가 주님을 사랑하는 줄 주님께서 아시나이다 말씀하시대 내 양을 치라 하시고 세 번째 말씀하시대 요한의 아들 시몬아 네가 나를 사랑하느냐 하시니 주님께서 세 번째 네가 나를 사랑하느냐 하시므로 베드로가 근심하여 가로되 주님 모든 것을 아시오매 내가 주님을 사랑하는 줄을 주님께서 아시나이다 예수님께서 말씀하시대 내 양을 먹이라"

여기서 "양"의 의미는 하나님의 택함 받은 자녀들을 말씀하시는 것입니다. 예수님을 하나님의 아드님으로 믿고 영혼의 구세주로 믿은 자녀들이고 "먹이라"는 뜻은 영적인 것으로 하나님 말씀을 가르치고 예수님에 대한 사랑을 나누며 믿음의 형제자매들을 돌보아 주라는 뜻인 것입니다.

예수님은 요한복음 13장 36절~38절 말씀에서 베드로에게 예수님을 세 번 부인한다고 했으며 요한복음 18장에서 베드로는 닭이 울기 전에 세 번 예수님을 부인했고 그런 자신을 몹시 괴로워하며 울기까지 한 베드로에게 예수님께서는 다시 나타나셔서 베드로에게 예수님을 진정으로 "사랑하느냐"면서 한 번도 아닌 세 번에 걸쳐서 물어보고 하나님의 자녀들을 가르치고 돌봐 주라고 명령하고 계십니다.

아마도 세 번에 걸쳐서 예수님을 "사랑하느냐"고 물으시면서 양을 먹이라 치라 하신 이유는 베드로가 세 번 예수님을 부정한 것에 대한 용서와도 같은 것이며 더불어 예수님을 사랑하는 것처럼 주변의 택함 받은 하나님의 자녀들도 그만큼 사랑으로 섬기기를 원하셨을 것으로 믿고 베드로도 또한 그런 마음으로 임했을 것으로 믿습니다.

베드로는 구원받은 하나님의 자녀인 것이 확실하며 베드로를 통해서 깨닫는 점은 하나님의 자녀들은 때로는 하나님과 예수님을 실망시키고 부끄럽게 행동을 하더라도 하나님아버지는 절대로 하나님의 자녀들을 버리거나 잊어버리지 아니하시고 하나도 빠짐없이 구원시켜 주시고 돌보아 주신다는 것입니다.

베드로는 예수님의 이런 명령에 순종했으며 18절 베드로의 죽음이 어떻게 될지도 아시고 예수님께서 18절 말씀에 베드로의 죽음에 대해서 나와 있으며 베드로는 19절 말씀에서 하나님께 영광 돌리는 삶을 살았다고 말씀해 주시고 있습니다. "내가 진실로 진실로 네게 이르노니 젊어서는 네가 스스로 띠 띠고 원하는 곳으로 다녔거니와 늙어서는 네 팔을 벌리리니 남이 네게 띠 띠우고 원치 아니하는 곳으로 데려가리라". 여기서 네 팔을 벌리리니의 뜻은 베드로가 십자가에서 순교자로 죽을 것을 미리 예언하신 말씀인 것입니다. 장래에 베드로에게 닥칠 일들을 예수님께서는 다 아시고 하신 말씀인 것입니다.

그렇습니다. 하나님의 자녀들은 이 세상에 살면서 어떠한 삶을 살다가 예수님을 만나야 할지를 요한복음 21장 19절에 말씀해 주시고 있는 것입니다. "이 말씀을 하심은 베드로가 어떠한 죽음으로 하나님께 영광을 돌릴 것을 가리키심이러라 이 말씀을 하시고 베드로에게 이르시되 나를 따르라 하시니".

베드로는 하나님께 영광을 돌리고 죽었다는 뜻으로 알 수 있는 것입니다. 비록 목숨을 잃을까 두려움으로 예수님을 모른다고 부인했던 베드로도 하나님께 영광 돌릴 수 있도록 선택하여 주셔서 예수님께서 그리스도의 도구로 사용하셨던 것입니다.

하나님의 자녀들은 그리스도 예수님의 도구로 사용되어져야 합니다. 세상에 나아가서 세상 속에서 하나님 말씀을 증거하고 가르치고 예수님의 복음을 증거하고 전파하는 일들에 각자 맡은 사명감에 최선을 다해 예수님께 영광을 돌리며 살아가야 하겠습니다.

하나님아버지 감사합니다. 아멘.